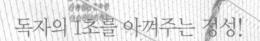

독자의 1초를 아껴주는 정성!

세상이 아무리 바쁘게 돌아가더라도
책까지 아무렇게나 빨리 만들 수는 없습니다.
인스턴트 식품 같은 책보다는
오래 익힌 술이나 장맛이 밴 책을 만들고 싶습니다.

길벗이지톡은 독자여러분이
우리를 믿는다고 할 때 가장 행복합니다.
나를 아껴주는 어학도서,
길벗이지톡의 책을 만나보십시오.

독자의 1초를 아껴주는

정성을 만나보십시오.

미리 책을 읽고 따라해본 2만 베타테스터 여러분과
무따기 체험단, 길벗스쿨 엄마 2% 기획단,
시나공 평가단, 토익 배틀, 대학생 기자단까지!
믿을 수 있는 책을 함께 만들어주신 독자 여러분께 감사드립니다.

홈페이지의 '독자마당'에 오시면
책을 함께 만들 수 있습니다.

(주)도서출판 길벗 www.gilbut.co.kr
길벗 이지톡 www.eztok.co.kr
길벗 스쿨 www.gilbutschool.co.kr

30장면으로 끝내는

스크린 영어회화

스크린 영어회화 – 카 3
Screen English - Cars 3

초판 발행 · 2017년 7월 20일

해설 · 라이언 강
발행인 · 김경숙
발행처 · 길벗이지톡
출판사 등록일 · 2000년 4월 14일
주소 · 서울시 마포구 월드컵로 10길 56(서교동)
대표 전화 · 02)332-0931 | **팩스** · 02)323-0586
홈페이지 · www.eztok.co.kr | **이메일** · eztok@gilbut.co.kr

기획 및 책임 편집 · 신혜원 (madonna@gilbut.co.kr) | **디자인** · 최주연 | **제작** · 이준호, 손일순
영업마케팅 · 박성용, 김학흥 | **웹마케팅** · 최소영 | **영업관리** · 심선숙 | **독자지원** · 송혜란

편집진행 및 교정 · 오수민 | **전산편집** · 조영라 | **오디오 녹음 및 편집** · 와이알 미디어
CTP 출력 · 신흥P&P | **인쇄** · 신흥P&P | **제본** · 신정제본

▶ 잘못된 책은 구입한 서점에서 바꿔 드립니다.
▶ 이 책에 실린 모든 내용, 디자인, 이미지, 편집 구성의 저작권은 길벗이지톡과 지은이에게 있습니다.
　허락 없이 복제하거나 다른 매체에 옮겨 실을 수 없습니다.

ISBN　979-11-5924-124-6 03740 (길벗 도서번호 000940)

▶ 이 도서의 국립중앙도서관 출판예정도서목록(CIP)은 서지정보유통지원시스템 홈페이지(http://seoji.nl.go.kr)와
　국가자료공동목록시스템(http://www.nl.go.kr/kolisnet)에서 이용하실 수 있습니다. (CIP제어번호: CIP2017013981)

정가 18,000원

독자의 1초를 아껴주는 정성 길벗출판사

(주)도서출판 길벗 | IT실용, IT/일반 수험서, 경제경영, 취미실용, 인문교양(더퀘스트) www.gilbut.co.kr
길벗이지톡 | 어학단행본, 어학수험서 www.eztok.co.kr
길벗스쿨 | 국어학습, 수학학습, 어린이교양, 주니어 어학학습, 교과서 www.gilbutschool.co.kr

페이스북 · www.facebook.com/gilbutzigy
트위터 · www.twitter.com/gilbutzigy

30장면으로 끝내는

스크린 영어회화

해설 라이언 강

재미와 효과를 동시에 잡는 최고의 영어 학습법!
30장면만 익히면 영어 왕초보도 영화 주인공처럼 말한다!

재미와 효과를 동시에 잡는 최고의 영어 학습법!

영화로 영어 공부를 하는 것은 이미 많은 영어 고수들에게 검증된 학습법이자, 많은
이들이 입을 모아 추천하는 학습법입니다. 영화가 보장하는 재미는 기본이고, 구어체의
생생한 영어 표현과 자연스러운 발음까지 익힐 수 있기 때문이죠. 잘만 활용한다면,
원어민 과외나 학원 없이도 살아있는 영어를 익힐 수 있는 최고의 학습법입니다. 영어
공부가 지루하게만 느껴진다면 비싼 학원을 끊어놓고 효과를 보지 못했다면, 재미와
실력을 동시에 잡을 수 있는 영화로 영어 공부에 도전해보세요!

영어 학습을 위한 최적의 영화 장르, 애니메이션!

영화로 영어를 공부하기로 했다면 영화 장르를 골라야 합니다. 어떤 영화로 영어
공부를 하는 것이 좋을까요? 슬랭과 욕설이 많이 나오는 영화는 영어 학습에는 별로
도움이 되지 않습니다. 실생활에서 자주 쓰지 않는 용어가 많이 나오는 의학 영화나
법정 영화, SF영화도 마찬가지죠. 영어 고수들이 추천하는 장르는 애니메이션입니다.
애니메이션에는 문장 구조가 복잡하지 않으면서 실용적인 영어 표현이 많이 나옵니다.
또한 성우들의 깨끗한 발음으로 더빙 되어있기 때문에 발음 훈련에도 도움이 되죠. 이
책은 디즈니-픽사의 최신작 〈카 3〉의 대본을 소스로, 현지에서 사용하는
신선한 표현을 배울 수 있습니다.

전체 대본을 공부할 필요 없다! 딱 30장면만 공략한다!

영화 대본도 구해놓고 영화도 준비해놨는데 막상 시작하려니 어떻게 공부를 해야 할 지 막막하다고요? 영화를 통해 영어 공부를 시도하는 사람은 많지만 좋은 결과를 봤다는 사람을 찾기는 쉽지 않습니다. 어떻게 해야 효과적으로 영어를 공부할 수 있을까요? 무조건 많은 영화를 보면 될까요? 아니면 무조건 대본만 달달달 외우면 될까요? 이 책은 시간 대비 최대 효과를 볼 수 있는 학습법을 제시합니다. 전체 영화에서 가장 실용적인 표현이 많이 나오는 30장면을 뽑았습니다. 실용적인 표현이 많이 나오는 대표 장면 30개만 공부해도, 훨씬 적은 노력으로 전체 대본을 학습하는 것만큼의 효과를 얻을 수 있죠. 또한 이 책의 3단계 훈련은 30장면 속 표현을 효과적으로 익히고 활용하는 데 도움을 줍니다. ❶ 핵심 표현 설명을 읽으며 표현에 대한 전반적인 이해를 하고 ❷ 패턴으로 표현을 확장하는 연습을 하고 ❸ 확인학습으로 익힌 표현들을 되짚으며 영화 속 표현을 확실히 익히는 것이죠. 유용한 표현이 가득한 30장면과 체계적인 3단계 훈련으로 영화 속 표현들을 내 것으로 만드세요!

이 책은 스크립트 북과 워크북, 전 2권으로 구성되어 있습니다. 이 책은 스크립트 북으로 전체 대본과 번역, 주요 단어와 표현 설명이 포함되어 있습니다. 각 Day마다 가장 실용적인 표현이 많이 나오는 장면이 표시되어 있습니다. 이 장면을 워크북에서 집중 훈련합니다.

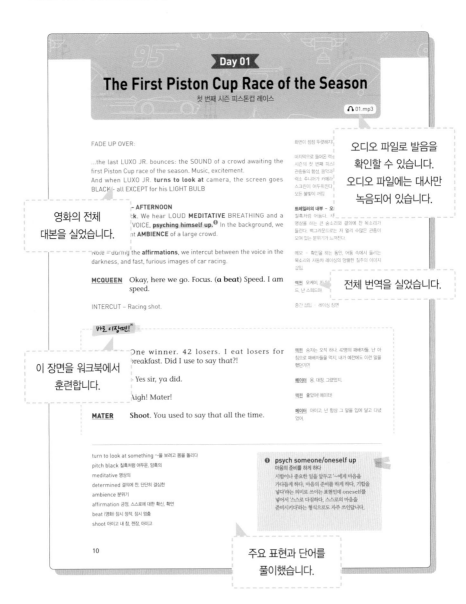

Day 01

The First Piston Cup Race of the Season
첫 번째 시즌 피스톤컵 레이스

🎧 01.mp3

FADE UP OVER:

...the last LUXO JR. bounces: the SOUND of a crowd awaiting the first Piston Cup race of the season. Music, excitement.
And when LUXO JR. **turns to look at** camera, the screen goes BLACK - all EXCEPT for his LIGHT BULB

- AFTERNOON

k. We hear LOUD **MEDITATIVE** BREATHING and a VOICE, **psyching himself up.** In the background, we t **AMBIENCE** of a large crowd.

Note – during the **affirmations**, we intercut between the voice in the darkness, and fast, furious images of car racing.

MCQUEEN   Okay, here we go. Focus. (**a beat**) Speed. I am speed.

INTERCUT – Racing shot.

바로 이 장면!

One winner. 42 losers. I eat losers for breakfast. Did I use to say that?!

Yes sir, ya did.

Aigh! Mater!

MATER   **Shoot**. You used to say that all the time.

---

turn to look at something ~을 보려고 몸을 돌리다
pitch black 칠흑처럼 어두운, 암흑의
meditative 명상의
determined 결의에 찬, 단단히 결심한
ambience 분위기
affirmation 긍정, 스스로에 대한 확신, 확언
beat (영화) 잠시 정적, 잠시 멈춤
shoot 아이고 내 참, 젠장, 아이고

❶ psych someone/oneself up
마음의 준비를 하게 하다
시합이나 중요한 일을 앞두고 '~에게 마음을 가다듬게 하다, 마음의 준비를 하게 하다, 기합을 넣다'라는 의미로 쓰이는 표현인데 oneself를 넣어서 '스스로 다짐하다, 스스로의 마음을 준비시키다'라는 형식으로도 자주 쓰인답니다.

화면이 점점 투명해지

마지막으로 들어온 럭
시즌의 첫 번째 피스
관중들의 함성 음악과
럭스 주니어가 카메라
스크린이 어두워진다.
모든 불빛이 꺼림

트레일러의 내부 - 오
칠흑처럼 어둡다. 시
명상을 하는 큰 숨소리와 결의에 찬 목소리가
들린다. 백그라운드로는 저 멀리 수많은 관중이
모여 있는 분위기가 느껴진다.

메모 - 확인을 하는 동안, 어둠 속에서 들리는
목소리와 자동차 레이싱의 맹렬한 질주의 이미지
삽입

맥퀸   오케이 자
음... 난 스피드야

중간 삽입 - 레이싱 장면

맥퀸   승자는 오직 하나. 42명의 패배자들. 난 아
침으로 패배자들을 먹지. 내가 예전에도 이런 말을
했던가?

메이터   응, 대장. 그랬었지.

맥퀸   윽! 메이터!

메이터   아이고. 넌 항상 그 말을 입에 달고 다녔
었어.

10

> 오디오 파일로 발음을 확인할 수 있습니다. 오디오 파일에는 대사만 녹음되어 있습니다.

> 영화의 전체 대본을 실었습니다.

> 전체 번역을 실었습니다.

> 이 장면을 워크북에서 훈련합니다.

> 주요 표현과 단어를 풀이했습니다.

라이트닝 맥퀸 Lightening McQueen

자동차 레이싱계의 챔피언으로 한동안 군림합니다. 하지만, 좋은 시절도 잠시, 차세대 신예 레이서들의 등장으로 자리를 빼앗기고 맙니다. 특히 잭슨 스톰이라는 무서운 신예의 등장으로 자존심을 구기게 되네요.

크루즈 라미레즈 Cruz Ramirez

라이트닝 맥퀸의 새로운 트레이너이자 어린 시절부터 맥퀸을 선망의 대상으로 흠모하던 맥퀸의 오랜 팬이에요. 다시 한번 맥퀸이 챔피언으로서의 영광을 재현할 수 있도록 도우려 하지만 그게 생각만큼 녹녹하질 않네요.

잭슨 스톰 Jackson Storm

차세대 레이서들의 선두주자이자 새로운 챔피언이에요. 안하무인에 거만방자하기가 이를 때 없죠. 온갖 최첨단장비를 이용한 트레이닝으로 스피드가 어마어마합니다. 맥퀸을 한물간 뒷방 노인네로 취급하며 비아냥거리는 게 취미예요.

스모키 Smokey

맥퀸의 멘토였던 닥 허드슨 아저씨의 트레이너이자 스승이에요. 맥퀸은 그의 트레이너 크루즈와 함께 이분을 찾아가 깨달음을 얻습니다.

스털링 Sterling

맥퀸의 새로운 스폰서이자 크루즈가 소속된 회사의 회장이에요. 자칭 맥퀸의 광팬이라고 주장하지만, 왠지 진정성이 전혀 느껴지지 않는 장사꾼 같아요.

메이터 Mater

맥퀸의 절친이자 시골 마을의 견인차로 낡고 녹슬고 엉뚱한 성격이지만 인간미 넘치고 부지런하죠. 낡아서 잘 달리지는 못하지만 후진 실력만큼은 가히 독보적이에요. 말하는 걸 정말 좋아하는 친구죠.

차례

The First Piston Cup Race of the Season
첫 번째 시즌 피스톤컵 레이스

🎧 01.mp3

FADE UP OVER:

...the last LUXO JR. bounces: the SOUND of a crowd awaiting the first Piston Cup race of the season. Music, excitement.
And when LUXO JR. **turns to look at** camera, the screen goes BLACK - all EXCEPT for his LIGHT BULB

INT. TRAILER – AFTERNOON
It's **pitch black**. We hear LOUD **MEDITATIVE** BREATHING and a **DETERMINED** VOICE, **psyching himself up.**❶ In the background, we hear the distant **AMBIENCE** of a large crowd.

Note – during the **affirmations**, we intercut between the voice in the darkness, and fast, furious images of car racing.

MCQUEEN   Okay, here we go. Focus. (**a beat**) Speed. I am speed.

INTERCUT – Racing shot.

화면이 점점 뚜렷해지며:

마지막으로 들어온 럭소 주니어 튀어 오른다: 이번 시즌의 첫 번째 피스톤 컵 레이스를 기다리는 관중들의 함성. 음악과 열광.
럭소 주니어가 카메라를 쳐다보려고 몸을 돌리자 스크린이 어두워진다 – 그의 백열전구 이외의 모든 불빛이 꺼짐

트레일러의 내부 – 오후
칠흑처럼 어둡다. 자신의 감정을 고취시키며 명상을 하는 큰 숨소리와 결의에 찬 목소리가 들린다. 백그라운드로는 저 멀리 수많은 관중이 모여 있는 분위기가 느껴진다.

메모 – 확인을 하는 동안. 어둠 속에서 들리는 목소리와 자동차 레이싱의 맹렬한 질주의 이미지 삽입.

맥퀸   오케이, 자 이제 집중하자. (잠시 정적) 스피드. 난 스피드야.

중간 삽입 – 레이싱 장면

바로 이장면!*

MCQUEEN   One winner. 42 losers. I eat losers for breakfast. Did I use to say that?!

MATER   – Yes sir, ya did.

MCQUEEN   Aigh! Mater!

MATER   Shoot. You used to say that all the time.

맥퀸   승자는 오직 하나. 42명의 패배자들. 난 아침으로 패배자들을 먹지. 내가 예전에도 이런 말을 했던가?!

메이터   응. 대장. 그랬었지.

맥퀸   좋았어! 메이터!

메이터   아이고. 넌 항상 그 말을 입에 달고 다녔 었어.

---

turn to look at something ~을 보려고 몸을 돌리다
pitch black 칠흑처럼 어두운, 암흑의
meditative 명상의
determined 결의에 찬, 단단히 결심한
ambience 분위기
affirmation 긍정, 스스로에 대한 확신, 확언
beat (영화) 잠시 정적. 잠시 멈춤
shoot 아이고 내 참, 젠장, 아이고

> ❶ **psych someone/oneself up**
> 마음의 준비를 하게 하다
> 시합이나 중요한 일을 앞두고 '~에게 마음을 가다듬게 하다, 마음의 준비를 하게 하다, 기합을 넣다'라는 의미로 쓰이는 표현인데 oneself를 넣어서 '스스로 다짐하다. 스스로의 마음을 준비시키다'라는 형식으로도 자주 쓰인답니다.

MCQUEEN	Mater! What are you doing in here?!	맥퀸	메이터! 너 이 안에서 뭐 하고 있는 거야?!
MATER	Well, I didn't want ya to be lonely.	메이터	아, 네가 외로울까 봐서.
MCQUEEN	Well, thank you. But I'm kinda preparing for a race. I need a little quiet.	맥퀸	아 그래, 고마워. 근데 내가 지금 경주 준비를 해야 하거든. 조용히 혼자 좀 있어야 할 것 같아.

Outside, the door on Mac's trailer lowers.

외부에서 맥의 트레일러 문이 내려온다.

MATER   Oh right! **You got it**, buddy!

메이터   오, 알았어! 그렇게 하자고, 친구!

The door closes. Beat.

문이 잠긴다. 정적.

MATER (O.S.) Hey everybody, **listen up!** My best friend Lightning McQueen needs quiet! Perfect quiet!

메이터 (화면 밖에서) 자 모두, 잘 들어! 내 절친 라이트닝 맥퀸이 조용히 있고 싶다는구나! 입 다물고 다들 조용히 하자고!

MCQUEEN (chuckle) Okay. **Where was I?**[1] Racing. Real racing.

맥퀸 (킥킥대며) 오케이. 내가 어디까지 말했더라? 레이싱. 진짜 레이싱.

INTERCUT – Racing shot. This time it's McQueen and Doc, racing around the **Butte**.

삽입 – 레이싱 장면. 이번에는 맥퀸과 닥이 평평한 외딴 산 주변에서 경주하고 있다.

DOC HUDSON Ha. That ain't racing. That wasn't even a **Sunday drive**. That was **one lap**, racing is 500 of those. Everybody fighting to move up lap after lap – inside, outside, inches apart, never touching. Now THAT'S racin'!

닥 허드슨 하. 그건 레이싱이 아냐. 그건 그냥 일요일에 천천히 산책하듯 드라이브하는 것보다도 형편없네. 겨우 한 바퀴 돌았잖아, 레이싱은 그걸 500번 해야 하는 거라고. 바퀴를 돌 때마다 모두가 다 앞서려고 싸운다고 – 안으로, 밖으로, 바로 옆에 붙어서. 하지만 부딪히지는 않고 말이지. 그래, 바로 그게 레이싱이야!

MCQUEEN Well, I can't argue with THE Doc Hudson.

맥퀸 정말 닥 허드슨 님 말씀은 다 옳아요.

DOC HUDSON **How true**, how true. Hahah!

닥 허드슨 그럼 옳고 말고, 당연히 옳지. 하하!

Back in the trailer.

다시 트레일러로 돌아와서.

You got it! 그렇고말고! 바로 그거야!
Listen up! 잘 들어! 귀 기울여 들어봐!
chuckle 빙그레/싱긋 웃다
butte (꼭대기가 평평한) 외딴 산, 언덕
Sunday drive 일요일 느긋하게 드라이브하는 것
one lap 경주에서 트랙 한 바퀴
How true! 그렇고 말고

❶ **Where was I?**
내가 어디까지 말했더라?
대화하거나 수업/강의 등을 하다가 중간에 어떤 일이 생겨서 끊겼는데, 다시 하던 이야기로 돌아와서 말을 꺼낼 때 '아까 내가 어디까지 말했더라?' '아까 무슨 말하다 끊긴 거지?'라는 어감으로 쓰는 표현이에요. Where were we? 라고 하는 경우도 많답니다.

MACK (V.O. FROM OUTSIDE) Hey Lightning! You ready?

McQueen looks at the photo of him and Doc.

MCQUEEN Oh *ya*. Lightning's ready. This one's for you Doc.

맥 (외부 목소리만) 라이트닝! 준비됐어?

맥퀸은 자신과 닥이 나온 사진을 보고 있다.

맥퀸 오, 그럼. 라이트닝은 준비됐지. 이번 경주는 당신을 위한 거예요, 닥.

V.O. 영화 · TV 프로그램 등에서 목소리만 나오는 정보 · 해설 (voice-over의 약어)
ya 〈비격식〉 you의 구어체 표현

EXT. FLORIDA INTERNATIONAL SUPER SPEEDWAY – DAY
...and instantly we're ON THE TRACK with him in a lightning fast sequence. Moving fast. Bright red. The 95. The **bolt**.

McQueen **whips** past the JUMBO-TRON – to **reveal** the CARS 3 LOGO. Sally and the Radiator Springs **gang** watch him from the pits.

SALLY   Woohoo! Come on, **Stickers**!

Mater is wearing the hat we heard him looking for – a large yellow foam lightning bolt through his head.

MATER   Pardon me...scuse me...best friend **coming through!**❶ Go McQueen! Woohoo!

WE WIPE TO – Lightning speeding past his FANS...

MADDY   Lightning McQueen!!!!!!

MCQUEEN FANS   (cheering) Go Lightning! You can do it!

BIG AL   Go 95! Whoo hoo!

Just ahead of McQueen are his longtime top rivals: BOBBY SWIFT and CAL WEATHERS. Also in the mix is another racer: BRICK YARDLEY.

MCQUEEN Hey Cal, your **blinker's** on!

Cal looks to see.

외부. 플로리다 국제 슈퍼 경주장 – 낮
그리고 곧바로 번개 치듯 빠른 속도로 그가 트랙에 있는 모습이 나타난다. 빠른 움직임. 강렬한 붉은 색 95번. 볼트.

맥퀸이 점보-트론을 휙 하고 지나간다 – 3번 로고를 보이며, 샐리와 레이디에이터 스프링스 군단이 피트에서 그를 바라본다.

샐리   우후! 멋지네, 스티커들!

메이터가 그가 찾고 있던 모자를 쓰고 있다 – 머리 위에 큰 노란색의 번개 모양의 거품.

메이터   실례합니다… 잠시만요… 절친이 지나간다고요! 맥퀸 화이팅! 우후!

장면 전환 – 라이트닝이 빠른 속도로 팬들 옆을 지나간다.

매디   라이트닝 맥퀸!!!!

맥퀸의 팬들   (환호한다) 라이트닝 화이팅! 승리할 거예요!

빅 앨   95번 파이팅! 우 후!

맥퀸의 바로 앞쪽으로 그의 오랜 최고의 라이벌들이 보인다: 바비 스위프트와 캘 웨더즈. 그리고 무리 안에 또 다른 레이서가 보인다: 브릭 아들리.

맥퀸   이 봐 캘. 너 깜빡이가 켜져 있네!

캘이 확인한다.

---

bolt 번쩍하는 번개 모양, 화살
whips 재빠르게 움직이다, 슝 하고 지나가다
reveal 보여 주다, 드러내다, 밝히다
gang ~단, 패거리, 친구들 무리, 범죄 조직
Stickers 샐리가 맥퀸을 부르는 별명 (몸에 스티커가 많아서)
blinker 깜빡이, 자동차의 점멸등

❶ **Coming through!**
지나간다고요!
위급하거나 중요한 상황에 앞으로 나아가야 하는데 사람들이 길을 막고 서 있을 경우에 '지나갑니다, 비켜주세요'라는 의미로 쓰는 관용표현이에요.

CAL WEATHERS	What? No it's...Hey!...YOUR blinker's on.	캘 웨더즈 뭐라고? 아냐 이건… 얘_ 너 깜빡이가 켜져 있는데.
BOBBY SWIFT	**Good comeback,**❶ Cal.	바비 스위프트 제대로 돌려줬네, 캘.

Lightning leads the two of them around the **back stretch**; the style of racing one of beautiful movement. The crowd CHEERS as they dive toward the pits.

결승점 반대쪽 코스 주변에서 라이트닝이 그들 둘 앞에 서 있다: 레이싱의 아름다운 움직임을 보여 주는 스타일. 경주차들이 피트로 들어갈 때 관중들이 환호를 보낸다.

BOB CUTLASS	And into the pit goes Lightning McQueen, Bobby Swift and Cal Weathers. These three are fun to watch, aren't they Darrell?

밥 커틀라스 뒤를 이어 라이트닝 맥퀸, 바비 스위프트, 그리고 캘 웨더즈가 피트로 들어가고 있습니다. 이 세 명의 레이서들을 보고 있으면 정말 흥미진진하죠, 안 그런가요, 데럴?

DARRELL CARTRIP	You know Bob, I can't tell if they have more fun on or off the track!

데럴 칼트립 그러게요, 밥. 그들이 경주할 때 더 즐거운 건지 아니면 경주하지 않을 때 더 즐거운 건지 알 수가 없을 정도라니까요!

ON MCQUEEN as the pit stop begins...

피트에 정차하는 시간이 시작되며 카메라가 맥퀸을 비추고…

GUIDO **pulls off** a **flawless** tire change as RUSTY AND DUSTY look on with pride.

귀도가 완벽하게 타이어 교환을 해내는 모습을 러스티와 더스티가 자랑스럽게 바라보고 있다.

GUIDO	**Finito! Via!** Via! Via Via

귀도 완료! 추진! 추진 가보자고!

Guido ups his speed. Lightning grins as he burns ahead of Cal.

귀도가 스피드를 올린다. 라이트닝이 캘 앞에서 엔진의 힘을 보여 주며 활짝 웃는다.

MCQUEEN	You getting' a car wash too, Cal?!

맥퀸 너도 세차하니, 캘?!

CAL WEATHERS	No YOU'RE getting' a car wash, McQueen!!

캘 웨더즈 아니, 세차하는 건 너지, 맥퀸!

THE KING	Good comeback, Cal.

더 킹 제대로 응수하는데, 캘.

CUT TO:

장면 전환

Lightning **blisters** around the last turn – both Bobby and Cal a length behind on each side. None taking a straight line. The **CHECKERED FLAG** drops. MOVE UP to show the FANS in the stands, cheering for McQueen and the great day of racing.

라이트닝이 타이어를 불태우듯 마지막 바퀴를 달린다 – 바비와 캘이 맥퀸의 양옆에서 차 하나 길이 차이로 그의 뒤를 쫓고 있다. 아무도 쭉 일자로 가지 않는다. 체크무늬의 기가 땅으로 떨어진다. 관중석에 있는 팬들이 맥퀸과 레이싱의 멋진 모습을 보여 주기 위해 카메라가 더 다가선다.

---

back-stretch 결승점이 있는 코스와 반대쪽의 코스
pull off 〈구어〉 (힘든 것을) 해내다, 성사시키다
flawless 완벽한, 흠이 없는
finito 〈이탈리아어〉 끝난, 완료된
via 〈이탈리아어〉 계속해라! (= go ahead)
blister 물집
checkered flag 체크무늬 깃발 (자동차 경주에서 경주 종료를 알리는 흰색과 검은색 바둑판 무늬 깃발)

❶ **Good comeback!**
제대로 돌려줬네!
주로 우리는 comeback을 (유명인의) '컴백, 복귀, 재기'라는 의미로 많이 쓰는데, 원어민들은 상대방의 비판이나 공격에 대한 '재빠른 응수'라는 의미로도 자주 쓴답니다.

EXT. FLORIDA INTERNATIONAL SUPER SPEEDWAY – PITS – SAME
Lightning is being interviewed on camera by Shannon Spokes.

외부. 플로리다 국제 슈퍼 경주장 – 피트 – 동일
섀넌 스폭스가 라이트닝을 인터뷰하는 장면.

SHANNON SPOKES Lightning, how do you keep your focus racing against Bobby and Cal?

섀넌 스폭스 라이트닝, 어떻게 바비와 캘을 상대로 레이싱을 하면서 집중력을 잃지 않고 경주할 수가 있는 거죠?

MCQUEEN I mean, I think the key is we respect each other. These guys are real **class acts**–

맥퀸 흠. 가장 중요한 건 우리가 서로를 존중한다는 것이죠. 그들은 정말 일류니까요.

McQueen gets nailed from **offscreen** with **fire retardant**.

맥퀸은 화면 밖에서 발화 지연제로 손질을 받고 있다.

BOBBY SWIFT Congratulations, Cupcake! Hahahah!

바비 스위프트 축하해, 사랑스러운 아가씨! 하하해!

CAL WEATHERS Hahah!

캘 웨더즈 하하!

A gas can **resembling** a cherry **lands** on McQueen's head.

체리를 담은 가스통이 맥퀸의 머리 위로 떨어진다.

MCQUEEN Oh, they are gonna pay.

맥퀸 오. 이놈들 내가 나중에 갚아줄 거야.

EXT. HEARTLAND MOTOR SPEEDWAY – DAY
The friends are **locked in** another **tight finish** – Cal leading McQueen, Bobby and Brick.

외부. 하트랜드 모터 경주장 – 낮
그 친구들이 또다시 박빙으로 결승선을 통과하려고 하고 있다 – 캘이 맥퀸, 바비, 그리고 브릭을 앞선 상황.

EXT. HEARTLAND MOTOR SPEEDWAY – PITS – DAY
...who is **swarmed** by his already-celebrating DTNOCO PIT CREW. Cal sees McQueen and Bobby **coining** for him. He does a take and rolls off fast. Cal goes through a bunch of **folks** up to Victory lane. Shannon Spokes interviews him. Balloon **rubbing SCREECHES interrupt** Cal.

외부. 하트랜드 모터 경주장 – 피트 – 낮
이미 축하 분위기에 들어간 다이노코 피트팀에게 둘러싸인 캘이 맥퀸과 바비가 이상한 별명을 만들어 그를 놀리려는 것을 본다. 그는 그들을 놀리고 빠르게 줄행랑친다. 캘은 많은 사람을 지나서 승리 차선으로 나아간다. 섀넌 스폭스가 그를 인터뷰한다. 풍선을 긁는 듯한 소리 때문에 캘이 인터뷰를 중단한다.

SHANNON SPOKES Great win today Cal.

섀넌 스폭스 오늘 우승 멋졌어요, 캘.

CAL WEATHERS Well, Thank you Shannon- it was – a great **boost** – and I would...

캘 웨더즈 네, 고마워요, 섀넌-정말 힘이 나네요. 그리고 전…

With each "SCREECH" Cal lifts higher. Reveal novelty rubbery tires painted with flowers have been put on Cal. He can't move.

풍선 '끽끽' 소리가 날 때마다 캘의 목소리가 커진다. 꽃장식이 그려져 있는 색동 고무 타이어가 캘에게 씌워진다. 그가 움직이지 못한다.

---

class act 〈구어〉 일류의 걸출한 것/사람
off-screen 화면 밖
fire retardant 발화 지연제
resemble 닮다
land 착륙하다, 착지하다, 바닥에 떨어지다
locked in 묶여있는, 헤어나오지 못하는, 휘말려 있는
tight finish 박빙의 마무리
swarm 떼/무리를 지어 다니다

coin (새로운 낱말, 어구를) 만들다
folks (일반적인) 사람들
rub 문지르다, 비비다
screech (귀에 거슬리는 날카로운 소리) 끼익/꽥/삐익 소리
interrupt 방해하다, 중단시키다
boost 격려, (신장시키는) 힘, 부양책

CAL WEATHERS   Hey. HEY!! Guido!

Cut to Guido. He **blows on pneumatic tire wrench**.

GUIDO   **Pit stop.**

CAL WEATHERS   Ha ha. **Laugh it up.** Real funny.

Cut. McQueen and Bobby running away. Cal hops like a bunny to **chase** them.

EXT. WILLY'S BUTTE – RADIATOR SPRINGS – LATE AFTERNOON
McQueen takes a fast training run around the Butte. He **sails** right past Mater, Sheriff, Guido and Luigi.

[**Pan down** line with Sheriff checking McQueen's speed, then to Luigi now with a "95" flag (not Ferrari), then Guido wearing a little **fro** and then Mater wearing a GIANT fro with McQueen colors and lightning bolts]

GUIDO   **Andiamo!** Andiamo!

MATER   Keep it going, buddy!

EXT. RACE TRACK – DAY – PRESENT DAY – MATCH CUT
...Lightning **executes** the SAMP: move, heading for the checkered flag. Sailing right over CAMERA.

MCQUEEN   Woo!

The crowd cheers, but the noise **fades**...

EXT. PIT ROW – DAY – PRESENT DAY

캘 웨더즈 야. 야!! 귀도!

귀도에게 장면 전환. 그가 공기압 타이어 렌치를 불고 있다.

귀도 피트 정차.

캘 웨더즈 하하. 그래 웃어라. 진짜 웃기네.

장면 전환. 맥퀸과 바비가 도망친다. 캘이 토끼처럼 뛰면서 그들을 추격한다.

외부. 윌리의 언덕 – 레디에이터 스프링스 – 늦은 오후
맥퀸이 언덕 주변에서 잠시 특별 훈련을 한다. 그가 메이터, 보안관, 귀도, 루이지의 바로 옆을 지나며 달린다.

[보안관이 맥퀸의 속도를 확인하는 모습을 카메라가 움직이며 보여 주고, 루이지가 '95'라고 쓰여있는 깃발(페라리가 아닌)을 들고 있는 모습, 그리고 귀도가 흑인 폭탄 맞은 머리 스타일의 작은 가발을 쓰고 있는 모습. 그다음에 메이터가 맥퀸의 색깔들과 번개 모양이 있는 같은 스타일의 큰 가발을 쓴 모습을 보여 준다.]

귀도 가자고! 힘내!

메이터 계속 그렇게 해, 친구야!

외부. 레이스 트랙 – 낮 – 당일 – 경기 장면
…라이트닝이 '샘프'를 실행에 옮긴다: 체크무늬 깃발을 향해 가는 동작. 카메라 바로 위로 향해하며.

맥퀸 오우!

관중들의 함성이 커지다가 점점 소리가 작아지며…

외부. 피트 열 – 낮 – 당일

---

blow on 입김을 불다

pneumatic 공기가 가득한, 압축 공기에 의한

tire wrench 타이어 렌치/스패너

pit stop 피트 정차 (자동차 경주 중에 타이어 교체와 정비를 위해 잠시 피트에 정차하는 것)

laugh up 많이 웃다, 즐기다

chase 추격하다, 뒤쫓다

sail 항해하다, 미끄러지듯 나아가다

pan down 촬영기가 아래로 이동하면서 촬영하는 것

fro 아프로 헤어스타일 (afro; 1970년대에 유행했던 흑인들의 둥글게 부풀어 오른 곱슬머리 모양)

Andiamo! 〈이탈리아어〉 힘내! 가보자고! (= come on!)

present day 당일

execute 실행하다, 수행하다, 처형하다

fade 점점 희미해지다, 사라지다

바로 이장면!*

EXT. GARAGE – LATER
TEX pulls along Lightning and the roll together **for a spell**.

MCQUEEN   Hey! Are my sponsors happy today?

DUSTY   Stop winning, **for crying out loud,**[1] we're running out of bumper cream to sell!

RUSTY   (laugh)

Tex drives up.

TEX   Lightning McQueen!

MCQUEEN   Hey Big Tex! How's my favorite **competitor**?

TEX   Just say the word and I'll **boot** Cal off the Dinoco team and **replace** him with you –

The roll past Tex's trailer and Cal **pops out** from inside.

CAL WEATHERS   You know I can hear you, right? I'm right here!

MCQUEEN   Bye, Cal See you next week... Or not!

TEX   Oh come on now, I'm joking.

외부. 차고 – 그 후
텍스가 라이트닝 옆으로 다가와 잠시 그와 함께 산책하듯 주행한다.

맥퀸 이봐! 내 스폰서들이 오늘 기뻐하던가?

더스티 그만 좀 이기라고, 제발. 범퍼 크림이 동나서 팔 수도 없을 지경이라고!

러스티 (웃는다)

텍스가 온다.

텍스 라이트닝 맥퀸!

맥퀸 빅 텍스! 내가 제일 좋아하는 경쟁자님 잘 지내는가?

텍스 언제든 말만 해, 내가 캘을 다이노코 팀에서 쫓아내고 그 녀석 대신에 너를 넣어줄 테니까.

텍스의 트레일러를 지나며 굴러와 캘이 안에서 나온다.

캘 웨더즈 다 들린다고, 응? 나 여기 있어!

맥퀸 잘 가, 캘. 다음 주에 보자고… 아니면 말고!

텍스 이거 왜 이래. 난 농담이었다고.

---

for a spell 잠시
competitor 경쟁자, 시합의 참가자
boot 세게 차다
replace 대신하다, 대체하다
pop out 갑자기 나타나다, 튀어나오다

❶ For crying out loud
이런, 젠장, 정말
놀랍거나 짜증 나는 것에 대한 감정표현을 강조할 때 쓰는 표현이에요. Oh my God하고 어감은 비슷한데, 이 표현은 문장의 앞에 나올 수도 있고 따로 쓰일 수도 있지만, 뒷부분에 연결하는 경우가 많습니다.

17

"Rookie Sensation" Jackson Storm

신예 돌풍, 잭슨 스톰

🎧 03.mp3

EXT. MOTOR SPEEDWAY OF THE SOUTH – TRACK – DAY
Mater wears a giant hat with a mini McQueen racing around his head.

MATER   Go Little Buddy! Wooo! And Big Buddy too!

The field screams through a turn at a furious **clip**. McQueen leads the pack, but it's bunched tight.

BOB CUTLASS (V.O.)   Another great finish in the making! McQueen and Swift **nose to nose**.

MCQUEEN   How's the view back there, Bobby?

BOBBY SWIFT Ha, ha! Well, you better not blink, I'll blow right past ya!

BOB CUTLASS (V.O.)   The flag is out! It's the final **stretch**! McQueen in the lead...

MCQUEEN   Ok, **let's see what you got!**❶

BOBBY SWIFT Whoowee!

...and we see STORM appear from just behind Bobby. They're one-two-three **for a stretch**, till Jackson **makes a move**... ...and **surges** past BOTH Bobby and McQueen, grabbing the victory **by a narrow margin**.

DARRELL CARTRIP (V.O.)   Holy cow!

외부. 남부 자동차 경주장 – 트랙 – 낮
메이터가 머리에 미니 맥퀸이 담긴 큰 모자를 쓰고 있다.

메이터 작은 친구 파이팅! 우후! 그리고 큰 친구도 파이팅!

코너를 돌면서 맹렬히 달리는 자동차들의 쌩쌩거리는 소리가 울려 퍼진다. 맥퀸이 무리를 이끌고 있긴 하지만, 전반적으로 박빙의 레이스다.

밥 커틀라스 (목소리만) 다시 결승선에서 엄청난 경주가 펼쳐지고 있습니다! 맥퀸과 스위프트가 초접전을 벌이고 있네요.

맥퀸 그 뒤쪽 풍경은 어떤가, 바비?

바비 스위프트 하, 해! 깜빡거리지 않는 게 좋을 거야, 내가 내 옆으로 쌩하고 날아서 지나갈 거거든!

밥 커틀라스 (목소리만) 깃발이 나왔네요! 이제 마지막 구간이에요! 맥퀸이 맨 앞에 위치한 가운데…

맥퀸 좋았어, 네 능력을 한번 보자고!

바비 스위프트 우히!

그리고 스톰이 바비의 바로 뒤쪽에서 나타난다. 그들이 직선코스에 1, 2, 3등으로 늘어섰는데, 잭슨이 치고 나온다… 그리고 바비와 맥퀸 둘 모두를 폭풍처럼 지나서, 간발의 차이로 승리를 거머쥔다.

데럴 칼트립 (목소리만) 맙소사!

---

clip 〈구어〉 속도, 재빠른 동작, 강타
nose to nose 마주 보고, 근거리의, 경쟁하는
stretch (특히 길게) 뻗은 지역, 구간 (경주 마지막 부분의 직선 코스)
for a stretch 죽, 계속, 연결되어
make a move 행동에 들어가다, 작업을 시작하다
surge 〈재빨리〉 밀려들다, 휘감다, 급증하다
by a narrow margin 간신히, 가까스로
Holy cow! 맙소사!

❶ **Let's see what you got!**
네 능력을 한 번 보자고!
상대방에게 얼마나 대단한지 능력을 보여달라며 도발하듯 말할 때 쓰는 표현이에요. 때에 따라서는 코치가 선수에게 훈련을 시키며 '자, 네가 얼마나 잘하는지 보여 줘 봐'라고 할 때도 쓸 수 있어요.

BOB CUTLASS (V.O.)   Oh! It's Jackson Storm for the WIN! A huge **upset**!

밥 커틀라스 (목소리만) 외! 잭슨 스톰이 우승을 했어요! 엄청난 반전입니다!

DARRELL CARTRIP (V.O.)   Neither Lightnin' or Bobby ever saw him comin'!

데럴 칼트립 (목소리만) 라이트닝도 바비도 그가 오는 걸 보지 못했네요!

EXT. MOTOR SPEEDWAY OF THE SOUTH – PIT ROW – DAY
McQueen rolls to a stop in front of his RUST-EZE PIT TEAM, watching the replay on the Jumbotron.

외부. 남부 자동차 경주장 – 피트 열 – 낮
맥퀸이 점보 트론에서 경주가 리플레이 되는 것을 보며 그의 러스티-즈 정비 팀 앞으로 달려와 멈춰 선다.

PA TRACK ANNOUNCER (V.O.)   It's one thing to start fast, but we haven't seen anyone cross the line with that kind of speed and power since Lightning McQueen first arrived on the scene.

장내 아나운서 (목소리만) 빨리 출발하는 것도 물론 중요하겠지만, 라이트닝이 레이싱계에 처음 등장한 이후로 지금껏 이런 식의 스피드와 파워로 결승선을 지나는 차를 본 적이 없습니다.

McQueen turns to see a **sleek** and powerful next-generation RACE CAR **emerging** from his trailer. This is JACKSON STORM, who **revs** again before heading toward the track. BOBBY and BRICK approach.

맥퀸이 고개를 돌려 매끈하게 잘빠지고 강력해 보이는 차세대 레이스카가 그의 트레일러에서 나오는 모습을 본다. 다시 한 번 '붕붕' 엔진소리를 내며 트랙 쪽으로 향하고 있는 건 다름 아닌 잭슨 스톰이다. 바비와 브리기 다가선다.

REPORTERS (V.O.)   Jackson! Jackson Storm!

기자들 (목소리만) 잭슨! 잭슨 스톰!

MCQUEEN   Hey Bobby? Who is that?

맥퀸 바비, 쟨 누구래?

BOBBY SWIFT That's um...Jackson Storm.

바비 스위프트 어… 잭슨 스톰이라는데.

CAL WEATHERS   Yeah, he's one of the rookies.

캘 웨더즈 맞아, 신예 중의 하나야.

MCQUEEN   Huh.

맥퀸 거 참.

Cut to reporters **bombarding** Jackson Storm.

잭슨 스톰에게 달려드는 기자들에게로 장면 전환.

REPORTERS   (walla) Jackson Storm! Hey Jackson! That was incredible! **Awesome!**❶ Give me a few words! Give us a **quote**! Can we get a picture here?

기자들 (웅성웅성) 잭슨 스톰! 잭슨! 정말 멋졌어요! 환상적이에요! 몇 마디만 해주세요! 한마디만 해주시라고요! 사진 찍어도 될까요?

---

upset (경기, 대회 등) 예상 밖의 승리/우승
PA 확성기 (public address (system))의 약어
sleek 매끈하게 잘빠진, 날렵한
emerge 나오다, 모습을 드러내다
rev '붕붕' 요란하게 엔진소리를 내다
bombard (질문, 비난 등을) 퍼붓다
walla (영화) 군중 소리, 웅성거림
quote 인용하다; 인용, 사례

❶ **Awesome!**
환상적인, 멋진, 경탄할 만한, 어마어마한
무엇인가가 멋진 것, 좋은 것, 혹은 대단한 상황 등을 표현할 때 '우와 멋지다, 대단하다, 끝내준다' 이렇게 표현하죠. 영어에서 대표적인 표현이 바로 Awesome이랍니다. 여러분도 대단히 좋은 것을 표현할 때 꼭 사용해 보세요!

| JACKSON STORM | Thank you guys. Thank you. No – I appreciate it. Thank you very much. Thank you. | 잭슨 스톰 고마워요, 모두들. 고마워요. 아니에요 – 정말 감사합니다. 많이 감사해요. 감사해요. |

ON – Storm rolling past Lightning – and then coming to a stop on the **apron** where his **CREW CHIEF** and PITTIES await. ...just as McQueen approaches.

커징: 스톰이 라이트닝 옆으로 지나간다 – 그리고 그의 크루 팀장과 정비팀들이 기다리는 계류장에서 멈춘다. ...맥퀸이 다가오며.

바로 이장면!*

| MCQUEEN | Hey, Jackson Storm, right? Great race today. | 맥퀸 이 봐. 잭슨 스톰, 맞지? 오늘 레이스 멋졌어. |

...and the rookie turns to McQueen. With cold and **competitive** eyes, and with a **dismissive tone**, Storm says...

그리고 잭슨이 맥퀸에게 고개를 돌린다. 경쟁의식을 내비치며 차가운 눈빛으로, 그리고 빈정거리는 말투로 스톰이 말하며…

| JACKSON STORM | (**faux star struck**) Wow! Thank you, Mr. McQueen. You have no idea what a pleasure it is for me to finally **beat** you. | 잭슨 스톰 (스타를 보고 놀란척하듯) 와우! 고마워요. 맥퀸 씨, 마침내 제가 당신을 이기다니 정말 얼마나 기쁜지 모르실 거예요. |

| MCQUEEN | Oh thanks! | 맥퀸 오 고맙군! |

Jackson turns to roll away.

잭슨이 다른 쪽으로 가려고 돌아선다.

| MCQUEEN | (follows after) Wait. **Hang on**... Did you say "meet" or "beat"? | 맥퀸 (뒤를 따라가며) 기다려. 잠깐… 지금 '미트 (만나다)'라고 했나, 아니면 '비트(이기다)'라고 했나? |

Jackson leans back in close to McQueen, **sinister**.

잭슨이 맥퀸에게 뒤로 가까이 다가선다. 사악한 표정으로.

| JACKSON STORM | I think you heard me. | 잭슨 스톰 내 생각엔 네가 내 말을 잘 알아들은 것 같은데. |

McQueen is **taken aback**.

맥퀸이 당황스러워한다.

| MCQUEEN | Uhh, What? | 맥퀸 어, 뭐라고? |

TRACK PHOTOGRAPHERS rush close to **snap a photo**.

트랙전담 사진사들이 사진을 찍으려고 달려든다.

---

apron 계류장
crew chief 크루 팀장
competitive 경쟁적인, 경쟁력 있는, 경쟁하는
dismissive 무시하는, 멸시하는, 빈정거리는
tone 말투/어조
faux 모조의, 가짜의
star-struck 스타를 보고 너무 좋아서 놀라는, 인기 스타에게 완전히 반한
beat 이기다, 처부수다, 때리다

hang on 잠깐 기다려 봐
sinister 사악한, 해로운, 불길한
taken aback 깜짝 놀란, 당황스러워하는
snap a photo 사진 한 컷을 찍다

REPORTERS	McQueen! Storm! Over here! Can we get some pictures?	기자들 맥퀸! 스톰! 여기요! 사진 좀 찍어도 될까요?
JACKSON STORM	Yeah, yeah, come on. Let's get a picture! You know what, get a ton of pictures! Because Champ here has been a **role model** of mine for years now! And I mean a LOT of years! Right? I love this guy!	잭슨 스톰 네, 네, 어서요. 사진 찍으세요! 뭐, 얼마든지 찍으시라고요! 왜냐면 여기 계신 챔피언 분이 벌써 수년 동안 저의 롤모델이거든요. 그러니까 정말 오랜 세월 동안 말이에요. 그죠? 난 이분이 너무 좋아요!

REPORTERS	Over here! Guys! This way! Jackson! Jackson! Jackson Storm! Hey Jackson! Just a quote! Give me a few words! That was amazing!	기자들 여기요! 두 분! 이쪽이요! 잭슨! 잭슨! 잭슨 스톰! 여기요 잭슨! 한 말씀 해 주세요! 그냥 몇 마디만 정말 멋졌어요!

Storm smiles for a few shots, but McQueen's confused. Storm **rolls up** his trailer, passes his crew chief.

스톰이 사진용 포즈를 취하며 웃지만 맥퀸은 혼란스럽다. 스톰이 트레일러의 뒷문을 올리고, 그의 크루 팀장 옆을 지나간다.

JACKSON STORM I think I **touched a nerve**.

잭슨 스톰 내가 저 양반 신경을 건드린 것 같네.

Storm backs into the trailer, pauses, and then **EXTREME MUSIC** starts as his trailer's back gate closes as the truck **pulls off**. ❶

스톰이 다시 트레일러로 들어와서 잠시 멈춘다. 그리고는 광적으로 요란한 음악 소리가 울리면서 트레일러의 뒷문이 닫히고 트레일러가 그 자리를 떠난다.

---

role model 역할 모델, 본보기

roll up 올리다, 도착하다

touch a nerve 신경을 건드리다

extreme music 극단적인 음악, 소음에 가까운 아주 시끄러운 음악

❶ **pull off**
(정차하기 위해 도로를) 벗어나다
자동차의 움직임을 묘사할 때 구어체로 가장 많이 쓰이는 동사가 pull이에요. Pull 뒤에 따라오는 전치사를 바꿔주면서 움직임의 방향을 표현한답니다. 예를 들어, pull over는 자동차를 갓길 쪽이나 도로 옆쪽으로 '세우라'는 뜻이고 pull up은 주유소에서 자주 듣게 되는데 차를 주유 장비 쪽으로 '가까이 붙여 세우라'는 뜻이랍니다.

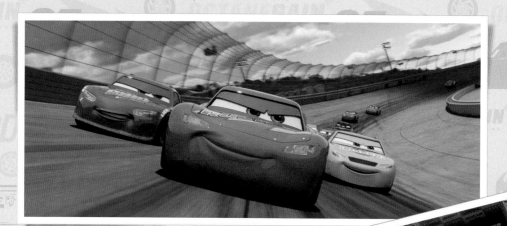

Next Generation Racers
차세대 레이서들

🎧 04.mp3

INT. BROADCAST SET OF "CHICK'S PICKS WITH CHICK HICKS" – DAY
CHICK HICKS is on one side of a GIANT CNN ELECTION-STYLE INTERACTIVE BOARD – his PISTON CUP right at his side.

내부. "칙 힉스와 함께하는 여자의 선택" 방송 세트 – 낮
거대한 CNN 방송사의 선거 스타일 대화형 보드의 한쪽 편에 칙 힉스가 나온다 – 그의 옆에는 피스톤 컵이 놓여 있다.

바로 이장면!*

CHICK HICKS Welcome back to Chick's Picks with Chick Hicks! I'm your host, former-and-forever Piston Cup Champion Chick Hicks... Doot doot doot do!
This just in❶: Rookie Jackson Storm **slams** the **proverbial** door on Lightning McQueen. Ooooh... I couldn't have enjoyed it more if I'd beaten McQueen myself. Oh wait, I have!

칙 힉스 '칙 힉스와 함께하는 여자의 선택'에 다시 오신 걸 환영합니다. 전–그리고–영원한 피스톤 컵 챔피언 칙스 힉스가 오늘 여러분의 호스트입니다. 뚯 뚯 뚯 두!
지금 방금 들어 온 소식입니다. 루키 잭슨 스톰이 그 유명한 라이트닝 맥퀸의 문을 멋지게 쾅 하고 닫아버렸다는군요. 우우… 아마도 제가 직접 맥퀸의 코를 납작하게 했더라도 이보다 더 즐기진 못했을 거예요. 아, 잠깐, 제가 더 즐겼네요!

FREEZE FRAME ON MCQUEENS EXPRESSION WHEN HE LOST TO STORM.

맥퀸이 스톰에게 졌을 때의 맥퀸의 표정을 캡처한 장면을 영상으로 띄운다.

CHICK HICKS But enough about me, here to tell you how it happened is professional **number cruncher**, Miss Natalie Certain!

칙 힉스 자 이제 제 얘기는 그만하고, 이곳에 숫자 계산전문가이신 나탈리 서틴 씨를 모셨습니다!

NATALIE CERTAIN It's a pleasure to be here, Chick. And actually, I prefer the term, **statistical analyst**.

나탈리 서틴 이 쇼에 출연하게 돼서 기뻐요, 칙. 아 그리고, 저는 통계 분석 전문가라고 불러 주시면 더 좋을 것 같네요.

He looks over at NATALIE CERTAIN; confident, smart, passionate about the future of racing and the next generation of racers.

그가 나탈리 서틴을 바라본다. 자신감 넘치고, 영리하고, 레이싱계의 미래와 다음 세대에 대한 열정이 넘쳐흐르는 그녀.

---

interactive 대화형의, 상호의, 쌍방향의
slam 문 따위를 세게 쾅 닫다, 세게 힘껏 밀다
proverbial 유명한, 속담에도 나오는
freeze frame (영상) 정지 화면, 스톱 모션
number cruncher 〈구어〉 (복잡한 계산을 하는) 대형 컴퓨터, 전산원
statistical analyst 통계 분석가

❶ **This just in.**
지금 방금 들어온 소식입니다.
이 문구는 평상시 대화문에서 쓰는 표현이 아니고 뉴스에서 속보를 전할 때 쓰는 아주 전형적인 문구랍니다. 관용표현이니까 단어를 더하거나 빼지 마시고 있는 그대로 기억해야 해요.

CHICK HICKS Right. So... Who is this mysterious newcomer Jackson Storm, and why is he so darn fast?

The BOARD fills with info as she speaks...

NATALIE CERTAIN **It's no mystery**[1] if you study the data, Mr. Hicks. Jackson Storm is part of the next generation of high-tech racers – unlike the veterans of yesterday-

칙 힉스 그렇군요. 그래서… 이 불가사의한 신예 잭슨 스톰이라는 자는 누구인가요? 그리고 도대체 그 친구는 왜 이렇게 빠른 건가요?

그녀가 말을 시작하면서 보드가 정보로 가득 찬다…

나탈리 서틴 데이터를 연구해 보면 불가사의 할 게 전혀 없답니다. 힉스. 잭슨 스톰은 첨단기술을 갖춘 다음 세대의 일부입니다. - 지난 세대의 베테랑들과는 다르게 말이죠.

CHICK HICKS What, what? Old-timers like this guy! Ha, ha!

NATALIE CERTAIN Um... Right... Storm achieves his top speeds by **exploiting** the numbers.

FREEZE FRAME OF JACKSON STORM LOOKING SUPER **BAD-ASS**.

NATALIE CERTAIN (rolls her eyes) I refer of course to racing data. Tire pressure, **down force**, **weight distribution**, aerodynamics – and next gens like Storm are taking advantage. The racing world is changing.

CHICK HICKS And for the better if it means my old pal Lightning is **down for the count**, am I right, Certain?

NATALIE CERTAIN Well, if I'm certain of anything Chick, it's that this season is about to get even more interesting.

PRE-LAP – the sound of the race, rising.

칙 힉스 뭐, 뭐라고요? 베테랑들도 이 자를 좋아해요! 하하!

나탈리 서틴 음… 그렇죠. 스톰은 숫자들을 활용해서 최고 스피드를 낼 수 있습니다.

엄청나게 거칠고 강해 보이는 표정의 잭슨 스톰 사진을 띄운다.

나탈리 서틴 (눈을 굴리며) 당연히 레이싱 데이터에 관한 얘기를 하는 겁니다. 타이어 압력, 다운 포스, 무게 분배, 공기역학 —— 그리고 바로 스톰과 같은 차세대 주자들이 그러한 데이터를 이용하고 있다는 것이죠. 레이싱계는 변화를 맞이하고 있습니다.

칙 힉스 그러니까 내 오랜 친구 라이트닝 같은 작자들은 이제 녹아웃을 당할 수밖에 없다는 좋은 말씀이신 거죠, 그죠, 서틴?

나탈리 서틴 글쎄요, 칙, 제가 분명하게 말씀드릴 수 있는 것은 이번 시즌은 이전보다 훨씬 더 흥미진진해질 거라는 거죠.

다음 장면의 소리가 들려오기 시작: 레이스의 소리가 점점 커진다.

---

exploit (자원을) 개발하다, 이용하다; (노동 등을) 착취하다

bad-ass 〈비격식〉 거칠고 강한, 터프한, 상남자

down force 다운 포스 (공기역학적으로 차의 몸체를 노면 쪽으로 억압 하향하는 힘. 다운 포스가 증가함으로써 고속 안정성은 높아짐)

weight distribution 무게 분배

aerodynamics 공기역학

down for the count 케이오/녹아웃을 당해서 숫자를 세는 상황

pre-lap 본 경기 전 엔진 예열 차원에서 자동차들이 트랙을 도는 것

❶ It's no mystery.
이상할 게 전혀 없다.
주로 이 문구 뒤에 that절 이나 if절이 따라오면서 '~라는 것은, ~한다는 것은' 혹은 '~한다고 해도' 이상할 게 전혀 없다는 뜻으로 쓰이지요. 비슷한 표현으로 It's no wonder도 자주 쓰인답니다.

EXT. RACE TRACK - NIGHT
TRACK LEVEL **POV** – moving between TWO NEW ROOKIES on the **pace lap**. TWO MORE behind them, and TWO WORE BEHIND THEM.

BOB CUTLASS (V.O.)   **I'll tell you what,**❶ Darrell, Jackson Storm has certainly made an impact... we've got six more next-generation rookies in the field...

DARRELL CARTRIP (V.O.)   ...with six veterans fired to clear the way.

Storm's on the pole, McQueen next to him. Heading for green.

JACKSON STORM   (glad to see him) Morning Champ. How's our Living Legend today?

MCQUEEN   **(on guard)** Uh- Still very much alive thank you, and I would appreciate—

JACKSON STORM   – You know, I can't believe I get to race THE Lightning McQueen- in his farewell season.

MCQUEEN   **(defensive)** What are you talking about?

JACKSON STORM   Oop, green flag – good luck out there, champ! You're gonna need it.

Flag. Jackson takes off. Jackson pushes ahead. An angry McQueen **gives chase**.

INT. BROADCAST SET OF THE "MORNING PISTON CUP" – DAY

NATALIE CERTAIN   One reason Storm and the Next-Gens are more **efficient**? Their ability to hold the **optimum** racing line every single lap.

외부. 레이스 트랙 – 밤
트랙 레벨 시점 – 카메라가 엔진 예열 차원에서의 드라이브를 하는 두 대의 신예 차들 사이로 움직이고 있다. 또 다른 두 대가 그들 뒤에 있고, 그 뒤로 두 대가 더 있다.

밥 커틀라스 (목소리만) 내 얘기 좀 들어봐, 데릴, 잭슨 스톰은 정말 대단한 충격이었어. 그런데 그와 같은 신세대 루키들이 여섯 명이나 이 대회에 출전했다고.

데럴 칼트립 (목소리만) …여섯 명의 베테랑들이 그들에게 길을 터주기 위해 해고당했고요.

스톰이 깃발 앞에 서 있고, 맥퀸이 그의 옆에 있다. 초록색 쪽을 향해서.

잭슨 스톰 (반가워하며) 좋은 아침이네요, 챔피언 나으리. 우리 '살아있는 전설'님 안녕하시죠?

맥퀸 (경계하며) 어- 아직도 멀쩡하게 살아있지, 고맙네. 그런데 말이야, 자네 좀…

잭슨 스톰 라이트닝 맥퀸 님과 경주를 하게 되다니 정말 믿기지 않네요 – 그의 은퇴 시즌에 말이에요.

맥퀸 (방어태세로) 무슨 소리 하는 거야?

잭슨 스톰 웁, 초록 깃발이라 – 행운을 빌어요, 챔피언 양반! 운이 좀 필요할 것 같네요.

깃발. 잭슨이 출발한다. 잭슨이 앞으로 치고 나간다. 화가 난 맥퀸이 추격한다.

내부. "좋은 아침 피스톤 컵" 방송 세트 – 낮

나탈리 서틴 스톰과 차세대 주자들이 더 효율적인 이유 한 가지는? 바퀴를 돌 때마다 최적의 경주라인을 유지할 수 있는 그들의 능력 때문이죠.

POV 시점, 관점, 입장 (point of view의 약어)
pace lap 경기 개시 전에 선도차를 따라 모든 경주차가 코스를 일주하는 것
on guard 경계하는, 조심하는
defensive 방어하는, 방어태세의
give chase 추적/추격을 시작하다
efficient 효율적인, 능률적인
optimum 최고/최적의

❶ **I'll tell you what.**
자, 잘 들어봐.
자신의 의견을 이야기하려고 하거나, 흥미로운 이야기를 하기 전에 '자, 내 얘기를 잘 들어봐' '이런 게 있단다' '내가 얘기해 주지' 하는 식의 어감으로 하는 표현이에요. '있잖아' '그러니까 말이야'의 뜻을 가진 You know what과 비슷한 역할을 하죠.

EXT. BELLHOUSING INTERNATIONAL – NIGHT

The sleek **side-panels** of more ROOKIE CARS. Lightning's now in third...Storm out front again.

BOB CUTLASS (V.O.)   Win number three for the rookie sensation!

EXT. VARIOUS TRACKS – MONTAGE – DAY/NIGHT/DAY

– Storm finishes a length in front of a **frustrated** McQueen.
– Storm on a HIGH-TECH SIMULATOR. Looking smoooooooth.

NATALIE CERTAIN   Storm's **in a class of his own**, and big reason for that? Training on the newest **cutting-edge** simulators. These machines create a **virtual** racing experience so real, racers never even have to go outside.

EXT. WILLY'S BUTTE – RADIATOR SPRINGS – LATE AFTERNOON

A frustrated McQueen comes out of the turn and whips past Mater – who wears a concerned look.

EXT. VARIOUS TRACKS – MONTAGE – DAY/NIGHT/DAY

BOB CUTLASS (V.O.)   Storm's ability to hold that line **is like nothing we've ever seen.**❶

– Another win.

DARRELL CARTRIP (V.O.)   Four in a row! Are you kidding me?!

NATALIE CERTAIN (V.O.)   ...two percent lower **drag coefficient**.

BOB CUTLASS (V.O.)   Oh what a finish!

NATALIE CERTAIN (V.O.)   Five percent increased down force...

외부. 벨 하우징 국제 센터 – 밤
더 많은 루키들의 매끄러운 차량의 옆 패널들. 라이트닝은 이제 3위로 쳐져 있다. 스톰이 다시 앞서고 있는 상황.

밥 커틀라스 (목소리만) 루키 센세이션이 세 번째 우승을 해내는군요!

외부. 여러 개의 트랙 – 여러 영상을 혼합해서 짜깁기 – 낮/밤/낮
– 스톰이 낙담한 맥퀸 앞으로 차 한 대의 길이 차이로 결승점을 들어온다.
– 최첨단 시뮬레이터를 가동하는 스톰. 부드······러운 모습으로.

나탈리 서틴 스톰은 타의 추종을 불허합니다. 그런데 도대체 그 이유가 뭘까요? 가장 최신의 최첨단 시뮬레이터들을 가지고 훈련하기 때문이죠. 이 기계들이 가상의 경주를 완전 실제처럼 느끼게 만들어 주기 때문에 레이서들이 밖에 나갈 필요조차 없으니까요.

외부. 윌리의 언덕 – 레디에이터 스프링즈 – 늦은 오후
낙담한 맥퀸이 모퉁이를 돌아 나와 메이터 옆으로 쌩하고 지나간다 – 메이터가 안쓰러워하는 표정이다.

외부. 여러 개의 트랙 – 영상 혼합 짜깁기 – 낮/밤/낮

밥 커틀라스 (목소리만) 저 라인에서 벗어나지 않는 스톰의 능력은 우리가 기존에 한번도 본 적이 없는 대단한 능력이네요.

– 또 우승.

데럴 칼트립 (목소리만) 4개 대회 연속이네요! 이거 뭐 정말 장난이 아니군요?!

나탈리 서틴 (목소리만) ···항력계수가 2%가 내려갔어요.

밥 커틀라스 (목소리만) 오, 마무리가 정말 대단하네요!

나탈리 서틴 (목소리만) 다운 포스는 5%가 증가했어요.

---

side-panel 옆판
montage 여러 영상을 혼합해서 짜깁기
frustrated 좌절감을 느끼는, 낙담한
in a class of his own 타의 추종을 불허하는, 우세한
cutting-edge 최첨단의
virtual 가상의
drag coefficient 항력계수

❶ **be동사 + like nothing we've ever seen**
마치 지금껏 우리가 단 한 번도 본 적 없는 것과 같은 대단한 것을 묘사할 때 '이런 것은 전에 한 번도 본 적이 없다 (혹은 경험해 본 적이 없다)'라고 합니다. 〈It's like + nothing we've ever seen〉 형태로 we've는 문맥에 따라 주어를 바꿔 써도 무관합니다.

– Storm wins his sixth. **Straight as an arrow.**

DARRBLL CARTRIP (V.O.) Lucky number seven!

NATALIE CERTAIN (V.O.) …one-point-two percent higher top speed.

– Whip. Whip. Two more wins.

BOB CUTLASS (V.O.) Amazing! Nine!

Again, Storm **holds a lead** out of the final turn – a NEXT GEN below him in second, another NEXT GEN below that racer, holding third. McQueen **relegated** to fourth.

CHICK HICKS (PRE-LAP V.O) Piston Cup winner Chick Hicks here…

A CHECKERED FLAG WIPE…

EXT. FLATHEAD MOTOR SPEEDWAY – VICTORY LANE
Chick interviews Storm.

CHICK HICKS (V.O.) …with the racer taking the **circuit** by Storm! Jackson Storm! Another easy win over old **Kachow**… or should I say **Kaboose**?! 'Cause he's always in the BACK! Am I right?!

EXT. FLATHEAD MOTOR SPEEDWAY – GARAGE/TRAILER AREA – SAME
Lightning stops to hear Storm's answer on the **JUMBO-TRON**. His longtime sponsors Rusty and Dusty are right behind him.

JACKSON STORM No, no, no, Chick. McQueen is a **crafty** veteran champ. He's THE **elder statesman** of the sport, ya know? Takes everything I got to beat him.

---

straight as an arrow 똑바로, 일직선으로

hold a lead 선두를 유지하다

relegate 강등시키다, 밀쳐 버리다, 격하/좌천시키다

flathead 납작머리

lane 차선

circuit 순환(로), 순회(노선)

Kachow 영화 속 맥퀸의 별명, 번개를 구어체로 표현할 때 쓰는 말

Kaboose 〈속어〉 엉덩이, 궁둥이

Jumbo-tron 점보트론, 도로 같은 곳에 자리를 잡고 광고를 내보내는 대형 광고용 차량

crafty 교활한, 술수/술책이 뛰어난

elder statesman 원로 정치인

– 스톰이 여섯 번째 우승을 거머쥔다. 화살처럼 쭉쭉 뻗어 나가는 중.

데럴 칼트립 (목소리만) 행운의 숫자 세븐!

나탈리 서틴 (목소리만) … 1.2% 더 높은 최고속도

— 쌩. 쌩. 두 번 더 우승.

밥 커틀라스 (목소리만) 정말 놀랍군요! 아홉 번!

— 다시 한 번, 스톰이 마지막 모퉁이를 돌면서 맨 앞에 달리고 있다 – 차세대 주자 중 하나가 바로 뒤에 따라오고, 그 뒤로 또 다른 차세대 주자가 3등으로 달리고 있다. 맥퀸은 4등으로 강등되었다.

칙 힉스 (장면 전환, 목소리만) 피스톤 컵 우승자 칙 힉스입니다…

체크무늬 깃발이 영상을 지운다…

외부. 납작머리 자동차 경주장 – 승리 차선
칙이 스톰과 인터뷰를 하고 있다.

칙 힉스 (목소리만) …스톰이 경주로를 돌고 있습니다! 잭슨 스톰! 다시 한 번 '번쩍' 선수를 쉽게 누르고 우승했네요. 아니 '궁둥이' 선수라고 불러야 할까요?! 왜냐하면 그는 늘 뒤에 처져서 따라오니까요! 그죠?

외부. 납작머리 자동차 경주장 – 차고/트레일러가 머무는 곳 – 동일
라이트닝이 점보-트론에서 스톰의 답을 들으려고 멈춰 선다. 그의 오랜 스폰서들인 러스티와 더스티가 그의 바로 뒤에 있다.

잭슨 스톰 노, 노, 노, 칙, 맥퀸은 교활한 베테랑 챔피언이에요. 그가 이 스포츠 업계의 원로 정치인이란 말이에요. 네? 나도 엄청 노력해야 그를 이길 수 있어요.

28

MCQUEEN (to himself) Oh, **you gotta be kidding me.**❶	맥퀸 (스스로) 내 참 정말 어이없네.

Frustration in his eyes as he turns to find Rusty and Dusty surrounded by A PACK OF REPORTERS... Rusty and Dusty are **overwhelmed** and **tongue-tied**. McQueen comes over to save them.

그가 기자들에게 둘러싸여 있는 러스티와 더스티를 찾으려고 돌아서는데 그의 눈빛에 좌절감이 보인다. 러스티와 더스티는 긴장감에 압도되어 말문이 막혔다. 맥퀸이 그들을 구하기 위해 온다.

REPORTERS Rusty and Dusty! Hey Team Rust-eze! What changes are you going to make to get McQueen back on top? Will McQueen try new training methods? – Is he prepared to retire?

기자들 러스티와 더스티! 러스티-즈 팀 여러분! 맥퀸을 다시 정상에 올리기 위해서 어떤 변화를 모색하실 건가요? 맥퀸이 새로운 훈련법을 도입할 건가요? 이제 은퇴 준비하는 건가요?

DUSTY Uh...

더스티 어…

MCQUEEN (to reporters) Come on, come on guys, let's not **overreact**. It's just a slump. We'll get 'em next week.

맥퀸 (기자들에게) 이봐요 기자님들, 우리 너무 오버하지는 말자고요. 잠깐 슬럼프일 뿐이에요. 다음 주에는 우리가 이길 거라고요.

The reporters **go nuts** to **have access** to McQueen.

기자들이 맥퀸에게 접근하려고 광분한다.

REPORTERS Lightning! Over here! Hey McQueen! McQueen!

기자들 라이트닝! 이쪽이요! 이봐요 맥퀸! 맥퀸!

MCQUEEN Ok, that's enough. No comment.

맥퀸 자, 이제 그 정도면 됐어요. 노 코멘트예요.

REPORTER #1 Not even about Cal Weathers retiring?

기자 #1 캘 웨더즈의 은퇴에 대해서조차 아무 말도 안 하실 건가요?

MCQUEEN Wait, what?

맥퀸 잠깐, 뭐라고요?

REPORTERS Cal Weathers. He's **hanging up** his **Lightyears**.

기자들 캘 웨더즈. 그가 길었던 선수생활을 마감할 거예요.

He sees Cal...ready to back into his trailer.

그가 캘을 본다…트레일러로 다시 들어가려고 하는 모습을.

MCQUEEN No. No comment on that either.

맥퀸 아니요. 그것에 대해서도 할 말이 없네요.

McQueen heads over to his good friend.

맥퀸이 그의 좋은 친구에게로 향한다.

---

overwhelm 압도하다, 제압하다
tongue-tied 말문이 막힌
overreact 과잉 반응하다
go nuts 광분하다, 미치다
have access 접근/출입할 수 있다. 접근성을 확보하다
hang something up ~을 다 쓰다, ~이 떨어지게 되다
lightyear 광년, 아주 오랜 시간

❶ **You gotta be kidding me.**
내 참 정말 어이없네.
이 표현은 정말 황당하거나 어이없는 상황을 목격하거나 경험했을 때 감탄사로 혼자 말처럼 쓸 수도 있고 직접적으로 상대방에게 '지금 장난하나?' '이게 말이 되냐고?'와 같은 뉘앙스로 쓸 수도 있는 표현이랍니다.

MCQUEEN	Hey, Cal? Hey! **Retirement**? What's going on?	맥퀸 이봐, 캘? 이봐! 은퇴라고? 대체 어떻게 된 거야?
CAL WEATHERS	You know, I asked my uncle once how I'd know when it was time to stop. Ya know what he said? The **Youngsters**'ll tell **ya**. We had some **good times** together. I'm gonna miss that the most I think.	캘 웨더즈 흠, 예전에 내가 우리 삼촌한테 그만둬 야 할 때가 언제인지를 어떻게 아는지 물어본 적 이 있어. 삼촌이 뭐라고 했는지 알아? 젊은 놈들이 나타나서 얘기해 줄 거래. 우리 함께 즐거운 시간 을 보냈잖아. 그 시간이 가장 그리울 것 같긴 하네.
MCQUEEN	(**takes** this **in**) Yeah.	맥퀸 (상황을 받아들인다) 그래.

Cal **loads up** into his trailer. The trailer closes and Cal drives off **leaving** McQueen **alone**.

캘이 그의 트레일러에 짐을 싣는다. 트레일러의 문이 닫히고 캘은 맥퀸을 혼자 두고 길을 떠난다.

---

retirement 은퇴

youngster 청소년, 아이, 젊은이

ya 너 (you의 속어적 표기법)

good times 좋은 시간/시절

take in ~을 이해하다, 눈여겨보다, 받아들이다

load up ~에 싣다

leave someone alone ~을 혼자 있게 두다

Goodbye Old Racers!
한물간 레이서들이여 안녕!

🎧 05.mp3

INT. BROADCAST SET – NIGHT
Natalie's next to the big board, **filled with** a **GRID** of the 40 PISTON CUP RACERS at the start of the season. Almost all of the **squares** are **illuminated**. These are the VETERANS.

NATALIE CERTAIN   More changes ahead, Chick. Every week we've seen veteran racers either retire, like Cal Weathers tonight, or fired to make room for these younger, faster racers. And it's not over yet.

As she reports, we see more and more squares go dark.

EXT. LOS ANGELES INTERNATIONAL SPEEDWAY – DAY
A team of JETS **streaks across** the sky.

PA TRACK ANNOUNCER (V.O.)   Hello racing fans. Welcome to the Los Angeles 500! Final race of the Piston Cup season! It's been a year of surprises and today promises to be no different. As the teams **get ready** in the **pits**, we get ready to bring you the action here track- side...

EXT. LOS ANGELES INTERNATIONAL SPEEDWAY – GARAGES – DAY
McQueen heads toward Bobby's garage...but stops when he sees BRICK and his SPONSOR heading down the middle of the garage area. TWO **PITTIES** carry BIG BOXES with "BRICK" written on them. Lightning moves toward him... ...but stops when he sees Brick **focused squarely on** his sponsor; **oblivious to** McQueen.

내부. 방송 세트 – 밤
시즌의 시작을 앞두고 있는 40명의 피스톤 컵 레이서들을 격자 모양의 지표로 표시하여 가득 채운 큰 보드 옆에 나탈리가 있다. 거의 모든 네모 박스들에 불이 들어와 있다. 이 박스들은 고참들을 나타낸다.

나탈리 서틴 앞으로도 많은 변화가 있을 예정이죠, 칙. 매주 베테랑 레이서들이 오늘 밤 캘 웨더즈가 한 것처럼 은퇴를 하거나 더 젊고 빠른 후배들에게 열정적으로 길을 터주고 있죠. 그리고 그러한 변화도 아직도 끝나지 않았고요.

그녀가 말하는 동안, 격자무늬 지표에서 네모박스가 하나씩 어두워지고 있다.

외부. 로스앤젤레스 국제 경주장 – 낮
한 무리의 제트기들이 하늘을 가로지르며 수놓고 있다.

장내 아나운서 (목소리만) 안녕하십니까 레이싱 팬 여러분. 로스앤젤레스 500에 오신 것을 환영합니다! 드디어 피스톤 컵 시즌의 마지막 레이스입니다! 올 한해는 정말 이변이 많았는데요. 오늘도 역시 이변이 넘쳐날 것입니다. 각자의 정비 피트에서 각 팀들이 준비하는 동안 우리는 트랙 위에서 벌어지는 모든 상황을 보여 드릴 준비를 하겠습니다 – 옆으로..

외부. 로스앤젤레스 경주장 – 차고들 – 낮
맥퀸이 바비의 차고로 향한다… 하지만 브릭과 그의 스폰서가 차고 중앙 쪽으로 내려가는 것을 보고 멈춰 선다. 피트팀의 두 명이 "브릭"이라고 쓰인 큰 상자들을 나른다. 라이트닝이 그를 향해 움직인다… 하지만 브릭이 그의 스폰서를 집중해서 정면으로 바라보고 있는 것을 보고 멈춰 선다; 맥퀸이 오는 것을 보지 못한 듯하다.

---

be filled with ~으로 가득 차다

grid 격자무늬, (금속, 목재로 된) 격자판

square 정사각형, 네모 모양의

illuminate ~에 불을 비추다, 밝히다

streak across 아주 빠른 속도로 가로질러 가다, 질주하다

get ready 준비하다

pit 피트(자동차 경주 도중에 급유, 타이어 교체 등을 하는 곳), 구덩이

pitties 피트에서 일하는 정비공들

focus on ~에 집중하다, 초점을 맞추다

squarely 똑바로, 정면으로, 곧바로, 정확하게

oblivious to ~을 감지하지 못하는

바로 이장면!*

BRICK YARDLEY	**You can't do this!**❶ I've raced for you guys almost ten years!	브릭 야들리 이러시면 안 되죠! 내가 당신들을 위해서 거의 10년간이나 경주를 해 줬는데.
MCQUEEN	Brick?	맥퀸 브릭?
BRICK'S SPONSOR	Sorry, Brick. My **mind's made up**. I'm giving your number to someone new.	브릭의 스폰서 미안하네, 브릭. 난 내 마음을 결정했어. 다른 새로운 선수에게 자네의 번호를 주기로 말이야.
BRICK YARDLEY	Hey! I...I had two wins last year!	브릭 야들리 이 봐요! 난…난 작년에 두 번씩이나 우승했잖아요!
BRICK'S SPONSOR	The whole sport's changing. I'm just doing what I gotta do...	브릭의 스폰서 이 스포츠 업계 자체가 변하고 있네. 난 내가 해야 할 일을 하는 것일 뿐이야.

McQueen turns to the RACER pulling out of Bobby's garage.

맥퀸이 바비의 차고에서 빠져나오고 있는 레이서에게 돌아선다.

MCQUEEN	Hey Bobby? Do you know what's happening with Brick...	맥퀸 이봐 바비? 브릭에게 무슨 일이 있는 건지 알아…

A **NEXT-GEN** RACER named DANNY SWERVEZ pulls out.

대니 스월브즈라는 이름의 차세대 레이서가 밖으로 나온다.

MCQUEEN	Oh... Wait, You're not Bobby.	맥퀸 오… 잠깐, 넌 바비가 아니잖아.
DANNY SWERVEZ	The name's Danny, **bro**.	대니 스월브즈 내 이름은 대니라오, 형씨.

He heads away. Lightning looks around the garage area – and for the first time sees **nothing but** NEXT-GENS.

그가 제 갈 길을 간다. 라이트닝이 차고 주변을 둘러본다 – 처음으로 이 주변에 남은 건 차세대 레이서들뿐이라는 것을 깨닫게 된다.

EXT. LOS ANGELES INTERNATIONAL SPEEDWAY – DAY
McQueen on the pace lap – but now back in the third row, with Danny next to him.

외부. 로스앤젤레스 국제 경주장 – 낮
맥퀸이 예열 차원에서 트랙을 돌고 있다 – 다시 세 번째 줄에 서는데, 그의 옆에 대니가 달리고 있다.

JACKSON STORM	Hey Champ... Where'd all your friends go?	잭슨 스톰 이봐 챔피언… 자네 친구들 다 어디로 간 거야?

---

make up one's mind 마음의 결정을 하다, 결심하다
next-gen (= next generation) 차세대
bro 형씨, (남자끼리 친근한 호칭) 친구, 형, 오빠, 남동생
nothing but 오직, ~일 뿐인

❶ **You can't do this!**
이러시면 안 되죠!
우리는 조동사 can을 '~을 할 수 있다, 할 줄 안다'라고 가능성이나 능력에 관한 뜻으로 한정적으로 해석을 하는 경우가 많은데, 위와 같은 문장에서는 허가의 의미로 쓰인 것이니 주의해서 어감을 잘 이해해 주셔야 해요. 그런데 여기에서는 부정문으로 쓰여서 '이렇게 해서는 안 된다' '이럴 수는 없다'는 의미가 되었죠.

BOB CUTLASS (V.O.)   A final check of his tires as Storm **settles into** the **pole position**.

Storm scrubs his tires, moving alongside the field on the low-side to take his position on the pole. Lightning **fumes**.

EXT. LOS ANGELES INTERNATIONAL SPEEDWAY – DAY
...as the green flag flies.

DARRELL CARTRIP (V.O.)   Boogity, boogity, boogity! Let's end this season with a great race!

McQueen leans into a straight-as-an-arrow **sprint**.
TIME LAPSE – Whip, whip, whip.

EXT. LOS ANGELES INTERNATIONAL SPEEDWAY – PITS – SAME
Sally and the gang nervously watch...

MATER   That's it. Buddy!

INTO NIGHT – We see them roll out of a turn, Storm holding his familiar line. McQueen a few lengths back.

EXT. LOS ANGELES INTERNATIONAL SPEEDWAY – PITS – NIGHT
Storm leads a line of racers (including McQueen) into the pits...

SHANNON SPOKES (V.O.)   **Forty laps to go**[1] and race leader Jackson Storm is making his way onto pit road, with McQueen on his tail. A good stop here could mean the difference between victory and defeat.

And the next few seconds are **back-and-forth** between Storm's smooth, efficient pit crew and Guido's great skills.

MCQUEEN (frustrated, panicked) C'mon, C'mon, C'mon! C'mon!! Faster, Guido! C'mon, I gotta get back out there before he does! Guido, hurry up!

---

settle into 자리잡다

pole position 폴 포지션 (자동차, 자전거 경주 시작 무렵의 선두)

fume 연기(매연)를 내뿜다, (화가 나서) 씩씩대다

Boogity, boogity, boogity 레이싱 분석가이자 해설자로 유명한 Darrell Waltrip이 Nascar 대회를 할 때 그만의 개성으로 습관처럼 외치는 구호, 특별한 의미는 없음

sprint 전력 질주

time lapse 〈촬영 기법〉 저속 촬영

back-and-forth 앞뒤로의, 여기저기의

❶ 숫자 + to go
~만큼 남은
목표물을 두고 조금씩 처치 혹은 해결해 나가면서 임무를 완수하고자 할 때 '이제 얼마만큼만 더 하면 된다'고 말을 하잖아요? 그럴 때 쓰이는 표현이에요. 예를 들어, 여러 개의 박스를 옮겨야 하는 상황에서 거의 다 옮기고 이제 두 박스만 남았을 때, 'Two more to go'라고 하는 것이지요.

And Guido is faster, finishing with...

GUIDO   **Fatto!** Fatto!

...and McQueen is out before any of the other racers in the pits. Jackson **zips** out, but he's lost his lead to Lightning.

DARRELL CARTRIP (V.O.)   What a pitstop by McQueen! Man! He just got the lead!

BOB CUTLASS (V.O.)   But Darrell, can he **hold onto** it?

But it's only a few seconds before Storm pulls alongside...

MCQUEEN   (effort – **panting**)

JACKSON STORM   Hey, McQueen. You all right? Listen, don't you worry, pal. **You had a good run.**❶ Enjoy your retirement.

...and then passes him. Lightning, **angry as can be**, pushes himself forward. Hard. Too hard. Storm's there in front of him, but the gap slowly grows.

BOB CUTLASS (V.O.)   Storm takes back the lead!

DARRELL CARTRIP (V.O.)   Unbelievable! McQueen is fading. McQueen is fading...fading fast...

MCQUEEN   No! No, no, no, no! (effort – **strain**)

Two lengths. We go CLOSE on one of McQueen's LIGHTYEAR TIRES, then pull WIDER, until...BLOWS OUT. He spins once, twice, before the terrible roll begins. Sally gasps. The gang helplessly watches as...

SALLY   (Exhale)

귀도가 더 빠르다. 정비를 마치는데…

귀 도 완료! 끝!

맥퀸이 다른 레이서들에 앞서 가장 먼저 피트에서 나온다. 잭슨도 슝~하며 나오지만 라이트닝에게 1등 자리를 내줬다.

데럴 칼트립 (목소리만) 맥퀸의 엄청난 정비 정차였어요! 이야! 그가 1등 자리를 뺐네요!

밥 커틀라스 (목소리만) 그런데 데럴, 그가 그 자리를 유지할 수 있을까요?

그런데 바로 몇 초 후에 스톰이 그의 바로 옆으로 치고 나온다…

맥퀸 (애쓰며 – 헐떡거린다)

잭슨 스톰 이 봐, 맥퀸. 괜찮나? 있잖아, 근데 걱정할 필요 없어, 이 사람아. 자네는 할 만큼 했어. 은퇴를 즐기라고!

그리고는 그를 지나간다. 라이트닝이 분노에 가득 차서 다시 앞으로 나아간다. 힘들게, 너무 힘들게. 스톰이 그의 앞에 있는데 간격이 조금씩 더 벌어진다.

밥 커틀라스 (목소리만) 스톰이 다시 앞서 나가네요!

데럴 칼트립 (목소리만) 정말 믿기지 않는군요! 맥퀸이 점점 사라지고 있어요. 맥퀸이 사라지는 중이에요… 빠르게 사라지고 있네요…

맥퀸 아냐! 안돼, 안돼, 안돼, 안 된다고! (애쓰며 – 안간힘을 쓴다)

차량 두 대의 거리. 카메라가 맥퀸의 광년 타이어들을 가까이 클로즈업해서 보여 주다가 점점 멀어지는데… 터진다. 그가 한 바퀴를 돌고, 두 바퀴를 돌고, 끔찍하게 뒤집히고 만다. 샐리가 '헉'하며 숨을 제대로 쉬지 못하고 친구들은 안타깝게 바라본다…

샐리 (숨을 내쉬며)

---

fatto (이탈리아어) 완료, 끝

zip (차·총알 등이) 핑/슝/씽하고 소리 내며 나아가다, ~에 속력(힘)을 가하다

hold onto ~을 유지하다, 지키다, 고수하다

pant 헐떡이다

angry as can be 아주 많이 화가 난

strain 부담, 압박감, 안간힘을 쓰다, (근육 등을) 혹사하다

exhale 숨을 내쉬다

❶ **You had a good run.**
자네는 할 만큼 다 했어.

Have a good run은 어떤 일을 성공리에 잘 이룬다는 것을 뜻하는 숙어예요. 주로 단기간에 끝나는 일 보다는 장기간 지속적으로 잘해 낸다는 것을 말할 때 쓰이죠. 더 강조하고 싶을 때는 good 대신에 great을 쓰는 경우도 많아요. 예를 들어, 좋은 결실을 맺었을 때 We had a great run! '우리 정말 잘 해냈어!' 이렇게 씁니다.

EXT. LOS ANGELES INTERNATIONAL SPEEDWAY – PITS – NIGHT

<u>CROWD</u>   (GASP)

EXT. LOS ANGELES INTERNATIONAL SPEEDWAY – NIGHT
...the worst **crash** of Lightning McQueen's **career refuses** to stop –
until, **mercifully**, it does.

외부. 로스앤젤레스 국제 경주장 – 피트 – 밤

관중 (모두들 놀라 숨을 멈춘다)

외부. 로스앤젤레스 국제 경주장 – 밤
라이트닝 맥퀸의 경주 역사상 최악의 사고가 멈출
생각 없이 계속되다가 다행히도 결국 멈춘다.

---

gasp 숨이 턱 막히다

crash (자동차 충돌, 항공기 추락) 사고, 충돌, 요란한 소리, 굉음

career 커리어, 경력, 직업

refuse 거부(거절)하다

mercifully 다행히도, 친절하게

Reminiscing about Doc

닥 아저씨를 회상하며

🎧 06.mp3

SLOW FADE TO BLACK:

천천히 영상이 어두워지며 사라진다:

HOLD BLACK UNTIL... SLOW **SUPERIMPOSE** – FOUR MONTHS LATER

계속 암전 상태에 있다가… 천천히 이미지가 겹쳐지며: 4개월 후

A light song plays on a **tinny** radio as we FADE UP on Radiator Springs – the scene breathing quietly and slowly. The exact opposite of the crash. A WHLZ **jingle** plays.

작은 라디오에서 조용한 노래가 흘러나오며 레디에이터 스프링즈 동네 모습이 점점 뚜렷하게 보인다 – 장면이 조용히 그리고 천천히 흐른다. 이전 사고와는 정반대 분위기. WHLZ 라디오 방송국의 로고송이 흘러나온다.

MIKE JOYRIDE   Welcome back to Piston Cup Talk 'Round the Clock where we do nothing but talk racing. So **let's get to it**....

마이크 조이라이드 레이싱 이야기 이외에 다른 것은 절대 하지 않는 '주구장창 피스톤 컵 이야기' 쇼에 다시 오신 걸 환영합니다. 자, 그럼 들어가 볼까요…

We travel through the town of Radiator Springs. Red waters the flowers.

레디에이터 스프링즈의 모습을 여기저기 돌아가며 보여 준다. 레드가 화초에 물을 주고 있다.

LIZZIE   (Snore)

리지 (코를 곤다)

LUIGI   (yawn)

루이지 (하품한다)

We slowly push in on Doc's garage...

닥의 차고 모습이 천천히 보이기 시작하고…

MIKE JOYRIDE   –Starting of course with Lightning McQueen. With the season start just two weeks away there's still no official announcement but with number 95 **coming off** his worst year on record, don't **shoot the messenger**[1] here folks – I think **it's safe to assume** that Lightning McQueen's racing days are over. Meanwhile, Jackson Storm is looking even faster than—

마이크 조이라이드 당연히 라이트닝 맥퀸 이야기로 시작해야겠죠. 이제 시즌 개막이 2주밖에 남지 않은 상황인데 아직까지 공식적인 발표가 없었죠. 작년에 최악의 시즌을 보낸 95번 차가 말이죠. 우리한테 화물이 하진 마세요. 여러분 – 아무래도 라이트닝 맥퀸의 레이싱 커리어는 이제 끝났다고 봐도 무리가 없을 것 같네요. 한편, 잭슨 스톰은 예년보다도 더 빨라진 것 같은데…

---

superimpose 두 가지 이미지를 겹치게 하다. 포개다
tinny 작은, 자그마한
jingle (라디오, TV의) 광고송, 로고송
Let's get to it. 그럼 시작해 봅시다
come off 〈비격식〉 (시합 등에서) 잘하다, 잘못하다
It's safe to assume ~라고 생각/추측해도 무방할 것 같다

> ❶ **shoot the messenger**
> 엉뚱한 사람에게 화풀이를 하다.
> 정작 책임이 있는 사람이 아니라 나쁜 소식을 전한 사람, 곧 messenger(전달자, 배달원)를 나무란다는 뜻이에요. 간단한 예로 Don't shoot the messenger! '엉뚱한 사람에게 화풀이하지마!' 이렇게 쓸 수 있지요.

INT. DOC'S GARAGE

CLICK. McQueen turns off the radio and SIGHS, frustrated. He eyes the dusty old projector, takes a deep breath, then rolls over and switches it on. It roars to life. Up comes old racing **footage** of Doc. The race commentator shouts above the sound of the old school engines.

1954 RACE COMMENTATOR (V.O.)   As they enter the final lap, the number 6 and number 12 cars are still fighting it out for the lead. But wait! Here he comes! It's the Fabulous Hudson Hornet knocking at their door! What's he **got up his sleeve** today? And there it is! With one incredible move, he's past them! The Hornet takes a **decisive** lead! He's left the pack behind! His Crew Chief Smokey is loving it! It's unbelievable! Oh no! He's in trouble! The Hudson Hornet has lost control! The Hudson Hornet has lost control!

ON SCREEN, Doc has his **devastating** crash. **Emergency personnel** rush the track.

1954 RACE COMMENTATOR (V.O.)   What should have been a scene of **jubilation** has turned tragic here today folks, as we await news on the Hudson Hornet's condition. After such a devastating crash, we can only hope that this race today wasn't his last.

McQueen stops the film. He **flashes back to** a previous conversation with Doc in this very spot. We see a ghostly—looking Doc behind McQueen in the doorway.

DOC HUDSON (V.O.)   When I finally got put together, I went back expecting a big welcome. You know what they said? **You're history.**[1]

내부. 닥의 차고

딸깍 소리. 맥퀸이 라디오를 끄고 좌절하며 한숨을 쉰다. 그가 먼지가 쌓인 낡은 프로젝터를 보며 숨을 크게 들이 쉰 후, 다시 그쪽으로 가서 그것을 켠다. 그르렁거리며 프로젝터가 켜진다. 닥의 예전 모습이 영상이 나온다. 옛날 스타일 엔진소리가 울리는 가운데 경주 해설자가 큰 소리로 외친다.

1954 경주 해설자 (목소리만) 마지막 바퀴에 들어서고 있는데 아직도 6번 차와 12번 차가 서로 1등 자리를 차지하려고 경쟁하고 있습니다. 그런데 잠깐만요! 저기 오는군요! 멋쟁이 허드슨 호넷이 그들의 문에 노크를 하며 다가옵니다! 오늘은 그가 또 무엇을 몰래 준비해 두었을까요? 아, 바로 저것이군요! 엄청난 움직임과 함께 그가 그들을 앞서나갑니다. 호넷이 확실하게 선두자리를 차지하네요. 다른 차들을 뒤로 젖히고 유유히 앞서나갑니다! 그의 크루 팀장 스모키가 정말 좋아하는군요! 정말 대단해요! 아, 안 돼! 그에게 문제가 생겼어요! 허드슨 호넷이 갑자기 제어가 안 되고 있어요! 허드슨 호넷이 갑자기 제어능력을 잃었어요!

스크린에 닥이 충격적인 사고를 맞는 모습이 보인다. 구급대원들이 다급하게 트랙으로 들어온다.

1954 경주 해설자 (목소리만) 허드슨 호넷의 현재 상황에 대한 뉴스를 기다리고 있는 가운데, 원래는 환희와 기쁨의 장면이 되었어야 할 순간이 비극이 되어버렸군요. 너무나도 큰 사고이다 보니 우린 그저 이번 레이스가 그의 마지막 레이스가 아니길 간절히 바랄 뿐입니다.

맥퀸이 영상을 멈춘다. 그는 바로 이 자리에서 닥과 함께 나눴던 대화를 회상한다. 출입구 쪽에 맥퀸의 등 뒤에 닥의 영혼과 같은 모습이 보인다.

닥 허드슨 (목소리만) 내가 마침내 내 모습을 되찾았을 때 난 모두들 환영해 줄 것이라 기대하며 그들에게로 돌아갔지. 그런데 그들이 뭐라고 했는지 알아? 자네는 이제 퇴물이야.

---

footage 영상, 자료화면, (특정한 사건을 담은) 장면/화면

get up one's sleeve (계획, 생각을) 비밀로 지니다.

decisive 결정적인, 결단력 있는

devastating 엄청나게 충격적인, 파괴적인

emergency personnel 구급대원들, 응급의료 종사자들

jubilation 승리감, 의기양양함, 기쁨

flash back to something ~을 회상하다/떠올리다

❶ **You are history.** 넌 끝났다.

History는 '역사'라는 의미이지만 구어체에서는 사람들에게서 이미 잊혀진 존재, 효용가치가 더 이상 없어진 것에 대해 이야기할 때 쓰는 극적인 표현이에요. 더 이상 중요하지 않다고 하며 이미 지난 일이란 뜻이지요. 예를 들어, Ryan used to be a superstar. But now he's history. '라이언이 예전에는 슈퍼스타였지, 하지만 이젠 잊혀진 존재야.' 이렇게 쓰입니다.

Moved right on to the next rookie **standing in line**. There was a lot left in me I never got a chance to show 'em.

그리고는 다음 차례를 기다리고 있는 신예 선수에게로 바로 옮겨갔어. 내겐 아직도 그들에게 보여줄 새로운 것들이 많이 남아 있었는데도 말이야.

Sally arrives in the doorway (where Doc just was).

샐리가 출입구 쪽에 나타난다 (닥이 방금 있었던 그곳에)

SALLY   Hey Stickers.

샐리 이봐 스티커 양반.

Her arrival pops him back into the present.

그녀의 등장으로 그가 순간적으로 다시 현재로 돌아온다.

MCQUEEN   Hey Sal.

맥퀸 안녕 샐.

She **surveys** him sitting there in the dark just like he's been doing for days.

그녀가 지난 며칠 동안 계속 그랬던 것처럼 어둠 속에 앉아있는 그를 유심히 살핀다.

SALLY   How ya feeling?

샐리 기분 괜찮니?

MCQUEEN   (quietly; **ironically**) Ya. Great. Really really great. (Beat)

맥퀸 (조용히; 반어적으로) 아유 그럼. 엄청나게 잘 기분 좋지 (잠시 정적)

바로 이장면!*

SALLY   Thinking about Doc again?

샐리 또 닥 생각하고 있니?

MCQUEEN   Yeah. You know they told him when he was done. He didn't decide. (SIGH) I don't want what happened to Doc to happen to me.

맥퀸 응. 그의 커리어가 끝났을 때 그들이 그에게 말해줬거든. 그런데 그가 결정을 못한 거야. (한숨을 쉬며) 난 닥에게 일어났던 일이 내게 일어나는 걸 원하지 않아.

Beat.

정적.

SALLY   But that hasn't happened.

샐리 하지만 그런 일은 일어나지 않았어.

MCQUEEN   No. But I can't go out on the track and do the same old thing – it won't work.

맥퀸 아니. 난 트랙에 나가서 예전에 하던 대로 할 수는 없어 – 그걸로는 이제 먹히지 않는다고.

SALLY   Then **change it up. Try something new.**❶

샐리 그럼 바꾸면 되잖아. 새로운 시도를 해 보라고.

---

stand in line 일렬로 나란히 서다

survey 살피다, 점검하다

ironically 비꼬듯이, 빈정대며, 반어적으로

change up 〈비격식〉 바꾸다

❶ **Try something new!**
새로운 시도를 해봐!
뭘 해도 계속 일이 잘 풀리지 않고 마음먹은 대로 되지 않아 답답할 때는 뭔가 변화를 추구해 보면 좋잖아요? 이제껏 한번도 해 보지 않았던 새로운 것을 시도해 보면 마음가짐도 달라질 수 있고 상황이 호전될 수도 있을 테니까요. 그럴 때는 위의 표현을 써 주세요.

MCQUEEN   (**unconvinced**) I don't know, Sally, I–

SALLY   Don't fear **failure**. Be afraid of not having the **chance**. You have the chance! Doc didn't. (beat) And you can either take it, or you can do what ya been doing – sittin' here for months...

맥퀸 (확신이 없는 말투로) 글쎄, 샐리, 난…

샐리 실패를 두려워하지 마. 기회가 없어지는 것을 두려워 해. 너에겐 기회가 있잖아! 닥에겐 기회가 없었다고. (잠시 정적) 넌 그 기회를 잡을 수도 있고 아니면 그냥 네가 그동안 하던 대로 하면서 살 수도 있어 – 몇 달 동안 여기에서 아무 것도 안하고 그냥 넋 놓고 앉아서…

---

unconvinced (남의 말을 듣고도) 납득/확신하지 못하는

failure 실패

chance 기회

41

Rusteeze Racing Center!

러스티즈 레이싱 센터!

🎧 07.mp3

The Doc of it seems to **cut through**. As McQueen **ponders**, she continues—

SALLY And by the way, I love what you've done with the place – I mean, the monster movie lighting – and the, uh, **musky** air freshener – and - don't let anyone tell you you're not working that **primer** because – wow – I have never found you more attractive. And now that I've been in here for a couple minutes – the **stench** – I'm getting kind of used to it...!

MCQUEEN (starting to lighten) Okay, okay Sal, I get it. I get it.

SALLY I miss you, Lightning. We all do.

MCQUEEN (**mulling** it) Try something new huh...

Just then, MATER **busts** in–

MATER (to Sally) Hey – **Did it work**[1] Miss Sally?! Did you set him straight with your lawyerly powers of **persuasion**? Is he ready to start trainin'?

SALLY Well, Stinky—Stickers!?

Sally looks at McQueen, awaiting his answer. McQueen takes a BREATH, then–

MCQUEEN Yes Mater, I am.

닥에 대한 비유가 맥퀸에게 통하는 것 같다. 맥퀸이 곰곰이 생각하는 동안, 그녀가 계속 말한다.

샐리 아 참 그런데, 너 여기를 엄청 근사하게 꾸며 놓았구나. 끝내주는 영화 조명하고, 그리고 또, 사향 냄새의 방향제에, 또, 내 몸에 밑칠 페인트 한 건 또 어떻고… 우와, 정말 너무 멋있어. 그리고 내가 여기 몇 분 있어 봤더니 – 이 악취 – 이것도 점점 왠지 익숙해지는데…!

맥퀸 (빛을 비추며) 그래, 그래 샐, 알았다고. 알아들었어.

샐리 네가 그리워, 라이트닝. 우리 모두 다 널 그리워해.

맥퀸 (곰곰이 생각하며) 뭔가 새로운 걸 시도한다 흠…

바로 그때, 메이터가 갑자기 불쑥 들어오며-

메이터 (샐리에게) 이봐 – 말이 먹혀 들어갔니 샐리? 네 귀에 쏙쏙 박히는 변호사의 언변으로 이놈 생각 좀 바로 잡아 줬어? 이제 얘가 훈련할 준비가 됐니?

샐리 글쎄, 냄새 나는 스티커 양반!?

샐리가 맥퀸의 대답을 기다리며 그를 바라본다. 맥퀸이 숨을 한 번 크게 쉬고 나서…

맥퀸 그래 메이터, 준비됐어.

---

cut through 사이로 길을 내다, 뚫고 나아가다
ponder 숙고하다, 곰곰이 생각하다
musky 사향의, 사향 냄새 나는
primer (목재, 금속의) 밑칠 페인트, 기본 지침서
stench 악취
mull 숙고하다, 궁리하다
bust 불시 단속을 벌이다, 급습하다
persuasion 설득

❶ Did it work?
그게 먹혔니?
Work는 대개 '일하다'라는 뜻으로 많이 알고 있지만, 이 문장에서는 '통하다, (말/작전이) 먹히다'라는 의미로 쓰였습니다. '그것이 일했니'라고 해석하지 마세요. Work 뒤에 사람(주체)이 나오면 의미가 더 명확해지겠죠.

MATER	Wooooooohoohoohoo!	메이터 우후후후!

Then looking at Sally he says–

그리고는 샐리를 보며 말을 잇는다 –

MCQUEEN	I decide when I'm done.	맥퀸 내가 정말 끝장나면 난 그때 결정한다.
SALLY	(smiles) I was hoping you'd say that.	샐리 (미소를 지으며) 네가 그렇게 말해주기를 바라고 있었어.
MCQUEEN	Ok – But I got an idea, and I'm gonna need to talk to Rusty and Dusty – alright?	맥퀸 좋았어 – 그런데 나한테 생각이 하나 있는데, 러스티와 더스티하고 먼저 얘기 좀 해야겠어. 괜찮겠지?
MATER	Oh– I'll **get 'em on the horn**! (takes off)	메이터 오– 내가 게들한테 경적을 울려 볼게! (떠난다)

Get it – on the horn! Ha, ha, ha!
He **scrunches** his nose, trying to hold off on a sneeze.

경적으로 응답! 하하하!
그가 재채기가 나오는 것을 참으려고 코를 찡그린다.

MATER	(realizes) Oops, **hold on**, I gotta **sneeze**. (sighs) **Dadgum**, I lost it! Hey, I'll see ya at Flo's.	메이터 (깨달으며) 앗 이런, 잠시만, 나 재채기 해야 해. (한숨 쉬며) 이런 젠장, 재채기가 사라졌네! 이봐, 플로네서 보자고.

It's just Sal and Lightning again as Mater's words fade, then–

메이터의 목소리가 점점 멀어지면서 다시 샐과 라이트닝만 남았다. 그리고 –

MATER (V.O.)	Ahchoo! I found it!	메이터 (목소리만) 에취! 다시 나왔다!
MATER	Hey, watch your step.	메이터 야, 발 조심해.

EXT. V-8 CAFE – DAY
Flo and Mater are already **FACE-TIMING** with RUSTY AND DUSTY.

외부. V-8 카페 – 낮
플로와 메이터는 이미 러스티와 더스티와 화상통화를 하고 있다.

RUSTY	What about the car from Everett? Remember him?	러스티 에버렛에서 온 그 차는 어떻고? 걔 기억나?
DUSTY	He was **stuck in reverse**! I said, you need a house with a **circular driveway**!	더스티 걔는 계속 후진했잖아! 내가 이렇게 말했지, 넌 집에 들어가는 진입로를 원형으로 만들어야겠어!
RUSTY & DUSTY	(laugh)	러스티와 더스티 (웃는다)

---

get on the horn 〈구식〉 전화하다
horn 뿔, (차량의) 경적
scrunch (코나 얼굴을) 찡그리다, (손 안에 넣고) 돌돌 구기다/뭉치다
hold off 시작하지 않다, 보류하다, 물리치다
sneeze 재채기
dadgum 젠장, 제길; God damn을 순화한 표현
facetime 영상/화상통화, 화상통화를 하다
stuck ~에 빠져 움직일 수 없는/꼼짝 못하는

in reverse (순서, 진로 등을) 반대로/거꾸로, 반대 방향으로, 후진으로
circular 원형의, 둥근
driveway (도로에서 집 차고까지의) 진입로/차도

43

FLO	(to Rusty/Dusty on screen) Ha, ha, ha! You boys need to get your rusty tails down here. I created a drink **in your honor**.	플로 (스크린에 있는 러스티와 더스티에게) 하하하! 자네들 어서 그 녹슨 몸을 이끌고 이리로 오지 그래. 내가 자네들을 기리기 위한 술을 만들어 놓았다네.
MATER	Yeah! The Rusteze **Medicated** Bumper **Bomb**. It goes down faster than an elevator full of **Winnebagos**!	메이터 예에! 러스티즈 약용 범퍼 폭탄주. 이 술은 위네바고 인디언들로 가득 찬 엘리베이터보다 더 빠르게 내려간다고!

Rusty and Dusty LAUGH. McQueen arrives with Sally, sees the guys on screen.

러스티와 더스티가 웃는다. 맥퀸이 샐리와 도착하고 스크린에 있는 그들의 모습을 본다.

MCQUEEN	(to Rusty & Dusty) Rusty and Dusty!	맥퀸 (러스티와 더스티에게) 러스티와 더스티!
LUIGI	**Buongiorno**.	루이지 안녕하세요.
FLO	Well, look who's here.	플로 와, 이게 누구야.
FILLMORE	There's the man.	필모어 유명인사가 오셨군.
DUSTY	Hey! There he is! Good to see you Lightning!	더스티 이야! 와주었군! 라이트닝. 반가워!

McQueen realizes the entire town is **assembled** and they've all gone **awkwardly** quiet.

맥퀸이 동네 사람들이 모두 모였다는 것을 알아채고 모두들 어색할 정도로 조용해진다.

MCQUEEN	Thanks, guys! Wow... You're all here.	맥퀸 고마워, 모두들! 우와… 모두 다 왔구나.
MATER	(realizes) Sorry buddy, did you want this call to be private?	메이터 (눈치채며) 친구야 미안, 우리끼리 따로 만나야 하는 건데 그랬나?
MCQUEEN	No Mater, this is perfect. (takes a deep breath) Listen – Thanks everyone, for **sticking by me**. It took me a while to figure it out, but I know now that it's time for me to make some changes.	맥퀸 아냐 메이터. 너무 좋아. (심호흡을 하며) 내 말 들어봐 – 모두들 나를 믿고 응원해 줘서 고마워. 비록 시간이 좀 걸리긴 했지만 이제 나도 내가 변화를 추구해야 할 때가 됐다는 걸 깨달았어.

The townsfolk look concerned. **Where's he going with this?!**❶

마을사람들 얼굴이 왠지 걱정스러운 표정이다. 얘가 무슨 말을 하려는 걸까?!

SARGE	Changes? What kind of changes?	사지 변화라고? 어떤 변화 말이야?

---

in one's honor ~에게 경의를 표하여
medicated 약제가 든, 약용
bomb 폭탄주
Winnebago 〈북미 인디언의 한 부족〉 위네바고족
Buongiorno 〈이탈리아어〉 〈아침인사〉 안녕하세요
assemble 모으다, 모이다, 집합시키다, 조립하다
awkwardly 어색하게, 서투르게
stick by ~을 떠나지 않다, ~의 곁을 지키다

❶ **Where's he going with this?**
그가 무슨 말을 하려고 이러는 걸까?
어떤 사람이 무엇에 대해 장황하게 말을 시작하는데 어떤 방향으로 가려고 하는지 파악하기가 어려운 경우에 쓰는 표현이에요. 주어를 you로 바꾸어 Where are you going with this?라고 하면 '너 도대체 무슨 말을 하려고 이렇게 뜸을 들이는 거니?'라는 뜻이 됩니다.

FILLMORE It's **futile** to **resist** change, man.

MCQUEEN You're right, Fillmore.

FILLMORE Really?!

MCQUEEN Which is why I **have an announcement** to make.

The townsfolk **tense up**, waiting for the **verdict**...

MCQUEEN I've thought long and hard about it...

They **lean in**...

MCQUEEN Done a lot of **soul searching** and considered all of the options...

They lean further in...

MCQUEEN And I've finally decided...

None of them are even breathing at this point. Luigi says what they're all thinking...

LUIGI (worried) You do want to keep racing?

McQueen finally realizes they're worried what he might say.

MCQUEEN Are you kidding?! Of course I wanna keep racing!

The Townsfolk. EXHALE, **HOOT**, **HOLLER**, and generally **explode** in **celebratory relief** as they crowd around McQueen.

FLO **Thank goodness!**

LUIGI Guido, did you hear that? (laugh)

필모어	이봐, 변화를 거부하는 건 헛된 일이라고.
맥퀸	네 말이 맞아, 필모어.
필모어	정말?!
맥퀸	그렇기 때문에 내가 발표할 게 하나 있어.
	마을사람들이 그의 결정을 기다리며 긴장한다.
맥퀸	정말 오랫동안 심사숙고 해서 내린 결정인데…
	그들이 가까이 다가선다…
맥퀸	여러모로 반성도 하고 선택사항을 모두 고려해 봤는데…
	그들이 더 가까이 다가서며…
맥퀸	그래서 난 마침내 결정했어…
	이 순간 모두들 숨조차 쉬지 않고 있다. 그들 모두가 생각하고 있는 것을 루이지가 말한다.
루이지	(걱정하며) 계속 레이싱하고 싶은 건 맞지?
	맥퀸은 그가 할 말에 대해 그들이 걱정하고 있다는 것을 알아챈다.
맥퀸	장난해?! 당연히 레이싱은 계속할 거야!
	마을사람들. 숨을 내쉬고, 빵빵거리고, 신나서 소리치고, 환호하는 동시에 안도하며 맥퀸 곁으로 모여든다.
플로	후유 정말 다행이야!
루이지	귀도, 잘 들었지? (웃는다)

---

futile 헛된, 소용없는
resist 저항하다, 반대하다
have/make an announcement ～을 공표/발표하다
tense up 긴장하다, 경직되다
verdict 결정, 의견, 평결
lean in 몸을 기울여 가까이 다가서다
soul searching 자기탐구/분석, 반성
hoot 폭소를 터뜨리다, (자동차 경적을) 빵빵거리다

holler 〈비격식〉 소리지르다, 고함치다
explode 터지다, 터뜨리다, 폭발하다
celebratory 기념하는, 축하하는, 환호하는
relief 안도, 안심
Thank goodness! (기쁨) 정말 다행이다!

FILLMORE	Cool, man!	필모어	잘했어, 친구!
RAMONE	Welcome back, **amigo**!	라몬	다시 돌아온 걸 환영해, 친구야!
SHERIFF	**Good to have you back**, kid!	세리프	돌아오니 좋구나, 얘야!
ON MATER			메이터가 나오며,
MATER	Man, for a second I...wait a minute – I knew that the whole time.	메이터	야, 정말 난 잠시 동안… 잠깐 – 난 사실 줄곧 알고 있었어.

바로 이장면! *

MCQUEEN	Guys! I'm talking about making this my best season **yet**!	맥퀸	애들아! 난 이번 시즌을 나의 최고의 시즌으로 만들 거라고!
They hug and **jump up and down** with joy.			그들이 기쁨에 겨워 서로 부둥켜 안고 팔짝팔짝 뛴다.
DUSTY	We were hoping you'd say that!	더스티	네가 그렇게 말해 주기를 바라고 있었어!
MCQUEEN	**The thing is,**❶ if I'm gonna be faster than Storm, I need to train like him.	맥퀸	근데 중요한 건, 내가 스톰 보다 더 빨리 달리려면 그와 같은 방식으로 훈련해야 한다는 거야.
RUSTY & DUSTY	We're **way ahead of** you, buddy!	러스티와 더스티	그 문제라면 우리도 이미 다 알고 있지, 친구!
DUSTY	Lightning, we want you on the road first thing in the morning...	더스티	라이트닝, 내일 아침에 일어나자마자 주행도로로 나와…
DUSTY	So you can come out and see the BRAND NEW...	더스티	그래서 네가 나와서 볼 수 있도록 말이지, 우리가 준비한 최신…
RUSTY & DUSTY	RUSTEEEZE RACING CENTER!	러스티와 더스티	러스티~~즈 레이싱 센터!
DUSTY	It's wicked awesome!	더스티	완전 멋져서 까무라칠 지경이야!
MCQUEEN	(already smiling) What?! Rust-eze Racing Center?	맥퀸	(이미 미소를 지으며) 뭐야?! 러스티-즈 레이싱 센터라고?

amigo 〈스페인어〉 친구
Good to have you back! 돌아오니 좋구나!
yet 지금 혹은 그때까지 있은 것 중 가장 좋은, 멋진
jump up and down 팔짝팔짝 뛰다
way (전치사, 부사와 함께) 아주 멀리, 큰 차이로, 훨씬
ahead of (시합 등에서) ~보다 앞선, ~의 앞에

❶ **The thing is...**
실은, 문제는…
구어체에서 하고자 하는 말을 바로 하지 않고 뜸들일 때 굉장히 자주 쓰이는 표현이에요. 주로 해석은 '실은, 문제는' 정도로 하죠. 표현이 쉽다 보니 영어 학습자들 가운데 이 표현을 습관적으로 너무 자주 쓰는 사람들이 간혹 있는데 필요할 때만 적당히 쓰는 것이 좋아요.

| RUSTY | Ya. | 러스티 그래. |

DUSTY · It's got all the fancy **bells & whistles** that the kids are training on these days.
We'll send Macky boy all the directions. Now **get movin'**, alright?

더스티 요즘 애들이 훈련할 때 쓰는 온갖 화려한 기기들이 다 갖춰있다고.
우리가 맥퀸 이 친구를 사방으로 보내줄 거야. 자, 이제 슬슬 시작해 볼까?

MCQUEEN · (**stunned**, but happy) O-Okay! Yes!

맥퀸 (당황했지만 기뻐하며) 오-오케이! 좋았어!

---

bells and whistles (특히 컴퓨터 관련) 멋으로 덧붙이는 부가 기능
get moving 빨리 시작하다/떠나다/움직이다
stunned 당황한, 깜짝 놀란, 망연자실한

The New Lightening McQueen
새롭게 태어난 라이트닝 맥퀸

🎧 08.mp3

Click. They're gone. The gang **erupts** – the **equivalent** of shoulder slaps on McQueen.

MATER, FILLMORE, FLO Rusteze Racing Center! Woo hoo! Fancy new training center? That sounds nice! It's time to celebrate!

As McQueen and Sally drive out, Luigi/Guido **scurry** past...

LUIGI Guido, come! We have to **pack** the tires!

Ramone comes up alongside them.

RAMONE Hey, McQueen! You can't race in primer, man. Come on! Let's go.

McQueen looks back as Sally watches him go, happy to see him happy again.

INT. RAMONE'S GARAGE
McQueen is on the lift as Ramone **gives** him an awesome new **paint** job. He finishes by putting the 95 back on him. We stay in close, unable to see the whole thing until... McQueen **checks himself out** in the mirror. He looks good.

MCQUEEN Ramone, **you have done it again.**❶

RAMONE It's like the Sistine Chapel – on wheels.

MCQUEEN I'm coming for you, Storm.

클릭. 그들은 떠났다. 친구들이 감정을 분출한다 – 맥퀸에게 어깨를 한 번 탁 쳐주는 것 정도로.

메이터, 필모어, 플로 러스티즈 레이싱 센터! 우후! 정말 화려한 새 훈련센터지? 멋지네! 이제 우리 축하해야지!

맥퀸과 샐리가 밖으로 나가려고 하자 루이지/귀도가 종종거리며 지나가는데…

루이지 귀도, 이리 왜! 우린 가서 타이어를 챙겨야 해!

라몬이 그들 옆으로 다가선다.

라몬 이봐, 맥퀸! 밑칠 페인트만 칠하고 경주에 나갈 순 없잖아. 자, 날 따라와.

샐리는 맥퀸이 떠나는 것을 보고 있고 맥퀸이 그녀를 돌아본다. 샐리는 다시 그의 행복한 모습을 보게 되어 기쁘다.

내부. 라몬의 차고
맥퀸은 리프트에 올라가고 라몬이 그에게 번쩍번쩍한 페인트를 새롭게 칠해주고 있다. 맥퀸의 몸에 95라고 쓰며 마무리를 한다. 맥퀸의 한 부분만을 확대 보여 주고 있어서 전체 모습은 아직 보이지 않는데… 맥퀸이 거울로 자신의 모습을 들여다본다. 멋지다.

맥퀸 라몬, 역시 실력이 녹슬지 않았군.

라몬 마치 교황이 계신 시스티나 예배당 같군 – 바퀴 위에 있는.

맥퀸 기다려라 내가 간다. 스톰.

---

erupt (화산이) 분출하다, (화가) 터지다

equivalent (가치, 의미) 동등한, 맞먹는

scurry 종종걸음을 치다, 총총/허둥지둥 가다

pack (짐 등을) 싸다, 꾸리다, 챙기다

give someone/something a paint job ~에 페인트칠하다

check someone/something out ~을 확인하다, 살펴보다

❶ **You have done it again.**
역시 실력이 녹슬지 않았군.
이 표현은 문맥에 따라 긍정적인 해석과 부정적인 해석이 모두 가능합니다. 예를 들어, 상대방이 대단한 실력을 발휘했을 경우에 이 표현을 쓰면 '네가 또 해냈구나!', '넌 역시 대단해!'라는 의미가 되고, 반대로 못마땅한 일을 했을 때 쓰면 '너 또 저질렀구나!'라는 의미가 되는 거죠.

EXT. RS – EARLY MORNING
McQueen is rockin' his new paint job, ready to board Mack's trailer.
Everyone is there to **see him off**.

SARGE   Morning, McQueen! Hey, look at you. Just like
your old self. That's quite a **spit-shine**!

SHERIFF   Oh, he looks so good.

LIZZIE   Hey racecar!

FILLMORE You look great, man!

바로 이장면!*

Before he heads into the truck, McQueen turns to Sally. She checks
out the new look.

SALLY   Welcome back. You look... different.

MCQUEEN (re: new paint job) **Obviously**.

SALLY   You look ready.

LUIGI AND GUIDO **zip up**. Guido's carrying a huge TRUNK.

LUIGI   Guido, come! **Scusi**, scusi. Tires coming
through.

As McQueen starts up the ramp, Lizzy drives by and slaps him in the
bumper.

LIZZIE   **Go kick those rookies in the trunk!**❶

SALLY   (laugh)

Before he **loads up**, McQueen calls back, to the rest of them–

외부. 길가/노변 – 이른 아침
맥퀸이 맥의 트레일러에 올라탈 준비를 하면서
새로 칠한 페인트를 뽐내고 있다. 모두들 그를
배웅하러 나와 있다.

사지 좋은 아침, 맥퀸! 우와, 멋진데. 예전 네 모습
으로 완전히 돌아왔구나. 침 발라서 엄청 열심히
닦았나 보구나!

세리프 와, 정말 멋지다.

리지 레이스카 포스 작렬이로구나!

필모어 최고로 멋져, 친구!

트럭으로 들어가기 전에 맥퀸이 샐리를 돌아본다.
그녀가 그의 새로운 모습을 살펴본다.

샐리 다시 돌아온 걸 환영해. 네 모습이… 달라
보여.

맥퀸 (회산: 새롭게 칠한 페인트) 당연하지.

샐리 이제 네가 준비된 것 같아.

루이지와 귀도가 지퍼를 잠근다. 귀도가 거대한
여행 가방을 들고 있다.

루이지 귀도, 이리와! 실례, 실례. 타이어들이 지
나갑니다.

맥퀸이 경사로를 오르기 시작하고 리지가 옆으로
지나가며 그의 범퍼를 툭 친다.

리지 가서 그 풋내기들의 코를 납작하게 해 주라
고!

샐리 (웃는다)

짐을 모두 싣기 전에 맥퀸이 다시 모두를
부른다–

---

see someone off 배웅하다
one's old self 예전의 자기의 모습
spit-shine (광택을 내기 위해) 침으로 구두를 닦기
obviously (누구나 알다시피, 동의하다시피) 확실히, 분명히, 명백히
zip up ~을 지퍼로 잠그다
Scusi 〈이탈리아어〉 실례합니다 (= excuse me)
load up ~에 싣다

❶ **Go kick those rookies in the trunk!**
가서 그 풋내기들의 코를 납작하게 해 주라고!
흔히 '혼내주다, 쓴맛을 보여주다'라는 의미로
사람들이 쓰는 표현 중 kick someone's
butt이라는 표현이 있는데 이 영화는 사람들이
아닌 자동차들의 대화이다 보니 butt '엉덩이'에
빗대어 trunk라고 장난스럽게 표현한
것이랍니다.

49

MCQUEEN	Alright, bye!	맥퀸	자, 이제 안녕!
<u>FLO</u>	**Go get 'em, tiger!**❶	플로	본때를 보여 주라고!
<u>MATER</u>	**Catch you on the flip side!**	메이터	잘 가라!
<u>MCQUEEN</u>	I'll see you guys in Florida!	맥퀸	모두들 플로리다에서 보자고!

<u>SARGE</u>	Good luck out there!	사르게	행운을 빌어!
<u>FILLMORE</u>	See ya, McQueen!	필모어	안녕, 맥퀸!
<u>MATER</u>	Don't forget to call me!	메이터	잊지 말고 전화해!
<u>LIZZIE</u>	**Good luck in college!**	리지	대학 생활 잘하라고!

Sally and McQueen look at each other, both filled with a new **optimism**. Before the door drops McQueen says just to her—

샐리와 맥퀸이 서로를 바라본다. 희망에 가득 찬 표정으로. 문이 닫히기 전 맥퀸이 그녀에게만 속삭인다.

<u>MCQUEEN</u>	(laugh) Hey Sal, Thanks.	맥퀸	(웃으며) 샐리, 고마워.
<u>SALLY</u>	Anytime.	샐리	고맙긴 뭘.

As the door starts to close, McQueen **mouths**—

문이 닫히기 직전 맥퀸이 소리 없이 입 모양으로 말한다 –

<u>MCQUEEN</u>	Love you.	맥퀸	사랑해.
<u>FILLMORE</u>	Good luck!	필모어	행운을 빌어!
<u>RAMONE</u>	Come back soon!	라몬	금방 돌아와야 해!
<u>SALLY</u>	Love you more.	샐리	내가 더 사랑해.
<u>RAMONE, MATER, FILLMORE, SARGE, FLO, SHERIFF</u> Good luck, man! **See ya later, Gator!**❷		라몬, 메이터, 필모어, 사르게, 플로, 세리프 행운을 빌어, 친구야! 또 보자고!	

Catch you on the flip side! (비격식) 잘 가라! (= Goodbye/See you later)
Good luck in college! 대학 생활 잘하라고!
optimism 낙관, 낙관론, 낙천주의
mouth 소리 내지 않고 입 모양으로만 말하다

❶ **Go get 'em, tiger!** 본때를 보여 주라고!
시합이나 경쟁에 앞서 힘내라는 응원 문구로 우리가 자주 쓰는 '파이팅!' '가자!' '이기자!'와 같은 뉘앙스입니다.

❷ **See ya later, Gator!** 나중에 또 보자고!
See you later '나중에 보자'는 인사말을 라임을 맞춰 장난스럽게 할 때 쓰는 표현이에요. See ya later, alligator!로 말하기도 하죠.

MACK	Rusteze Racing Center, here we come! Good times ahead! Yeeeah!	맥 러스티즈 레이싱 센터, 우리가 간다! 멋진 시간이 펼쳐질 거야! 예에!
RED	(cries)	레드 (운다)

The door closes and Mack drives away.

문이 닫히고 맥이 멀어진다.

EXT. OPEN ROAD – TIME LAPSE – DAY/NIGHT/DAY
Mack – determined, optimistic – makes the journey. Shadows on the road stretch in front of him at sunset; the shadows switching as he rolls into sunrise.

외부. 탁 트인 길 – 지속도 촬영 – 낮/밤/낮
맥 – 희망과 결의에 찬 눈빛으로 – 여정을 떠난다. 그들이 달리는 도로 위로 석양이 드리워진다: 그늘이 걷히며 도로 위로 다시 태양이 떠오른다.

EXT. RUST-EZE RACING CENTER - DAY
They arrive at the **state-of-the-art** RUST-EZE RACING CENTER. **Picturesque** – the ocean close by.
The door of the trailer rolls up – and an optimistic McQueen encounters a **hounding**, **badgering** PRESS.

외부. 러스티-즈 레이싱 센터 – 낮
그들이 최첨단 러스티-즈 레이싱 센터에 도착한다. 바로 옆에는 그림 같은 바다가 펼쳐진다.

트레일러의 문이 위로 말려 올라가며 열리고 희망에 찬 표정의 맥퀸은 배고픈 사냥개들처럼 달려드는 기자들을 마주한다.

REPORTERS	Hey McQueen! Over here! McQueen, how you feeling?	기자들 맥퀸! 여기요! 맥퀸, 기분이 어떤가요?
REPORTERS	Have you seen the latest records Storm's been setting?	기자들 가장 최근에 스톰이 세운 기록들을 보셨나요?
REPORTERS	Have you given any thought to retirement? McQueen! Over here!	기자들 혹시 은퇴할 생각도 좀 해 보셨나요? 맥퀸! 여기요!

Lightning **squints** against the popping flashbulbs as Luigi and Guido **dart** in front of him to provide loud cover...

번쩍거리는 카메라 플래시 때문에 라이트닝이 눈을 찡그리고 루이지와 귀도가 그의 앞으로 재빠르게 달려와 야단스럽게 그를 보호하는데…

LUIGI	Ok! That's enough. No question! Scuzi. Out of the way! Coming through! **Back up.**❶ Back up!	루이지 자! 이제 됐어요. 더 이상 질문을 받지 않겠어요! 실례. 비켜주세요! 지나갑니다! 물러서요. 물러서!
GUIDO	**Scorrere**, scorrere. **Fate passare.**	귀도 저리가요, 저리가. 지나가게 비켜주세요.
REPORTERS	Hey McQueen! Over here! McQueen! McQueen!	기자들 여기요 맥퀸! 여기요! 맥퀸 맥퀸!

---

state-of-the-art 최첨단의, 최신식의
picturesque 그림 같은, 생생한
hound 따라다니며 괴롭히다
badger 조르다, 계속 묻다
squint 눈을 가늘게 뜨고 보다/찡그리다
dart 쏜살같이 휙 달리다/움직이다
scorrere 〈이탈리아어〉 달리다, 지나가다
fate passare 〈이탈리아어〉 지나가게 비켜주다

❶ **Back up!**
뒤로 물러서요!
Back up은 '뒷받침하다 도와주다'라는 의미가 있지만 여기서는 '(차를) 후진시키다' 즉 '뒤로 물러나다라는 의미로 쓰였습니다. 맥락상 비슷한 표현으로 'Out of the way, Coming through.'가 함께 쓰였네요.

LUIGI	No pictures! No, no, no. Ok, thank you! Buh-bye! Guido, can you believe them?
GUIDO	**Papparazzi Ptui!**

INT. RUSTEZE RACING CENTER MAIN ATRIUM – DAY
McQueen, Luigi and Guido enter — and are taken aback at the sight.
Dazzling. Huge 95's all around. Action images from Lightning's career.

MCQUEEN	Oooooh! Wow!
DUSTY	Looks good, doesn't it?

Rusty and Dusty approach.

MCQUEEN	Hey guys!
DUSTY	Whatta ya think?
MCQUEEN	**What do I think?❶** It's unbelievable!
DUSTY	Yeahhh, you know, it's kind of a **cozy**, **humble**, little place.
MCQUEEN	Guys, how did you ever do this?
DUSTY	(to Rusty) You want to tell him or should I tell him?
RUSTY	Ah – you start! Go ahead, go ahead!
DUSTY	We sold Rust-eze?
RUSTY	Eh?
MCQUEEN	What?!

루이지 사진 찍지 마세요! 안돼, 안돼, 안돼요. 네, 감사해요! 잘 가세요!
귀도, 저 사람들 정말 왜 저러니?

귀도 파파라치 퉤!

내부. 러스티즈 레이싱 센터 중앙 홀 – 낮
맥퀸, 루이지와 귀도가 들어온다 – 광경을 보고 깜짝 놀란다. 눈부시다. 거대한 95가 온 사방에 쓰여있다. 라이트닝이 잘나가던 시절에 경주하는 모습의 사진들이 걸려있다.

맥퀸 우우우! 우왜!

더스티 멋지지, 안 그래?

러스티와 더스티가 다가온다.

맥퀸 얘들아!

더스티 어때, 맘에 들어?

맥퀸 맘에 드냐고? 도무지 믿기지 않을 정도야!

더스티 예~~ 그래, 여기가 좀 작고 아늑하고 변변치 않긴 해.

맥퀸 얘들아, 도대체 어떻게 이런 곳을 마련할 수 있었던 거야?

더스티 (러스티에게) 네가 말해줄래 아니면 내가 말할까?

러스티 아 – 네가 시작해라! 네가 해, 응 그렇게 해!

더스티 우리가 러스티-즈를 팔았다?

러스티 엥?

맥퀸 뭐라고?

Papparazzi 파파라치
Ptui! 〈침 뱉는 소리〉 퉤!
dazzling 눈부신, 화려한
cozy 아늑한
humble 겸손한, 변변치 않은, 초라한

❶ **What do you think?**
어때, 맘에 들어?
상대방이 큰 관심을 가질만한 혹은 놀랄만한 것을 보여주며 '어떻게 생각해?' '어때, 맘에 들어?'라는 의미로 쓰는 표현이에요. 주의할 점은, How do you think?가 아니라 What do you think?라는 것이에요. '어떻게' '어때'와 같은 해석 때문에 이 표현을 how로 시작하는 경우들이 많은데 조심하셔야 해요.

DUSTY	What? You think a couple of **Jabroni's** like us could do this on our own?	더스티	뭐야? 그럼 뭐 우리 같이 별 볼 일 없는 놈들이 우리 힘으로 이런 곳을 마련할 수 있었을 거로 생각하는 거야?

DUSTY What? You think a couple of **Jabroni's** like us could do this on our own?

They laugh. Bet the news **comes as a surprise** to McQueen.

MCQUEEN Wait. You sold Rust-eze?

DUSTY It's all good news. We just realized you needed something that we couldn't give you. It felt like the time was right for us too. I mean we're not as young and handsome as we look.

RUSTY Oh that's true.

They LAUGH.

DUSTY **Besides—❶** this Sterling **fella**? He's got every high-tech thing you'll EVER need. Everything we WANTED to give you, but couldn't.

MCQUEEN Whoa whoa, whoa, Sterling? Who's Sterling?

STERLING Lightning McQueen! You **made** some serious **time**, partner.

DUSTY Your new sponsor, he's the **Mudflap** King of the Eastern **seaboard**!

더스티 뭐야? 그럼 뭐 우리 같이 별 볼 일 없는 놈들이 우리 힘으로 이런 곳을 마련할 수 있었을 거로 생각하는 거야?

그들이 웃는다. 분명히 맥퀸에게 이것은 놀랄만한 뉴스일 것이다.

맥퀸 잠깐. 너네들 러스티-즈를 팔았다고?

더스티 다 좋은 소식이지. 너에겐 우리 능력으로 는 마련해 줄 수 없는 것이 필요하다는 것을 우리 가 깨달았거든. 우리에게 타이밍도 딱 맞는 것 같 았고 말이야. 뭐 사실 우리가 겉으로 보이는 것처 럼 그렇게 젊고 잘 생기진 않았잖아.

러스티 오, 맞는 말이야.

그들이 웃는다.

더스티 게다가— 이 스털링이라고 하는 작자가 말 이지? 그 인간이 네가 필요로 할 만한 모든 최첨 단 장비들을 다 갖추고 있다는 말이야. 우리가 너 에게 주고 싶어도 줄 수 없었던 그 모든 것을 말이 야.

맥퀸 워, 워, 워. 스털링이라고? 스털링이 누군 데?

스털링 라이트닝 맥퀸 자네가 아주 중요한 시간 을 내주었군.

더스티 너의 새로운 스폰서야. 그는 동부의 흙받 이 판 업계의 최강자란다.

---

jabroni 〈속어〉 별 볼 일 없는 놈, 촌뜨기

come as a surprise 놀라움으로 다가오다

fella 〈비격식〉 남자

make time 짬을 내다, 시간을 내주다

mudflap (자동차 등의 바퀴 뒤에 대는) 흙받이 판, 흙받기, 머드플랩

seaboard (한 국가의) 해안지방

❶ Besides.
그 외에.
전치사 beside는 '~의 옆에'를 뜻하는데, 여기에
-s가 붙으면 '~외에도'가 됩니다. 잘 구분하셔야
합니다. 부사로 쓰이면 '게다가, 뿐만 아니라'라는
뜻이 된답니다.

Sterling, the New Sponsor of McQueen

맥퀸의 새로운 스폰서, 스털링

🎧 09.mp3

*바로 이장면!**

Lightning's new sponsor, Sterling, approaches.

라이트닝의 새 스폰서, 스털링이 다가온다.

STERLING Welcome to the Rust-eze Racing Center! You have no idea how much I've been looking forward to this.

스털링 러스티-즈 레이싱 센터에 온걸 환영하네! 자네는 내가 이 순간을 얼마나 학수고대해 왔는지 모를 걸세.

MCQUEEN Thanks, uh... Mister...

맥퀸 감사합니다. 어… 미스터…

STERLING Please. No Mister, just Sterling. I have been a fan of yours **forever**. And to be your sponsor? How great is that? (looks at Rusty and Dusty) I **can't thank** Rusty and Dusty here **enough**. **Tough negotiators** by the way.

스털링 오 제발 미스터라는 호칭은 쓰지 말게, 그냥 스털링이라고 불러줘. 난 자네의 골수팬이라네. 그런데 자네의 스폰서가 되다니? 얼마나 끝내주는 일인가? (러스티와 더스티를 본다) 러스티와 더스티에게 너무나도 고마울 따름이야. 여담이지만 완전 흥정꾼들이더군.

DUSTY Ah. **You flatter us**❶ – but, don't stop!

더스티 아. 무슨 과찬의 말씀을 – 그렇지만, 계속하세요!

RUSTY & DUSTY (laugh)

러스티와 더스티 (웃는다)

STERLING Anyway... just wanted to say a quick hello. **Take as much time as you need.**❷ (to Rusty and Dusty) Door's always open, guys.

스털링 여하튼… 잠시나마 인사를 나누고 싶어서 왔네. 천천히 하던 일 계속하게. (러스티와 더스티에게) 문은 항상 열려있으니 언제든지 와도 좋네.

Sterling steps away to give them some time.

그들이 그들만의 시간을 가질 수 있도록 스털링이 나가준다.

DUSTY See?

더스티 봤지?

McQueen, Rusty and Dusty **make their way to** the door. They stop. Time to say goodbye.

맥퀸, 러스티와 더스티가 문 쪽으로 다가간다. 멈춘다. 이제 이별의 시간.

---

forever 영원히, (비격식) 아주 오랫동안
can't thank someone enough ~에게 심히 감사하다
tough 힘든. 어려운. 강인한
negotiator 교섭자, 협상가
make one's way to ~로 나아가다

❶ **You flatter us.** 무슨 과찬의 말씀을.
Flatter의 기본 의미는 '아첨하다, 알랑거리다' 이지만, 상대방의 호의적인 말이나 칭찬에 대해서 '아유 쑥스럽네요' 할 때도 이 표현을 씁니다.

❷ **Take as much time as you need.** 필요한 만큼 시간을 많이 가지도록 하세요.
비슷한 표현으로 간단하게 Take your time. 라고도 쓸 수 있어요.

MCQUEEN	Well, I... I sure am gonna miss racing for you guys.	맥퀸 아, 나… 난 정말 너희를 위해 경주했던 날이 그리울 거야.
DUSTY	Ya know, you gave us a lot of great memories, Lightning. Memories we'll remember.	더스티 라이트닝, 넌 우리에게 참 많은 소중한 추억들을 남겨주었어. 우리가 늘 기억할 추억들 말이야.
RUSTY	Wow. That's good.	러스티 우와. 멘트 멋있는데.

They head for the door, looking back **the whole way**.

그들이 문 쪽으로 향해 가면서 계속 뒤를 돌아본다.

DUSTY	Hey Lightning, whatever you do	더스티 라이트닝, 네가 무엇을 하든 간에
RUSTY	Don't drive like my brother.	러스티 내 동생처럼 운전하지는 마.
DUSTY	Don't drive like my brother.	더스티 우리 형처럼 운전하지는 마.

The front door opens and the press **swirls** around them.

앞문이 열리고 기자들이 소용돌이치듯 들이닥친다.

DUSTY	No, no, please. No pictures. Okay, maybe one. Get my good side **though**, will ya?	더스티 아니, 아니, 제발. 사진 찍지 말아요. 좋아요, 그럼 한 컷만. 옆 모습으로 멋있게 찍어 주시겠어요?
MCQUEEN	(chuckle)	맥퀸 (싱긋 웃는다)

Lightning, smiling, is left alone for a moment in this quiet, **sterile** place – he's now without his community for the first time. Something on the wall **catches his eye**. He approaches a display which stretches along the **corridor**. Sterling appears **at a distance** and then approaches.

미소 짓고 있는 라이트닝이 이 조용하고 척박한 곳에 잠시 홀로 남아 있다 – 그는 이제 처음으로 그의 측근들이 한 명도 없는 상황에 있다. 벽에 뭔가가 있는 게 그의 눈에 띈다. 복도를 따라 쭉 늘어져 진열된 곳으로 다가간다. 스털링이 멀리서 모습을 보이고 그를 향해 다가온다.

MCQUEEN	Whoa.	맥퀸 우와.
STERLING	So? You like it?	스털링 그래. 마음에 드나?
MCQUEEN	Oh. Hey Mr. Sterling. Wow! **My career on a wall.**[1] Nice that you included Doc.	맥퀸 오, 스털링 씨. 우와! 벽에 제 커리어를 모두 진열하셨군요. 닥 아저씨도 있다니 정말 멋져요.

---

the whole way 계속, 끝까지
swirl 빙빙 돌다, 소용돌이치다
though 〈부사〉 (문장 끝에 와서) 그렇지만, 하지만
sterile 실균한, 소독한, (땅이) 불모의, 척박한
catch one's eye(s) 눈길을 끌다/모으다
corridor 회랑, 복도, 통로
at/from a distance 멀리서, 멀리 떨어져

❶ **My career on a wall.**
벽에 제 커리어를 모두 진열하셨군요.
일반 가정집에 가면 벽에 자녀, 가족들 사진을 쫙 붙여 두는 경우가 많죠. 이 장면도 마찬가지로 맥퀸의 그간의 경력; 수상 사진, 기사, 경기 장면을 모두 벽에 전시해 놓은 상황을 My career on a wall. 라고 표현했습니다.

STERLING	Of course – he was your mentor... Losing him left a giant hole in the sport.	스털링 당연하지 – 그는 자네의 멘토였으니... 그를 잃어서 레이싱 계에는 큰 구멍이 생긴 거지.
MCQUEEN	Yeah...	맥퀸 맞아요...

Beat.

잠시 정적.

MCQUEEN	Jars of dirt?	맥퀸 흙 단지들?
STERLING	Sacred dirt. Each of those jars contain dirt from all the old tracks that Doc raced on - Florida International, Thunder Hollow, just **down the road**, and our very own **Fireball** Beach, right outside.	스털링 신성한 흙. 거기에 놓인 각각의 단지들에는 닥이 경주를 했던 모든 트랙에 있던 흙이 들어 있다네 – 국제 플로리다, 썬더 할로우, 바로 이 부근에 있는. 그리고 바로 우리 파이어볼 해변, 나가면 바로 있지.
MCQUEEN	Huh. Hey, is that –	맥퀸 허. 어. 그런데 저건 –
STERLING	A bit of **asphalt** from Glen Ellen...	스털링 글렌 엘렌에서 가져온 아스팔트 조각들...
MCQUEEN	My first win! **You really, are a fan.**❶	맥퀸 내가 처음 우승했던 곳! 정말 제 골수팬이시군요.
STERLING	I am. And a fan of your future. (beat) You ready for it?	스털링 그렇다네. 그리고 자네 미래의 팬이지. (잠시 정적) 준비됐나?
MCQUEEN	Definitely.	맥퀸 물론이죠.
STERLING	First let's get you into a more – **contemporary** look.	스털링 자 우선 자네를 좀 더 그 뭐랄까 현대적인 모습으로 꾸며야겠네.

INT. RUST-EZE RACING CENTER – PAINTING/WRAP ROOM – MORNING
Whoosh. Thump. Thump. A new slightly-more-contemporary BODY WRAP **seals into place**. He wriggles/uncomfortable.

내부. 러스티-즈 레이싱 센터 – 페인팅/포장실 – 아침
쉭. 쿵. 쿵. 새롭게 조금 더 현대적인 차체의 모습이 드러나기 시작한다. 그가 꿈틀대고/ 불편해하며.

MCQUEEN	Wow!	맥퀸 우와!
STERLING	It's an electronic suit. With it we'll be able to **track** your speed and your **vital signs**.	스털링 전자 옷이네. 이것으로 자네의 속도와 생명 신호들을 추적할 수 있을 것이야.

---

down the road 길 아래편에, 장래에
fireball 불덩이, 강속구
asphalt 아스팔트
contemporary 동시대의, 현대적인
whoosh (비격식) (빠르게 지나가며) 쉭 하는 소리
seal something into place (봉투 등을) 봉인하다, 고정하다
track (자취 등을) 추적하다, 뒤쫓다
vital sign 바이탈 사인, 활력 징후

❶ **You really, are a fan.**
정말 제 골수팬이시군요.
일반적으로 You are a fan. 이라고 쓰이는 문장에 부사 really가 들어가서 '강조, 감탄'의 의미로 쓰였습니다. 누군가에게 칭찬하거나 감사를 표할 때 이렇게 쓰면 그 강도가 더해지겠죠.

MCQUEEN   Really?! Does it have a phone?

STERLING   Don't be crazy! Racecars don't have phones!

INT. RUST-EZE RACING CENTER – UPPER OVERLOOK – A MINUTE LATER
ON THE GROUP – as they emerge onto an OVERLOOK. We don't see what THEY'RE seeing. Only their **drop-jawed expressions**.

MCQUEEN   Wow!

STERLING   Not bad, huh?

MCQUEEN   This is really impressive.

INT. RUST-EZE RACING CENTER – TRAINING AREA – A MINUTE LATER
They enter onto the lower floor – the heartbeat of the entire center.

STERLING   This center has quickly become the most **coveted** destination for young racers training to **make** our **team** someday, and it's where you'll train until you leave for Florida. Treadmills, **wind-tunnels, virtual reality**...

Quick shot of three racers with VR goggles on – **in a daze** – slow – one awkwardly **bumps into** another.

STERLING   ... still **working on** that – and the best fitness **regimens** anyone could possibly imagine–

MCQUEEN   Wait. Wait. hohoho... is that the **simulator**?

McQueen sees the simulator and diverts to it with Sterling.

STERLING   Oh, yes. Lightning McQueen, I'd like to introduce you to the **multi-million dollar flagship** of interactive race simulation.

맥퀸 정말요?! 전화도 되나요?

스털링 정신 차리게! 경주용 차량에는 전화기가 없어!

내부. 러스티-즈 레이싱 센터 – 위층 전망대 – 1분 후
카메라가 그룹을 비추며: 그들이 전망대에 나타난다. 무엇을 보고 있는지는 보이지 않는다. 그들이 뭔가에 대해 깜짝 놀란 표정만이 보인다.

맥퀸 우와!

스털링 나쁘지 않지, 어?

맥퀸 정말 근사해요.

내부. 러스티-즈 레이싱 센터 – 훈련장 – 1분 후
그들이 아래층으로 들어간다 – 센터 전체의 심장부.

스털링 이 센터는 아주 빠른 속도로 요즘 젊은 레이서들이 언젠가 우리 팀이 되려고 가장 탐내는 곳이 되었다네. 그리고 여기가 바로 자네가 플로리다로 떠나기 전에 훈련할 곳이지. 러닝머신, 풍동 시험 터널, 가상현실…

3명의 레이서가 가상현실 고글을 쓴 모습 – 어리둥절하며 느린 행동으로 어색하게 다른 레이서와 부딪친다.

스털링 … 이 부분은 아직 손을 보고 있네 – 그리고 상상 속에서나 가능한 최고 피트니스 식이요법…

맥퀸 잠깐. 잠깐. 호호호… 저거 시뮬레이터인가요?

맥퀸이 시뮬레이터를 보고 그쪽으로 관심을 보인다.

스털링 오, 그렇다네. 라이트닝 맥퀸, 내 소개하지. 이것은 수백만 달러짜리 상호작용 레이스 시뮬레이션의 대표 상품이라네.

---

drop-jawed expression 입이 떡 벌어지게 깜짝 놀란 표정
(jaw drop: 입이 떡 벌어질 만한 상황/사건/말)

covet 탐내다, 갈망하다

make a team 팀에 들어가다

wind-tunnel 풍동 시험 터널

virtual reality 가상현실

in a daze 어리둥절한, 혼란스러운

bump into 와 마주치다, 부딪히다

work on something (해결, 개선하기 위해) ~에 공을 들이다

regimen 식이요법

simulator 시뮬레이터, 모의실험장치

divert 전환시키다, (생각, 관심을) 다른 데로 돌리다

multi-million dollar 수백만 달러

flagship (해군 함대의) 기함, 주력/대표 상품이나 서비스 혹은 건물

It's a **monument** to hi tech glory **looming over** McQueen.

STERLING　...the XDL 24-GTS Mark Z.

MCQUEEN　(repeats **in awe**) The XDL– **etcetera.**

STERLING　Jackson Storm wishes he had this model.

McQueen **drinks it in**. The simulator sits on a platform above the rest of the floor – Lightning and Sterling drive up onto it.

하이테크의 영광이 맥퀸에게 다가오는 기념비적인 순간이다.

스털링 ...XDL 24-GTS 마크 제트.

맥퀸 (경외감에 차서 반복한다) 바로 그 XDL – 어쩌고저쩌고.

스털링 잭슨 스톰도 이 모델을 가지고 싶어 한다네.

맥퀸이 이것을 넋을 잃고 바라본다. 시뮬레이터가 바닥에서 위로 솟아오른 플랫폼에 놓여 있다 – 라이트닝과 스털링이 그 위로 올라간다.

---

monument 기념비, (건물, 동상 등의) 기념물
loom over (특히 불길하게) 다가오다, 떠오르다
in awe 경외감에 차서, ~을 경외하여
etcetera 기타 등등, 잡동사니 (etc.)
drink something in 집중해서 깊은 관심을 가지고 보고 듣다

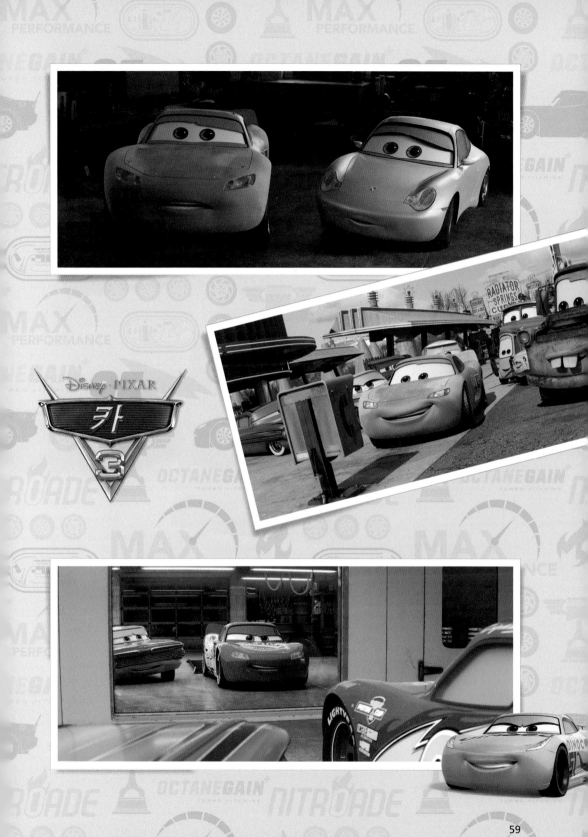

Cruz, the Maestro of Training

훈련계의 거장, 크루즈

🎧 10.mp3

McQueens POV – on the simulator, **facing away**, is a **smallish** yellow car. This is CRUZ RAMIREZ. There are three Next Gens who are beside her watching her race. The checkered flag comes out on the simulator as she crosses the finish line.

맥퀸 시점 – 다른 곳으로 시선을 돌리고 있고 시뮬레이터 위에는 자그마하고 노란 차가 있다. 크루즈 라미레즈이다. 그녀의 옆에서 3대의 차세대 레이스카들이 그녀의 레이스를 보고 있다. 시뮬레이터에 체크무늬 깃발이 올라오며 그녀가 결승선을 통과하는 모습이 보인다.

Shown on the screen: MOST CARS PASSED or FASTEST LAP. The platform she is on lowers and rotates her forward as the Next Gens **applaud** her performance.

스크린에 보이는 모습: 대부분 차량이 지나갔거나 가장 빠른 한 바퀴. 그녀가 올라타 있는 플랫폼이 내려가고 그녀를 앞쪽으로 옮길 때 차세대 주자들이 그녀의 실력에 갈채를 보내고 있다.

<u>**KURT, GABRIEL, RONALD**</u>　Alright! That was amazing! Whoa!

커트, 가브리엘, 로널드　좋아! 정말 멋져! 오호!

The yellow car turns and lowers to exit the simulator.

노란 차가 돌아서 시뮬레이터에서 나오기 위해 내려온다.

<u>CRUZ</u>　It's just like being on a real track, so **put your hours in!** Ok, **let's hit the treadmills!❶** Come on. **Show me what you got!❷**

크루즈　마치 진짜 트랙에 있는 것만 같아. 그러니 너희들도 꼭 이것에 많은 시간을 투자하도록 해! 자, 이제 러닝머신으로 가보자고! 자 어서, 네 실력을 보여 줘 봐!

The yellow car drives by McQueen (not seeing him). She leads the Next Gens down to high tech treadmills.

그 노란 차가 맥퀸 옆을 지나간다 (그를 보지는 못했다). 그녀가 차세대 주자들을 첨단 러닝머신 쪽으로 데리고 간다.

<u>MCQUEEN</u>　Wow. Pretty fast. Who's the racer?

맥퀸　우와. 진짜 빠르다. 저 레이서는 누구죠?

<u>STERLING</u>　(CHUCKLES) No no no, she's not a racer – she's a trainer. Cruz Ramirez, the best trainer in the business.

스털링　(싱긋 웃으며) 아니, 아니, 아냐. 그녀는 레이서가 아니네 – 그녀는 트레이너지. 크루즈 라미레즈, 그녀는 업계 최고의 트레이너야.

The three racers get on high tech treadmills. We see that above the treadmills are **readouts** of the next gens' speed in **mph**. They **read** in the 170's 180's mph **range**.

3대의 레이서들이 첨단 러닝머신에 올라탄다. 러닝머신에 차세대 주자들의 스피드를 시간당 주행거리를 마일로 표시해 보여 주는 판독기가 있다. 시속 170, 180마일 정도가 표시되어 있다.

---

face away 고개(시선)를 돌리다, 외면하다
smallish 자그마한, 좀 작은
applaud 갈채를 보내다, 환호하다, 박수를 치다
put hours in something ~에 시간을 투자하다
readout (정보의) 해독, 판독, 정보 읽기
mph 시속 ~마일 (miles per hour의 약어)
read ~라고 적혀있다/쓰여있다
range 범위, 폭

❶ **Let's hit the treadmills!**
이제 러닝머신으로 가보자고!
'자, 이제 시작하자/가자!'라는 의미로 Let's hit the road라는 구어체 표현이 있어요. the road대신에 the treadmills를 쓴 것이죠.

❷ **Show me what you got!**
네 실력을 보여 줘 봐!
상대방에게 네 실력(능력)이 얼마나 대단한지 보여달라는 의미로 쓰는 관용표현이에요.

Cruz jumps on the "leader's treadmill", exercising along with her students. Her treadmill has controls which affect the Next Gens'treadmills.

크루즈가 그녀의 학생들과 같이 훈련을 하며 "리더의 러닝머신" 위로 뛰어오른다. 그녀의 러닝머신에는 차세대 레이서들의 러닝머신에 영향을 주는 컨트롤러가 달려있다.

CRUZ   Ready to Meet it. Greet it...

크루즈   만날 준비라고, 인사해…

KURT, GABRIEL, RONALD   And Defeat it!

커트, 가브리엘, 로널드   그리고 이겨버려야지!

CRUZ   Alright, now **bring up** those **RPM's**!

크루즈   좋았어, 자 이제 분당 회전수를 끌어올려!

MCQUEEN   Like the attitude!

맥퀸   태도가 정말 마음에 드네요!

STERLING   Ya. We call her our **Maestro** of **Motivation**.

스털링   그렇지, 우린 그녀를 동기부여의 거장이라고 부르지.

CRUZ   You're drivin' a little tense again, Ronald.

크루즈   너 또 조금 긴장했구나, 로널드.

Reveal Ronald, a next gen, riding high and **tense**.

차세대 주자 로널드의 조금 흥분되고 긴장한 모습이 보인다.

RONALD   No, no, no, I'm cool. I'm cool.

로널드   아니, 아니, 아니에요, 전 냉정함을 유지하고 있어요, 괜찮다고요.

CRUZ   Do your exercise.

크루즈   훈련을 해봐.

Cruz puts pic of cloud on his monitor.

크루즈가 그의 모니터에 구름 사진을 띄운다.

RONALD   (rolls eyes) I am a fluffy cloud. I am a **fluffy** cloud. I am a fluffy... (relaxes) cloud.

로널드   (눈을 굴리며) 난 보물 같은 구름이다. 난 보물 구름이야. 난 보물… (긴장을 푼다) 구름이야.

Ronald relaxes, center of **gravity** goes lower, and we see his speed increase on his overhead monitor.

로널드가 긴장을 풀고, 무게 중심이 내려간다. 그리고 그의 머리 위쪽에 있는 모니터의 속도가 올라가는 것이 보인다.

CRUZ   **There ya go.❶**

크루즈   그래 바로 그거야.

KURT   You're a cloud. Hahah –

커트   넌 구름이야, 하하–

RONALD   Shut up Kurt!

로널드   조용히 해 커트!

Ronald gets tense again.

로널드가 다시 긴장하기 시작한다.

---

bring up 끌어올리다, (모니터에) 띄우다
RPM (엔진이나 음반의) 분당 회전수 (revolutions per minute의 약어)
maestro 거장, 명연주자, 마에스트로
motivation 동기부여, 자극, 유도
tense 긴장한, 신경이 날카로운
fluffy 솜털의, 보풀 같은,
gravity 중력, 심각성, 중대성

> **❶ There ya go!**
> 그래 바로 그거야!
> 상대방이 주어진 일, 과제를 잘 해냈을 때 '아주 잘했어!' '그래 바로 그거야!'라고 칭찬하며 동시에 응원하면서 하는 표현. There you go! 라고 하는데, ya는 you를 비격식적으로 발음 나는 대로 표기했습니다.

CRUZ   Kurt! Here come the bugs, Kurt. You ready?

Kurt **cringes**, preparing self. She presses a button and a **structure** in front of the treadmill shoots plastic bugs at Kurt.

KURT   Hey, I **kept my eyes open** this time!

CRUZ   Gotta see that track!

Kurt's speed increases on his overhead monitor.

CRUZ   – Oh no...

Cruz has **noticed** the last next gen **staring** into space with slower speed than the rest.

CRUZ   **Homesick** again, Gabriel?

GABRIEL   Si.

Cruz **hits a butto**n and modern Latin music starts and a picture of his town, Santa Cecilia (the town in Coco).

GABRIEL   Santa Cecilia! **Mi pueblo!**

CRUZ   Win for them!

Gabriel's speed increases on his overhead monitor.

MCQUEEN   Wow!

STERLING   She trains young racers to **push through** their own **obstacles**. **Tailor made** for each one. Now, she's gonna work with you.

Cruz **addresses** all the Next Gens.

크루즈 커트! 벌레들이 오고 있다. 커트, 준비됐니?

커트는 움츠리고, 준비 모드에 들어간다. 그녀가 버튼을 누르자 러닝머신 앞에 있는 구조물에서 커트를 향해 플라스틱 재질의 벌레가 발사된다.

커트 아하, 이번엔 눈을 안 감았다고요!

크루즈 트랙에서 눈을 떼면 안 돼!

커트의 머리맡에 있는 모니터의 속도가 올라간다.

크루즈 오 안 돼…

크루즈가 다른 차들보다 느리게 가고 있는 차세대 주자가 넋 놓고 있는 것을 본다.

크루즈 또 고향이 그리운 거니, 가브리엘?

가브리엘 네.

크루즈가 버튼을 누르자 모던 라틴음악이 흐르기 시작하며 가브리엘이 살던 동네, 산타 시실리아(코코에 있는 마을)의 사진이 나온다.

가브리엘 산타 시실리아! 우리 동네!

크루즈 그들을 위해 우승하라고!

가브리엘의 머리맡에 있는 모니터의 속도가 올라간다.

맥퀸 이야!

스털링 그녀는 어린 레이서들의 그들 각자가 가지고 있는 장애를 넘어설 수 있도록 훈련시킨다네. 개개인 맞춤학습인 거지. 자, 이제 그녀가 자네와 훈련할 걸세.

크루즈가 차세대 주자들 모두에게 말을 한다.

---

cringe 움츠러들다, 움찔하다
structure 구조물
keep one's eyes open 눈을 깜박이지 않고 뜬 상태를 유지하다
notice 알아보다, 알아채다
stare 응시하다, 바라보다
homesick 고향을 그리워하는, 향수에 잠긴
Si 〈스페인어〉 네 (= yes)
hit a button 버튼을 누르다

mi 〈스페인어〉 나의 (= my)
pueblo 〈스페인어〉 사람들 (= people)
push through 끝까지 해내다, 이룩하다
obstacle 장애, 장애물
tailor made 개인 맞춤의, 안성맞춤의, (양복점에서) 맞춘
address 〈격식〉 (누구에게 직접) 말을 걸다/하다

<u>CRUZ</u>	Let's go, let's go! You guys gotta work through this stuff so when your big chance **comes along** you can take it!	크루즈 자 힘내, 힘내자고! 너희들이 이것을 이겨 내야 절호의 기회가 왔을 때 그 기회를 살릴 수 있는 거라고!
<u>STERLING</u>	Hey, Cruz!	스털링 이봐, 크루즈!
<u>CRUZ</u>	Oh hey Mr. Sterling!	크루즈 아, 네, 스털링 씨!

바로 이장면!

	They join Cruz down on the floor. She turns off the treadmills and the racers **back away**.	그들이 다시 바닥으로 내려온 크루즈를 만난다. 그녀가 러닝머신을 끄고 레이서들은 자리를 비켜준다.
<u>STERLING</u>	I'd like to introduce you to Lightning McQueen –	스털링 라이트닝 맥퀸을 소개하겠네.
<u>MCQUEEN</u>	I hear you're the Maestro.	맥퀸 거장이시라고 들었어요.
<u>CRUZ</u>	Mr. Sterling, did you say Lightning McQueen was here because I don't see him anywhere.	크루즈 스털링 씨, 라이트닝 맥퀸이 여기 있다고 하셨나요? 제 눈에는 안 보이는데요.
<u>LUIGI</u>	Uh – But he's right here. Do you not see him?	루이지 어 – 바로 여기 있잖아요. 진짜 안 보여요?
<u>CRUZ</u>	Nope. Still don't see him.	크루즈 아니요, 아직도 안 보이는데요.
<u>LUIGI</u>	He's right in front of you. It's Lightning McQueen.	루이지 바로 당신 앞에 있잖아요. 라이트닝 맥퀸 이라고요.
<u>CRUZ</u>	He's obviously an **imposter** – he looks old and **broken down**, with **flabby** tires!	크루즈 그는 분명 맥퀸이라고 사칭하는 사기꾼일 거예요. 내 눈엔 바람 빠진 타이어에 낡고 고장 난 차만 보이는걸요!
<u>MCQUEEN</u>	Hey! I do not!	맥퀸 이봐요! 난 안 그래요!
<u>CRUZ</u>	**Use that!!**❶	크루즈 바로 그런 태도가 필요하다고요!

---

come along 도착하다, 생기다, 나타나다
back away 자리를 비키다, 뒷걸음질 치다, 피하다
imposter 남의 이름을 사칭하는 사람, 사기꾼
broken down 완전히 망가진, 완전히 고물이 된
flabby 축 늘어진, 무기력한, 흐물흐물한

❶ **Use that!**
바로 그런 태도가 필요하다고요!
극 중 크루즈가 상대방에게 기운을 엔진 소리 주고 독려하기 위해 자주 하는 표현으로 '그 긍정의 에너지를 사용하세요.'라는 의미예요. 좀 더 자세하게 풀어서 쓰면 Use that energy for motivation! '동기부여를 위해 그 에너지를 사용하세요.'라는 뜻입니다.

Beat.

정적.

MCQUEEN   Whoa! Oh. Hahaha. Yeah, I see, I can use that energy for motivation, right? Rarrr.

맥퀸   오우! 아. 하하하. 네, 그렇군요. 바로 이런 에너지를 동기부여 하기 위해 사용하라는 거죠. 그 죠? 아주 대단해요.

CRUZ   **It's all about motivation,**[①] Mr. McQueen. You can use anything negative as **fuel** to **push through** to the positive!

크루즈   동기부여가 가장 중요한 것이죠. 맥퀸 씨. 부정적인 것을 모두 다 연료로 사용해서 긍정으로 이루어 내야 해요!

MCQUEEN   Been pretty positive, ever since I was a Rookie.

맥퀸   전 루키 시절부터 늘 꽤 긍정적인 편이었어 요.

CRUZ   I am so excited that I get to train you – I **grew up watching** you on TV.

크루즈   당신을 훈련시킬 수 있게 되어 너무 흥분 되는군요. 어릴 때부터 TV에서 당신을 보며 자랐 거든요.

MCQUEEN   Huh. Is that right?

맥퀸   허. 그래요?

CRUZ   These young guys are great and all, but I like a challenge!

크루즈   여기 어린 레이서들도 다 정말 대단하지 만, 전 도전을 좋아해요!

MCQUEEN   Ha ha I'm not that much older, but...

맥퀸   하하. 저도 그렇게 나이가 많진 않아요. 하 지만…

CRUZ   In fact, I call you my **senior** project.

크루즈   솔직히 말하자면, 전 당신을 제 노인 프로 젝트라고 불러요.

Cruz Long beat. McQueen blinks – doesn't know what to expect.

크루즈의 긴 정적. 맥퀸이 눈을 깜박인다 – 뭘 기대해야 할지 모른 채.

---

fuel 연료를 공급하다, 부채질하다
push through 타개하다, 끝까지 해내다
grow up ~ing 어릴 때부터 ~하면서 자랐다
senior 노인

① **It's all about motivation.**
동기부여가 가장 중요한 것이에요.
It's all about~은 직역하면 '~에 관한 것이야'이지만 실제로 문장이 뜻하는 바는 '~가 가장 중요한 것이야' '~이 전부야'라는 의미랍니다. 예를 들어, It's all about money. '돈이 전부야/가장 중요한 것이야', It's all about love. '사랑이 전부야/가장 중요한 것이야' 이렇게 쓰입니다.

McQueen, a Drip Pan

기름받이 어르신, 맥퀸

🎧 11.mp3

[Slam cut] Zumba music going. Cruz and McQueen are in some kind of dance room with mirrors. Cruz is already rocking with the beat. She moves forward and back.

CRUZ We need to **loosen** those **ancient joints**.

Cruz moves as if she's **conducting** an old folks **aerobics** class.

CRUZ (**to the beat**) First the wheels! And forward and rest, and forward, and rest, – join me! Rest...and rest...

MCQUEEN Is all this resting necessary?

CRUZ We're **working** you **in** slowly.

CRUZ And **reach for** your lunch.

MCQUEEN When do I –

CRUZ Reach for your lunch. Now reeeach –

MCQUEEN Shouldn't we be–

CRUZ –To the front– What is there?

MCQUEEN I don't think this is –

CRUZ It's your lunch!

McQueen rolls eyes and **half heartedly** moves onto three tires at a time like a cat drying its **paws**.

[빠른 장면 전환] 줌바 음악이 흐른다. 크루즈와 맥퀸이 거울이 많이 달린 댄스룸에 들어와 있다. 크루즈는 이미 박자에 맞춰 앞뒤로 움직이며 춤을 추고 있다.

크루즈 당신의 늙어서 삐걱거리는 관절들을 좀 부드럽게 해줘야 해요.

크루즈는 마치 노인들 에어로빅 수업을 하는 것처럼 움직인다.

크루즈 (박자에 맞춰) 아 먼저 바퀴부터! 앞으로 가고 쉬고, 다시 앞으로 가고 쉬고, – 저와 함께해요! 쉬고⋯ 그리고 쉬고⋯

맥퀸 꼭 이렇게까지 많이 쉬면서 해야 하는 건가요?

크루즈 천천히 적응하게 해 드리려고 이러는 거예요.

크루즈 이제 점심시간이에요.

맥퀸 그럼 언제 난 –

크루즈 점심 드시러 가세요. 지금 바로 –

맥퀸 근데 우리 있잖아요 –

크루즈 –앞으로– 저기 뭐가 있는 거죠?

맥퀸 이건 아닌 것 같은데 –

크루즈 당신의 점심이에요!

맥퀸이 눈을 굴리며 마치 고양이가 젖은 발을 말리듯이 마음에 내키지 않는다는 태도로 한 번에 3개의 타이어 위로 올라탄다.

---

slam cut 급속 장면 전환

Zumba music 줌바음악 (빠르고 경쾌한 라틴 댄스 음악)

loosen 힘을 빼다, 느슨하게 하다, 풀다/늦추다

ancient 고대의, 구식의, 아주 오래된

joint 관절

conduct 지휘하다

aerobics 에어로빅

to the beat 박자/리듬에 맞춰

work something/someone in 열심히 노력해서 끌어들이다

reach for 손을 뻗다, 손을 내밀다, ~하려고 노력하다

half heartedly 억지로, 마음에 내키지 않는 태도로

paw (동물의 발톱이 달린) 발

CRUZ	Now backwards! Is lunch there?!	크루즈	자 이제 뒤로 가세요! 점심이 있나요?!

MCQUEEN When do we go on the simulator?

맥퀸 근데 우리 시뮬레이터에는 언제 올라가는 거죠?

[CUT] McQueen is up on a **teeter** style **device**. Cruz leans him forward.

[장면 전환] 맥퀸이 '시소' 같이 생긴 기기에 올라 있다. 크루즈가 그를 앞쪽으로 기울인다.

CRUZ Good morning Mr. McQueen.

크루즈 좋은 아침이에요, 맥퀸 씨.

He comes to rest, nose toward floor.

그가 휴식을 취하러 온다. 코를 바닥 쪽으로 향하면서.

CRUZ Looking good!

크루즈 멋지네요!

MCQUEEN (more uncomfortable **vocs**) Ahh! Why?

맥퀸 (불편한 가상 작동 컨트롤 시스템) 아아! 왜 요?

CRUZ This'll get oil to places it hasn't been in a long time!

크루즈 이게 그동안 제 곳에 있지 않았던 오일을 제자리로 돌려놓을 거예요!

바로 이장면!*

Cruz pushes a drip pan in directly below McQueen.

크루즈가 맥퀸 바로 밑으로 기름받이를 밀어 넣는다.

MCQUEEN Is that – a **drip pan**?

맥퀸 그거 기름받이인가요?

CRUZ **Just in case...**❶

크루즈 만약을 대비해서…

MCQUEEN How old do you think I am?

맥퀸 날 도대체 몇 살이라고 생각하는 거예요?

CRUZ **Visualize** yourself driving fast down a **steep** hill. **I'll be back in a few.**❷

크루즈 가파른 언덕에서 빠른 속도로 내려가는 자 신을 머릿속으로 그려보세요. 잠시만 다녀올게요.

MCQUEEN Visualize? Wait, wait! Cruz!

맥퀸 머릿속으로 그려보라고? 잠깐, 기다려요! 크 루즈!

She leaves.

그녀가 나간다.

MCQUEEN A few what?! (**wilts**; beat) (to self since she's gone) I just want to go on the simulator...

맥퀸 그 잠시라는 게 얼마나 잠시라는 거요? (기운이 빠졌다) (잠시 정적) (크루즈는 떠나고 자 기에게) 난 그저 시뮬레이터에 올라타고 싶었을 뿐인데…

---

teeter (넘어질 듯) 불안정하게 서다

device 장치, 기기

vocs 가상 작동 컨트롤 시스템 (= virtual ops control system)

drip pan 기름받이 (drip (액체를) 방울방울 흘리다)

visualize 머릿속으로 그려보다, 상상해 보다

steep 가파른, 비탈진

wilt (화초 등이) 시들다, 〈비격식〉 (사람이) 지치다

❶ **Just in case...** 만약을 대비해서…
만약의 경우에 대비해서 무엇을 한다고 할 때
그냥 뒤끝을 흐리며 Just in case…라고만 쓰는
경우도 있습니다.

❷ **I'll be back in a few.** 잠시만 다녀올게요.
금방 돌아온다고 할 때 I'll be back in
a minute. 같은 표현을 주로 쓰는데,
위의 문장처럼 ~ in a few (minutes/
seconds)라고 하는 경우도 있습니다.

KURT drives through.

KURT   **How's it hanging,**[1] Drip pan?

[Slam Cut] Treadmill.

McQueen looks over to Kurt, going much faster. Beat.

KURT   'Sup.

CRUZ   Okay, day three – treadmill – I've set a maximum speed to **conserve** your energy. What I want you to do is visualize beating – THIS GUY.

Cruz pushes a button and a picture of Jackson storm comes on a monitor.

MCQUEEN Storm?

CRUZ   Uh huh. That's right! Get him! Get him, Mr. McQueen.

MCQUEEN Get him? This thing's only going like 5 miles an hour!

Reveal that McQueen's on a treadmill going very slow.

CRUZ   We'll **work up to** the higher speeds right after you **take your nap**.

MCQUEEN Nap? I don't need a nap!

The four **horsemen** CHUCKLE **amongst** themselves.

커트가 옆으로 지나간다.

커트 잘 버티고 있나요, 기름받이 어르신?

[빠른 장면 전환] 러닝머신

맥퀸이 훨씬 빠른 속도로 운전하고 있는 커트 쪽을 바라본다. 잠시 정적.

커트 안녕하세요.

크루즈 자, 셋째 날 – 러닝머신 – 당신의 에너지를 보존하기 위해서 최고속도로 맞춰놨어요. 이제 당신이 해야 할 일은 이기는 것을 머릿속에 그려보는 거예요 – 이 자를 말이에요.

크루즈가 버튼을 누르자 잭슨 스톰의 사진이 모니터에 뜬다.

맥퀸 스톰?

크루즈 네 네. 맞아요! 저 자를 잡아요! 잡아보라고요, 맥퀸 씨.

맥퀸 잡으라고요? 이건 시속 5마일 정도밖에 못 가는데요.

맥퀸이 러닝머신에서 아주 느리게 가는 모습이 보인다.

크루즈 낮잠 주무시고 나면 그다음에 바로 조금 더 빠른 속도로 갈 수 있도록 해 보죠.

맥퀸 낮잠이라고요? 난 낮잠이 필요 없어요!

네 명의 기수들이 자기들끼리 키득거리고 있다.

'Sup? 〈비격식〉 안녕하세요, 별일 없지? (= What's up?)
conserve 보존하다
work up to ∼한 상태로까지 발전되다
take a nap 낮잠을 자다
horseman 승마인, 기수
amongst 〈주로 영국식〉 ∼사이에 (= among)

❶ How's it hanging?
잘 버티고 있나요?
How are you? '잘 지내니?'라는 인사말을 비격식적으로 다르게 How's it hanging?이라고 쓸 수 있습니다. How's it going with you?와 같은 의미로 '뭐 별일 없이 잘 지내니?'라는 뜻이죠. 이 질문에 대한 대답으로 I'm hanging in there, '그럭저럭 잘 버티고 있어'를 써 보세요.

KURT   Ha! Nap. Hit him with the bugs! Heh, heh, heh.

커트   해! 낮잠. 그에게 벌레들로 공격해요! 헤, 헤, 헤.

MCQUEEN   I am NOT taking a nap!!

맥퀸   난 낮잠을 절대 안 잘 거라고!!

[CUT] **Wind chimes** TINKLING made out of **oil filters** or something. **Tilt** down to find Cruz with eyes closed in a yoga style pose.

[장면 전환] 오일 필터 비슷한 것으로 만든 풍경이 딸랑거리는 소리를 낸다. 요가 포즈를 하고 눈을 감은 채로 몸을 기울여 크루즈를 찾으려 한다.

MCQUEEN   (yawn)

맥퀸   (하품한다)

CRUZ   How was your nap, Mr. McQueen?

크루즈   낮잠 잘 주무셨나요, 맥퀸 씨?

MCQUEEN   (**begrudging**) It was kinda – refreshing actually.

맥퀸   (못마땅해하며) 흠 뭐랄까 – 좀 개운하긴 하네요.

McQueen is lifted up in the air. Pitties enter and gently remove McQueen's tires.

맥퀸이 공중으로 들려져 있다. 정비담당자들이 들어와서 맥퀸의 타이어들을 부드럽게 빼내고 있다.

MCQUEEN   Ok. What are you...? Hey!

맥퀸   알았어요, 당신 근데 뭘…? 이봐!

CRUZ   You've been driving on tires a long time. Have you ever stopped to **get to know** them?

크루즈   당신은 오랜 세월 동안 타이어를 신고 운전을 해 왔지요. 그런데 단 한 번이라도 그들과 친해지려고 노력해 본 적 있나요?

MCQUEEN   I'm sorry, what?

맥퀸   미안하지만, 뭐라고요?

CRUZ   Tires are **individuals**. You should give each a name.

크루즈   타이어들도 인격체이에요. 그들에게도 이름을 지어줘야 한다고요.

MCQUEEN   **Name** them? I won't be doing that.

맥퀸   얘들에게 이름을 지어주라고요? 그런 짓은 사양하겠어요.

CRUZ   Mine are named, Maria, Juanita, Ronaldo, and Debbie Richardson.

크루즈   내 타이어들에겐 이름이 있어요, 마리아, 후아니타, 호나우두, 그리고 데비 리차드슨.

MCQUEEN   What?

맥퀸   뭐라고요?

CRUZ   **Long story.** ❶

크루즈   이야기하자면 길어요.

---

wind chime (금속 조각으로 만든) 풍경
oil filter 오일 필터, 기름 거르개
tilt 기울이다, 젖히다
begrudge 못마땅해하다, 아까워하다
get to know someone ~를 더 잘 알게 되다
individual 개인, 인격체
name someone ~에게 이름을 지어주다

❶ **Long story.**
말하자면 길어요.
'설명하자면 길다'라고 할 때 It's a long story. 라고 하는데 간단하게 Long story라고 할 수 있어요. 이 표현을 응용해서 long story short라고 할 수 있는데 '긴 얘기를 짧게 하자면'이라는 뜻이에요. 함께 알아 두면 좋겠죠.

MCQUEEN	May I have my tires back so I can go on the simulator please?	맥퀸	제 타이어들을 좀 돌려주시겠어요, 난 시뮬레이터에 올라가 봐야 하거든요?
CRUZ	Name them!	크루즈	이름을 지어주세요!
MCQUEEN	Uh, (**rushes**) Lefty, Righty, Backy, Backy Jr., Ok?	맥퀸	어, (서두르며) 왼쪽 바퀴, 오른쪽 바퀴, 뒷바퀴, 뒷바퀴 주니어, 됐나요?
CRUZ	Does this make you mad?	크루즈	이렇게 하는 게 화가 나나요?
MCQUEEN	Yes it does!	맥퀸	당연하죠!
CRUZ	Use that!!	크루즈	바로 그런 마음을 이용해야 한다고요!!

Cut back to Zumba.

다시 줌바로 장면 전환.

CRUZ	And **merge** and **yield** and merge and yield. BEEP BEEP BEEP BEEP ...now you got some tire damage...	크루즈	합치고 양보하고 합치고 양보하고. 삐 삐 삐 삐 타이어에 문제가 생겨버렸네요…

McQueen rolls his eyes but then sees that someone is getting off of the simulator.

맥퀸이 눈을 굴리다가 누군가가 시뮬레이터에서 내려오는 것을 본다.

CRUZ	Speed bump. **Speed bump**. Now **clean up** your **messy garage**... Bug in the **windshield**. Bug in the windshield.	크루즈	과속 방지턱. 과속 방지턱. 자 이제 당신의 지저분한 차고를 청소하세요… 앞 유리창에 벌레. 앞 유리창에 벌레.

Now's his chance.

이제 그의 기회이다.

MCQUEEN	Thank you Cruz. I'm done.	맥퀸	고마워요, 크루즈. 이제 끝났어요.
CRUZ	Merge and yield. Merge and yield. Mr. McQueen! Where're you going?	크루즈	합치고 양보하고. 합치고 양보하고. 맥퀸 씨! 어디 가시는 거예요?

McQueen speeds away from Cruz toward the simulator

맥퀸이 크루즈에게서 멀어지며 시뮬레이터 쪽으로 속도를 낸다.

MCQUEEN	To the future!	맥퀸	미래를 향해!

---

rush 서두르다, 쇄도하다, 돌진하다

merge 합병하다, (길 따위가) 합쳐지다

yield 양보하다

beep '삐' 하고 울리는 소리

speed bump 과속 방지턱

clean up 청소하다, 치우다

messy 지저분한, 엉망인

garage 차고

windshield (오토바이나 자동차 등의) 바람막이 창(앞 유리)

McQueen on Simulator
시뮬레이터에 올라 탄 맥퀸

🎧 12.mp3

Cruz **catches up to** McQueen while he's **fiddling** to turn the simulator on.

| 맥퀸이 시뮬레이터를 켜려고 기계를 만지작거리는 동안 크루즈가 맥퀸을 따라잡는다.

MCQUEEN Ok! Here we go. Here we go! How do I do this? Come on, baby!

맥퀸 좋았어! 자 이제 갑니다. 간다고요! 이거 어떻게 하는 거예요? 오 예. 얘야 우리 가보자고!

CRUZ Mr. McQueen.

크루즈 맥퀸 씨.

MCQUEEN Cruz, thank you for the old man training – as crazy as it was – but I'm warmed up enough and now I need you to launch this thing.

맥퀸 크루즈, 늙은이 훈련에 감사드려요 – 정말 미친 짓이었죠 – 하지만 이젠 전 충분히 준비됐으니 이걸 시작했으면 해요.

CRUZ Mr. McQueen, wait until you can handle it. Please? There are no shortcuts.

크루즈 맥퀸 씨, 당신이 감당할 수 있을 때까지 기다리세요. 그래 주시겠어요? 지름길은 없어요.

MCQUEEN Okay. **We'll just see about that—❶**

맥퀸 좋아요. 과연 그런지 한 번 볼까요–

STERLING (O.S.) Alright! My star racer is on the simulator!

스털링 (화면 밖에서) 좋아! 나의 스타 레이서가 드디어 시뮬레이터에 올라타셨군!

McQueen and Cruz look up to see Sterling looking down from a balcony. McQueen realizes he can **benefit from this**.

맥퀸과 크루즈가 위쪽 발코니에서 내려다보고 있는 스털링을 올려본다. 맥퀸이 이 기회를 활용해서 이익을 얻을 수 있겠다고 생각한다.

MCQUEEN **Why** yes I am!

맥퀸 네 바로 그렇답니다!

STERLING Well, let's see you **take it out for a spin**.

스털링 자, 멋지게 타는 모습을 한 번 볼까.

MCQUEEN Right away, Mr. Sterling, (for Cruz) owner of the company.

맥퀸 바로 보여 드리죠, 스털링 씨. (크루즈가 들으라는 투로) 이 회사의 소유주님.

Long Beat. **Against Cruz' better judgement** she shakes her head and **fires up** the simulator.

오랜 정적. 마지못해 그녀는 고개를 가로저으며 시뮬레이터를 작동시킨다.

---

catch up to ~의 뒤를 따라가다, 따라잡다

fiddle (기계 따위를) 만지작거리다

benefit from something ~으로 이익을 얻다

Why 〈감탄사〉 (놀람) 아니, 이런

take it out for a spin 자동차를 멋지고 여유롭게 타다

against one's better judgment 본의 아니게, 마지못해

fire something up (기계 등을) 작동시키다, 시동을 켜다

❶ **We'll (just) see about that.**
과연 그런지 한 번 볼까요.
상황이 어떤 결과가 될 것인지에 대해 회의적인 어감으로 '글쎄 (과연) 그렇게 될지/그런지 볼까요'라는 표현입니다. We'll have to see about that. 이라고 하는 경우도 있고, 더 간단하게 I/we'll (have to) see. 이렇게만 쓰기도 합니다.

| CRUZ | (if this is what you want) Okay. Have fun... | 크루즈 (당신이 원하는 게 이런 거라면) 그래요. 어디 한번 즐겨 보시길⋯ |

Cruz hits a button causing the simulator to **come to life** and raise up.

크루즈가 버튼을 누르자 시뮬레이터가 가동되기 시작하며 올라온다.

| MCQUEEN | **This is what I'm talkin' about –❶** | 맥퀸 내가 원하는 게 바로 이런 거란 말이지 – |

Magnetic wheel guards rotate up and secure McQueen's tires.

자석식 바퀴 보호대가 올라와 맥퀸의 타이어를 안정시킨다.

MCQUEEN	Whoa, didn't know about those.	맥퀸 워, 이런 게 있는 줄은 몰랐네.
SIMULATOR	Prepare to race.	시뮬레이터 경주할 준비를 하십시오.
MCQUEEN	What did it say? Is it talking?	맥퀸 얘가 뭐라는 거지? 이게 지금 말을 하는 건가?
SIMULATOR	The **Green flag** is out.	시뮬레이터 녹색기가 나왔습니다.
MCQUEEN	I don't see the flag. W- What do I do?	맥퀸 깃발 안 보이는데, 나-난 뭘 해야 하지?
CRUZ	Go!	크루즈 출발해요!
MCQUEEN	Go?	맥퀸 가라고?
CRUZ	Go!	크루즈 가라고요!

The simulator takes off and McQueen feels like a **city slicker** on a **mechanical bull**.

시뮬레이터가 출발하고 맥퀸은 성난 황소 기계에 올라탄 이런 와일드한 것은 처음 해 보는 전형적인 도시인과 같은 기분이다.

| MCQUEEN | Okay. Whoa! Huh, that's **sensitive**. Ah, ah... Ah! | 맥퀸 오케이. 워 야. 이놈 예민하네. 아, 아⋯ 아! |

McQueen hits a wall.

맥퀸이 벽에 부딪힌다.

| SIMULATOR | You have hit a wall. | 시뮬레이터 벽에 부딪혔습니다. |
| MCQUEEN | Sh-Shouldn't be this hard! Should it?! Ah! | 맥퀸 이-이렇게 어려울 필요는 없잖아! 그래야 하는 건가?! 아! |

McQueen hits a wall.

맥퀸이 벽에 부딪힌다.

---

come to life 생명을 얻다, 활기를 띠다
magnetic wheel guard 자석식 바퀴 보호대
green flag 녹색기 (자동차 경주에서 경기 시작 신호)
city slicker 전형적인 도시인, 샌님, 서울 깍쟁이
mechanical bull (로데오 경기의) 황소기계
sensitive 예민한, 민감한

❶ **This is what I'm talkin' about.**
내가 원하는 게 바로 이런 거였단 말이요.
상대방이 내가 원하는 대로 결정(행동)했을 때
'그래 바로 그거야, 이제야 말을 알아듣는군'
이라는 의미로 쓰는 표현이에요. talkin'은
-ing(잉)이 아닌 -in(인)으로 자연스럽게
표기(발음)했습니다.

SIMULATOR	You have hit a wall.	시뮬레이터 벽에 부딪혔습니다.
CRUZ	You're fighting the simulator – just race like you always do!	크루즈 시뮬레이터와 겨루고 있는 거예요 – 원래 레이스하는 것처럼 하면 돼요!

McQueen hits a wall.

맥퀸이 벽에 부딪힌다.

SIMULATOR	You have hit a wall.	시뮬레이터 벽에 부딪혔습니다.
MCQUEEN	There can't be this many walls on a regular track!	맥퀸 보통 트랙에는 이렇게 벽이 많지 않다고!
SIMULATOR	You have been passed by Jackson Storm.	시뮬레이터 당신은 잭슨 스톰에게 추월 당했습니다.
MCQUEEN	Wait, Storm's in here?!	맥퀸 잠깐, 스톰이 이 안에 있다고?!
CRUZ	For motivation! Storm races at 207. **Pick it up,**[1] Mr. McQueen!	크루즈 동기부여를 위해서요! 스톰은 시속 207마일로 달려요. 더 속도를 내요, 맥퀸 씨!
MCQUEEN	I'm trying!	맥퀸 노력하는 중이에요!

Track **straightens out** for a moment.

트랙이 잠시 일자로 쭉 뻗어있다.

MCQUEEN	(at top **exertion**) ARRRR...Goooo!...ARRR.	맥퀸 (최대한 속도를 내며) 아그그…가자고! 으가갸.

The simulator **shimmies**.

시뮬레이터가 요동친다.

Cruz looks up at Sterling who gives a concerned reaction, **attempts** to help McQueen. McQueen hits a wall.

크루즈가 걱정된 표정으로 보고 있는 스털링을 올려보고 맥퀸은 도우려고 한다. 맥퀸이 벽에 부딪힌다.

MCQUEEN	Ah!	맥퀸 아!
SIMULATOR	You have hit a wall.	시뮬레이터 당신은 벽에 부딪혔습니다.
CRUZ	Mr. McQueen – come down from there and we'll work you up to this.	크루즈 맥퀸 씨 – 거기서 내려오세요 앞으로 더 열심히 훈련합시다.

---

straighten out 일자로 쭉 뻗게 하다. (문제, 상황 등을) 바로잡다

exertion 노력, 분투, (권력, 힘, 영향력의) 행사

shimmy 요동치다, 엉덩이와 어깨를 흔들며 움직이다

attempt 시도하다

❶ **Pick it up.**
속도를 올려요.
Pick up은 '~을 집어 올리다'라는 뜻인데, 위 장면에서는 '속도를 올리다, 더 빨리 가다'라는 의미로 쓰였습니다. 문맥에 따라 의미 파악을 잘해야 합니다.

McQueen leans out to talk to Cruz, looking away from simulator screen.

맥퀸이 시뮬레이터 스크린에서 눈을 돌리고 크루즈에게 말하기 위해 몸을 기울인다.

MCQUEEN   I am fine, Cruz! I can do it, okay? – whoah!

맥퀸 전 괜찮아요, 크루즈! 할 수 있다고요, 알았어요? – 워어!

바로 이장면!

McQueen **careens** through the virtual pit area causing **mayhem**. [See Mr Toad]

맥퀸이 가상 피트 구역으로 돌진하면서 아수라장을 만든다. [토드 씨를 보며]

MCQUEEN   (careening) Ah!

맥퀸 (돌진하며 달려간다) 아!

SIMULATOR You have jumped a **barrier**.

시뮬레이터 장애물을 뛰어넘었습니다.

MCQUEEN   (bumpy road vocs)

맥퀸 (울퉁불퉁한 길 가상 작동 컨트롤 시스템)

MCQUEEN   Sorry!

맥퀸 미안해요!

SIMULATOR You have **maimed** two vehicles.

시뮬레이터 차량 두 대를 박살 냈습니다.

MCQUEEN   Ah!!

맥퀸 아!!

SIMULATOR You have **destroyed** a **drinking fountain**.

시뮬레이터 식수대를 파괴했습니다.

Animated ambulances and fire trucks move in.

가상의 앰뷸런스와 소방차가 들어온다.

MCQUEEN   AAaaaaaaaaaaahhhhhhhhhhhhHHH!!! Ah! Ah! Ah! Ah!

맥퀸 아아아!!!!!! 아! 아! 아! 아!

SIMULATOR You have **disabled** an ambulance. You are **on fire**.

시뮬레이터 앰뷸런스를 망가뜨렸습니다. 몸에 불이 났습니다.

CROWD   (screaming)

관중 (비명)

SIMULATOR Danger. Danger.

시뮬레이터 위험. 위험.

CROWD   (screaming)

관중 (비명)

---

careen (차량이나 사람이 위태롭게) 달리다, 질주하다
mayhem 아수라장
barrier 장애물
maim 박살 내다, 망쳐놓다, 불구로 만든다
destroy 망가뜨리다
drinking fountain (식당이나 복도의) 식수대, 작은 분수대
animated 동영상으로 된, 만화 영화로 된
disable 망가뜨리다, 고장 내다

on fire 불이 난, 불타는

McQueen drives back onto the track going the wrong way.

맥퀸이 다시 트랙에 올라 반대 방향으로 간다.

SIMULATOR   You are going the wrong way.

시뮬레이터   반대 방향으로 가고 있습니다.

MCQUEEN   Look out!!

맥퀸   조심해!!

SIMULATOR   Turn back. Turn back.

시뮬레이터   뒤로 돌아가십시오. 뒤로 돌아가십시오.

[Shot of Sterling looking on, concerned]
Since McQueen is going the wrong way, the entire virtual field is now **bearing down on** him. McQueen, **panicked**, struggles to free himself of the magnetic foot **restraints**.

[스털링이 걱정스러운 눈빛으로 바라보는 장면]
맥퀸이 반대 방향으로 가고 있으므로 이젠 가상 경주장 전체가 그를 향해 돌진하고 있다. 맥퀸은, 공황상태에서, 자석식 발 안전 구속장치에서 벗어나려 발버둥 친다.

MCQUEEN   (with effort) Turn it off! Turn it off! **Get these things – offa me!!**[1] Whooooooaa! (struggles; **breaks free**)

맥퀸   (온 힘을 다해) 꺼 주세요! 이거 당장 꺼요! 내 몸에서 이것을 떼라고요! 우오오! (발버둥 치며; 구속에서 빠져나온다)

McQueen breaks his tires free. The field is upon him! The simulator throws him forward.

맥퀸이 그의 타이어들을 구속장치에서 떼어낸다. 경주장이 그의 위를 덮치고 있다! 시뮬레이터가 그를 앞쪽으로 던져버린다.

MCQUEEN   (thrown forward)

맥퀸   (앞쪽으로 던져진 상태)

SIMULATOR   You have crashed. You have crashed.

시뮬레이터   당신은 충돌사고가 났습니다. 충돌사고가 났습니다.

McQueen's front end crashes through the back side of the simulator screen! Cruz rolls up.

맥퀸의 앞쪽 끝부분이 시뮬레이터 스크린의 뒤쪽을 충돌하며 뚫고 나온다!
크루즈가 다가온다.

CRUZ   Are you all right?

크루즈   괜찮아요?

SIMULATOR   You have crashed.

시뮬레이터   사고가 났습니다.

MCQUEEN   I have crashed.

맥퀸   사고가 났네요.

Sparks, lights **flicker**, cut outside, the whole **facility loses power**.

불꽃이 튀고, 라이트가 깜박거리고, 장면이 외부로 옮겨지며 시설 전체가 정전된다.

---

bear down on ~에게 돌진하다, ~을 누르다
panicked 크게 당황한, 공황상태인
restraint 구속장치, 규제, 통제, 구속
break free 헤어나오다, 빠져나오다
flicker 깜박거리다
facility 시설
lose power 정전되다

❶ **Get these things offa me!**
내 몸에서 얘네들을 떼내!
누군가가 나를 잡고 있을 때 '이 손 놔!' '저리 가!'라는 뜻으로 Get off (of) me! 라고 하는데 이때 off 뒤에 of는 붙여도 되고 떼도 됩니다. 어차피 구어체에서는 of 부분이 잘 들리지 않기 때문에 빼는 경우가 더 많습니다. 위의 문장에서 나온 offa는 off of를 붙여서 발음 나는 대로 표기했습니다.

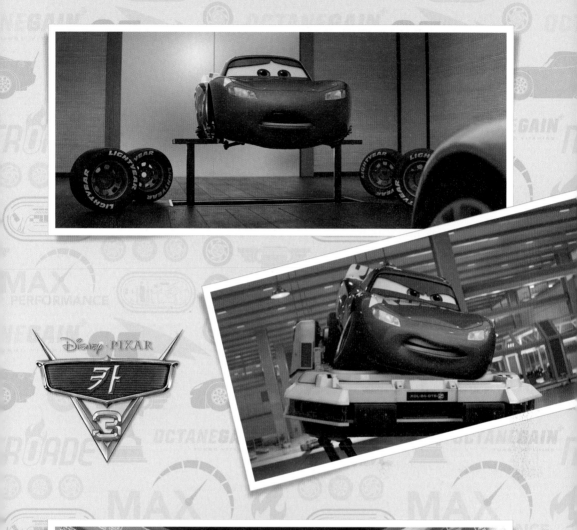

Making a Deal with Sterling
스털링과의 협상

🎧 13.mp3

INT. RUST-EZE RACING CENTER – OUTSIDE STERLING'S OFFICE – NIGHT
Lightning listens **sheepishly** as the **muffled** voices of Sterling and Cruz can be heard **debating** inside. A Pittie cleans the floor as McQueen stares.

내부. 러스티-즈 레이싱 센터 – 스털링의 사무실 밖 – 밤
스털링과 크루즈가 안에서 논쟁하고 있는 소리가 작게 들리는 가운데 라이트닝이 조심스럽게 듣고 있다. 정비공이 바닥을 청소하고 있는 모습을 맥퀸이 보고 있다.

CRUZ (walla) It's not easy for him. Are you sure? Give him another chance. I can still work with him...Can't you just...? We still have time.

크루즈 (웅성웅성) 이 일이 그에게 쉬운 일은 아니에요. 정말 그러시게요? 그에게 한 번만 더 기회를 주시죠. 제가 그와 함께 노력해 볼게요… 정말 안 될까요…? 아직 시간은 충분히 있어요.

STERLING (walla) Cruz, just relax. I will. I will talk to him. I know he's your project. Yes. Cruz, let me **handle** this my way. Thank you.

스털링 (웅성웅성) 크루즈, 진정하게. 그렇게 할 거야. 내가 그에게 얘기해 보지. 물론 그를 맡은 건 자네라는 것 아네. 그래. 크루즈, 이 일은 내 방식대로 하게 해 주게. 고맙네.

MCQUEEN Whoa.

맥퀸 워.

MILLIE You're **all washed up,**❶ McQueen!

밀리 당신도 이제 완전 볼 장 다 봤군요, 맥퀸!

MCQUEEN I'm... I'm sorry. What?

맥퀸 내가… 내가 뭐 어떻게 됐다고?

MILLIE 'Said floor's all washed up, and clean!

밀리 바닥청소가 다 끝났다고 했어요. 아주 깨끗하게!

MCQUEEN Oh, right.

맥퀸 아, 그랬군요.

Abruptly, Cruz exits the office and quietly moves by McQueen.

갑자기, 크루즈가 사무실에서 나오고 맥퀸 옆으로 조용히 지나간다.

CRUZ (whispers) Good luck.

크루즈 (속삭인다) 행운을 빌어요.

This confuses McQueen. Sterling at the open door.

이 말에 맥퀸이 헷갈린다. 문이 열린 상태로 스털링이 보인다.

---

sheepishly 조심스럽게, 소심하게
muffled (소리가 잘 들리지 않게) 죽인, 낮춘
debate 논쟁하다, 토의하다
handle 조정하다
abruptly 갑자기

❶ **All washed up.**
볼 장 다 봤다. / 청소가 끝났다.
이 문장은 위 장면에서 두 번 언급됐는데요, 첫 번째는 '볼 장 다 봤어' 즉 맥퀸이 시뮬레이터 테스트에 실패한 것을 보고 동료가 '너 끝장났어'라는 뉘앙스로 말했고요, 두 번째는 앞서 뱉은 말을 무마하느라 '청소가 끝났어'라고 말했답니다. Wash up을 중의적으로 재미있게 표현했네요.

STERLING (welcoming) Hey! Lightning! C'mon in! Got somethin' to show ya.
(**pauses for effect**) You ready?

스털링 (환영하며) 이봐! 라이트닝! 들어오게! 보여 줄 게 있네.
(효과를 내려고 일부러 잠시 멈추며) 준비됐나?

MCQUEEN Ah... For what?

맥퀸 아… 무슨 준비 말씀이시죠?

Lightning rolls forward into the office. He sees an amazing **array** of Lightning McQueen branding materials - standees - product advertising - movie posters, etc.

라이트닝이 사무실로 들어간다. 그가 들어가자 라이트닝 맥퀸의 로고가 박힌 물건들이 쭉 진열된 것이 보인다 – 그의 브로마이드 – 상품 광고 – 영화 포스터, 등등

MCQUEEN Wow.

맥퀸 우와.

STERLING You are about to become the biggest brand in racing.
We are talking **saturation** on all continents for every **demographic**. Movie deals, **infomercials**, product **Endorsements**...

스털링 자네는 이제 곧 레이싱계에서 가장 잘 팔리는 상품이 될 몸이라네.
전 세계의 모든 대륙과 인간들의 관심이 포화상태에 이르는 걸 얘기하고 있는 거야. 영화 계약, 홈쇼핑 업계, 광고 업계…

McQueen moves through the displays.

맥퀸이 진열된 것들을 쭉 둘러본다.

MCQUEEN Mud flaps?

맥퀸 흙받이 판?

STERLING Of course. **We'll be rich beyond belief**❶ – you think you're famous now? haha.

스털링 물론이지. 우린 말도 안 되게 부자가 될 거라네. 이미 자네가 유명한 것 같나, 겨우 이 정도로? 하하.

MCQUEEN I thought you'd be mad about the simulator. I mean, this is all great Mr. Sterling, I guess, but I don't know – I've never really thought of myself as a brand...

맥퀸 난 당신이 시뮬레이터 건으로 화가 나셨을 줄 알았어요. 그러니까 이게 다 좋아 보이기는 하는데요, 스털링 씨, 그런데, 글쎄요 – 전 저 자신이 그렇게까지 대단하다고 생각해 본 적이 없어서…

STERLING Oh, nor do I. I'm a fan. Maybe your most **avid**. I think of this as your Legacy.

스털링 오, 나도 마찬가지네. 난 팬이라고. 어쩌면 자네의 가장 열렬한. 난 이것을 자네의 역사적 유산이라고 생각하네.

MCQUEEN Heh – That sounds like something that happens after you're...done racing–

맥퀸 헤 – 그건 레이싱계에서 은퇴하고 나서 해야 하는 말처럼 들리는데요.

Sterling says nothing.

스털링이 잠자코 있다.

---

pause for effect 특정 효과를 내려고 잠시 멈춤

array 집합체, 모음, 무리, 배열

saturation 포화상태, 포화

demographic 인구 통계학의, 인구구조

infomercial 홈쇼핑 광고, 해설식 광고

endorsement (공개적인) 지지, 보증

avid 열렬한, 열심인

❶ **We'll be rich beyond belief.**
우린 말도 안 되게 부자가 될 거라네.
Beyond는 '~을 넘어서는, 초월하는'이라는 뜻입니다. 이 단어 뒤에 belief를 넣으면 '믿기지 않을 정도로 엄청나게'라는 강조용법으로 쓰이죠. 예를 들어, I'm shocked beyond belief. '난 믿기지 않을 정도로 엄청나게 충격을 받았다' 이렇게요.

MCQUEEN   Mr. Sterling, what is this about?

STERLING   (SIGH) Look, Lightning. I'm not gonna race you.

MCQUEEN   What? What do you mean not race me...?

STERLING   Hold on, hold on...

MCQUEEN   I'm not going to Florida?

STERLING   Lightning... (takes a breath) You have no idea how excited I was to get you here because I knew, I KNEW you'd be back. It was gonna be the comeback story of the year! But...your speed and performance just aren't where they need to be. I'm sorry.

Sterling heads to the window overlooking the training center.

MCQUEEN   (disbelief) We're talking about speed on the simulator. Listen to how crazy that sounds!

STERLING   Look, I'm trying to help you. As your sponsor, yes, but also as your friend. Your racing days are **coming to an end**. Every time you lose, you damage yourself.

MCQUEEN   Damage the brand you mean.

STERLING   Oh Lightning, come on. **You've done the work.**❶ Now move on to the next **phase** and **reap** the **reward**.

MCQUEEN   The racing IS the **reward**. Not the STUFF. I don't want to **cash in**, I want to **feel the rush** of moving two hundred miles an hour, inches from the other guys, pushing myself faster

---

맥퀸 스털링 씨, 왜 이런 말씀을 하시는 거죠?

스털링 (한숨을 쉰다) 이 보게, 라이트닝. 난 자네를 경주하게 하지 않을 걸세.

맥퀸 뭐라고요? 저를 경주하게 하지 않을 거라니 그게 무슨 말씀…?

스털링 잠시만, 잠시만…

맥퀸 제가 플로리다에 가지 않게 될 거라는 말씀인가요?

스털링 라이트닝… (숨을 고른다)자네를 이곳에 영입할 때 내가 얼마나 기뻤었는지 모를 걸세. 왜냐하면 자네가 재기할 걸 알았으니까. 더없이 멋진 올해의 재기 스토리가 될 거였고. 그런데… 자네의 속도나 실력이 그러기엔 다소 모자라는 구석이 있다네. 유감이네.

스털링이 창가로 다가가 훈련장을 바라본다.

맥퀸 (믿을 수 없이) 고작 시뮬레이터에 나온 숫자로 판단하면 안되죠. 그건 미친 짓이에요!

스털링 이 보게, 난 자네를 도우려고 이러는 거야. 자네의 스폰서로서, 맞아. 하지만 또한 자네의 친구로서 말이야. 이제 자네의 레이싱 커리어는 끝이 온 것 같아. 자네가 질 때마다, 스스로 큰 타격을 입는다고.

맥퀸 회사 이미지에 타격을 준다는 얘기겠죠.

스털링 오 라이트닝. 왜 이러나. 자네는 할 만큼 했어. 이제 다음 단계로 넘어가서 보상을 거둬드릴 때야.

맥퀸 레이싱 그 자체가 내겐 보상이에요. 다른 것들엔 관심 없다고요. 난 큰돈을 벌고 싶지 않아요. 난 시속 200마일로 바로 옆에 나란히 다른 경주차들과 달리면서

---

disbelief 믿을 수 없음, 불신감

come to an end 끝이 오다, 끝나다, 죽다

phase 단계, 시기, 국면

reap 거두다, 수확하다, 거둬들이다

reward 보상, 보답

cash in 돈을 거둬들이다, 큰돈을 벌다, 청산하다

feel the rush 격렬한 흥분감/기쁨을 느끼다

❶ **You've done the work.**
넌 할 만큼 했어.
본인이 해야 할 일을 문제없이 충분히 잘 해냈다는 의미로 쓰는 표현이에요. '네 몫은 충분히 했다' '넌 할 만큼 했어'라고 해석하면 자연스러워요.

than I thought I could go! That's the reward, Mr. Sterling.

나 자신의 능력보다 더 빨리 달리기 위해 애쓰는 그런 흥분감을 느끼고 싶다고요. 그게 내겐 보상이에요. 스털링 씨.

Sterling still **unconvinced**.

스털링은 아직 믿을 수 없다는 듯한 표정.

STERLING Oh Lightning, come on.

스털링 오 라이트닝, 자네 왜 이러나.

MCQUEEN (gathers) Look. I can do this. I can, I promise! I'll train like I did with Doc! I'll get my tires dirty on every dirt track from here to Florida. (gestures out window) I can start right there on Fireball Beach where all the old greats used to race!

맥퀸 (마음을 가다듬고) 보시죠. 전 할 수 있어요. 할 수 있다고요. 약속드리죠! 닥과 훈련했던 때처럼 훈련할 거예요. 여기에서 플로리다까지 가는 길에 있는 모든 흙을 밟으며 내 타이어들을 더럽게 만들 거예요. (창밖을 가리키며) 예전 위대한 레이서들이 경주했던 바로 저 파이어볼 비치에서부터 시작할 겁니다!

STERLING Get your tires dirty. THAT'S...how you're gonna get faster than storm?

스털링 타이어를 더럽게 하겠다. 지금 그렇게 해서 스톰보다 더 빨리 달리겠다는 건가?

MCQUEEN Yes! **Exactly!**[1] I mean, **sacred** dirt, right? Mr. Sterling. If you care about my legacy – the one that Doc started you'll let me do this! (beat) I promise you – I will win!

맥퀸 네! 바로 그거지요! 그건 성스러운 흙이에요, 안 그래요? 스털링 씨, 제가 남길 역사적 유산에 대해 관심이 있다면 – 닥이 시작했던 바로 그것 – 그렇다면 제가 이렇게 하도록 두세요 해요! (잠시 정적) 약속해요 – 꼭 승리할 거예요!

바로 이 장면!

STERLING I don't know. What you're asking – it's too **risky**.

스털링 글쎄, 자네가 요구하는 건 – 너무 위험부담이 크네.

MCQUEEN C'monnnn. (beat) You like it, **I can tell.**[2] It's got that little **comeback** story of the year feel to it, doesn't it?

맥퀸 아 정말 왜 이러세요. (정적) 당신도 맘에 드시잖아요, 딱 보니까 알겠는데요 뭐. 그 말씀하신 올해의 재기 스토리가 뭔가 하는 그런 느낌이 팍팍 오잖아요, 안 그래요?

Sterling long pause. Sterling not quite convinced.

스털링의 긴 침묵. 스털링은 별로 내켜 하지 않는 표정.

STERLING (a LONG pause before) One race? (McQueen waits.) If you don't win at Florida, you'll **retire**?

스털링 (긴 침묵 후) 딱 한 번? (맥퀸이 기다린다.) 플로리다에서 우승하지 못하면, 은퇴하겠는가?

---

unconvinced 확신하지 못하는
sacred 성스러운
risky 위험부담이 있는, 위험한
comeback 복귀, 재기
retire 은퇴하다

❶ **Exactly!** 바로 그거지요!
상대방 말에 긍정하며 '내 생각과 당신 생각과 일치한다'라는 의미예요.

❷ **I can tell.** 딱 보니까 알겠는데요.
동사 tell은 '~에게 말해주다'라는 의미로 주로 쓰이지만 '알다, 판단하다, 구별/식별하다'라는 뜻도 있습니다. 지금과 같은 문맥에서는 '보면 알 수 있다/판단할 수 있다'는 뜻으로 해석해야 해요.

MCQUEEN   Look, if I don't win I'll sell all the mudflaps ya got! But if I do win, I decide when I'm done. Deal?

STERLING   (long pause) **Deal.**[1]

MCQUEEN   Thank you, Mr. Sterling. **You won't be sorry!**[2]

STERLING   (**interrupts** him with...) Just one thing – and this is only because I don't like **taking chances**. You're taking someone with you.

맥퀸 봐요, 제가 우승을 못 하면 당신네 회사에 있는 흙받이 재고를 모두 다 팔아 줄게요! 하지만 제가 우승하면, 제 은퇴 시기는 제가 결정하는 거로 하죠. 계약체결?

스털링 (긴 침묵) 체결.

맥퀸 고마워요, 스털링 씨 후회하지 않을 거예요!

스털링 (맥퀸의 말을 끊으며...) 한 가지만 – 이건 내가 요행을 바라는 걸 좋아하지 않기 때문에 하는 얘긴데. 누군가를 같이 데리고 가 줘야겠네.

---

interrupt 중단하다, 방해하다
take one's chances 요행을 바라다, 되는대로 하다

❶ **Deal? / Deal.** 계약체결? / 오케이.
계약(약속)할 때, 단어 끝을 올려 Deal? 하면 대답 역시 Deal.이라고 하며 끝을 내립니다.

❷ **You won't be sorry!** 후회하지 않을 거예요!
상대방에게 어떤 제안을 한 후 이대로 내가 하자는 대로 하면 후회 없는 선택이 될 것이라고 상대방의 긍정적인 결정을 부추길 때 쓰는 표현이랍니다.

Training on the Beach
해변 위에서의 훈련

🎧 14.mp3

Sand dunes – pan over to find Cruz awkwardly dragging a high tech **crash cart** across the sand. Picture your mom with too much luggage on vacation in Cairo.

모래 언덕 – 카메라가 돌면서 모래 위에서 첨단 구조 운반차를 어색하게 끌고 가는 크루즈를 비춘다. 당신 엄마가 엄청 많은 짐을 지고 카이로(이집트의 수도)에서 휴가를 보내고 있는 모습을 상상해 보면 된다.

CRUZ (calls out; exertion) You talked him into it! Way to go, Mr. McQueen!

크루즈 (외친다; 끙끙대며) 당신이 그를 꼬드겼군요! 참 잘도 하셨네요, 맥퀸 씨!

MCQUEEN (Sigh) Cruz...

맥퀸 (한숨을 쉬며) 크루즈…

CRUZ (exertion) You could talk a – snowmobile – into an air conditioner.

크루즈 (끙끙대며) 스노모빌을 꼬드겨서 에어컨으로 만들어보는 건 어떠세요?

MCQUEEN You're going with me? With that thing?

맥퀸 당신이 저랑 같이 가시는 건가요? 그걸 들고요?

CRUZ Yeah! You still need my help. You're **brittle** like a fossil!

크루즈 네! 아직 내 도움이 필요해요. 당신은 화석처럼 깨지기 쉬운 존재라서요!

While she talks, Cruz gets her **equipment in place** while she fiddles with buttons and knobs which **pop out** a treadmill and turns the machine on. It **WHINES** to life.

크루즈는 말을 하면서 장비를 꺼내어 장착한 후 버튼들과 손잡이들을 조작하여 러닝머신이 툭 튀어나오게 하고 그것의 스위치를 켠다.

CRUZ (walla)

크루즈 (웅성웅성)

MCQUEEN I don't need a trainer out here, Cruz.

맥퀸 이곳까지 와서 트레이너는 필요 없어요, 크루즈.

CRUZ You're old. What if you fall on this beach and can't get up?

크루즈 당신은 늙었어요. 여기 해변에서 넘어져서 못 일어나시면 어쩌려고 그래요?

MCQUEEN Well **life's a – beach and then you drive.**❶

맥퀸 뭐 인생이란 게 원래 왕짜증이라서 그냥 운전하고 가는 거죠.

He **looks to** Luigi and Guido.

그가 루이지와 귀도에게 도움을 청하듯 바라본다.

---

crash cart 구조 운반차
brittle 깨지기 쉬운, 불안정한
equipment 장비
in place 제자리에, ~을 위한 준비되어 있는
pop out 툭 튀어나오다
whine (기계가) 끼익 소리를 내다, 낑낑/끙끙대다
look to someone for something ~에게 도움 청하듯 바라보다

❶ **Life's a beach and then you drive.**
뭐 인생이란 게 원래 짜증 나는 거라서 가는 거죠.
원래 표현은 Life's a bitch and then you die. '인생은 원래 짜증 나는 것(직역: 개 같은 것)'이고 그냥 살다가 죽는 거지'이에요. 힘든 상황을 겪거나 나쁜 경험을 했을 때 쓰는 표현이랍니다.

LUIGI	Haha! Oh, McQueen!	루이지 하하 오, 맥퀸!
GUIDO	Ahhh ha ha haha!	귀도 아아 하 하 하하!
MCQUEEN	Thank you.	맥퀸 고맙군.

Final **adjustments**.

마지막 조정.

CRUZ	This is beautiful. I can see why Mr. Sterling said you've wanted to train out here. As soon as this thing's **booted up**, we'll get you on the treadmill and I'll track your speed.	크루즈 아름다워요. 스털링 씨가 왜 당신이 여기에서 훈련하고 싶어 할 거라고 말했는지 알겠어요. 자 이제 작동 준비되면 러닝머신에 올라타시고 저는 속도를 체크할게요.
MCQUEEN	What?! No! The whole idea is getting' my tires dirty – real racing! I'm not drivin' on that thing when I've got the sand – and the whole Earth!	맥퀸 뭐라고요?! 안돼요! 여기까지 나온 건 내 타이어에 흙을 묻혀서 더럽게 만드는 진짜 훈련을 하려는 거라고요. 거기에 올라타서 훈련하는 짓 따위는 안 할 거예요. 여기 이렇게 모래가 있는데, 이 좋은 땅이 있는데 말이에요.
CRUZ	(surprised) Oh. Okay... (she **turns it off**)	크루즈 (놀라며) 오, 그래요... (기기의 전원을 끈다)
MCQUEEN	Luigi! Let's do this!!	맥퀸 루이지! 자 이제 시작해 보자고!!

McQueen starting line. Luigi in his position as **official starter**.

맥퀸이 출발선에 서 있다. 루이지는 공식 출발 알림 심판처럼 준비하고 있다.

LUIGI	Welcome racers to Fireball Beach! Historic home for today's great test of speed. Our finish line will be the **abandoned pier in the distance**!	루이지 파이어볼 해변에 온 모든 레이서들을 환영합니다! 오늘날의 위대한 속도 테스트의 역사적 장소죠. 결승선은 저 멀리 폐허가 된 부두입니다.

바로 이장면!*

McQueen gently **twists** his tires so they **settle** just a bit into the sand for better **traction**. Cruz watches.

맥퀸이 그의 타이어들을 부드럽게 뒤틀어서 모래 위에서 미끄러지지 않도록 자리를 잡아준다. 크루즈가 보고 있다.

MCQUEEN	(to himself, as he twists) Alright. Quicker than quick, faster than fast, I am speed...	맥퀸 (스스로, 뒤틀면서) 좋았어. 신속한 것보다 더 신속하게, 빠른 것보다 더 빠르게, 나는 스피드...

---

adjustment 조정, 수정, 적응

boot up 켜다, 시스템을 작동시키다

turn off 끄다

official starter 공식 출발 신호를 알리는 심판

abandoned 폐허가 된, 버려진

pier 부두

in the distance 저 멀리

twist 뒤틀다

settle 자리를 잡다, 정리하다, 해결하다

traction (차량 바퀴 등의) 정지 마찰력

CRUZ	That is great **self motivation** – **did you come up with that?!**❶	크루즈	자가동기부여 방식이 아주 좋은데요 – 그거 스스로 생각해 내신 건가요?!
MCQUEEN	(proud) Yeah I did.	맥퀸	(우쭐해서) 당연하죠.
LUIGI	**On your mark! Get set! Gooooo!**	루이지	제자리에! 준비! 땅!

McQueen **guns** it and speeds along the beach – **skidding** to a stop after passing under the pier.

맥퀸이 총알같이 출발해서 해변을 타고 속도를 낸다 – 부두 밑으로 지나면서 끽 소리를 내며 미끄러지듯 멈춘다.

MCQUEEN	(to self) Wooohooo! There ya go! Felt good! (beat) (calls back) Hey?! What was my speed?	맥퀸	(스스로) 우후! 바로 이거라고! 완전 좋아! (정적) (뒤를 보고 외친다) 이봐요?! 속도가 어떻게 나왔나요?
CRUZ	(calls out) I don't know. I can only track you on the treadmill!	크루즈	(외친다) 모르겠어요. 저는 러닝머신에서만 속도를 잴 수 있어요!

McQueen reacts – **CRAP** – he hadn't thought of that.
Cut. McQueen rolls to starting line.

맥퀸의 반응 – 맙소사 – 그 생각은 못 했다. 장면 전환. 맥퀸이 출발선으로 옮겨간다.

MCQUEEN	NO treadmills...	맥퀸	아니 이런 러닝머신이라니…
CRUZ	Oh! What about Hamilton?!	크루즈	오! 해밀턴은 어떨까요?!
HAMILTON	Hamilton here.	해밀턴	해밀턴 여기 있어요.
MCQUEEN	Who's Hamilton?	맥퀸	해밀턴이 누구죠?
CRUZ	My electronic **personal assistant** – you know, like on your phone. You do have a phone, don't you?	크루즈	제 전자 개인 비서 – 폰에 있는 것 같은. 폰은 있죠, 없나요?
MCQUEEN	Racecars don't have phones, Cruz.	맥퀸	경주용 차에는 폰은 없어요, 크루즈.
CRUZ	Hamilton, track Mr. McQueen's speed and report it.	크루즈	해밀턴, 맥퀸 씨의 속도를 재서 알려줘.

---

self-motivation 자기동기부여
On your mark! Get set! Go! 제자리에! 준비! 땅!
gun 총알처럼 빨리 달리다
skid (차량 등이) 끽 소리를 내며 미끄러지다
crap 〈속어〉 허튼소리, 헛소리, 쓰레기 같은 것
personal assistant 개인 비서

❶ **Did you come up with that?!**
그거 스스로 생각해 낸 건가요?
'어떤 아이디어를 착안해내다/생각해 내다라는 의미로 가장 많이 쓰는 표현으로 think of something과 come up with something이 있습니다. 예를 들어, You need to come up with something better. '조금 더 괜찮은 아이디어를 생각해 내야 할 거야' 이렇게 쓰이죠.

HAMILTON   Tracking.

해밀턴 측정 중.

CRUZ   I'll stay as close as I can. Your suit will **transmit** your speeds to Hamilton.

크루즈 최대한 가까이 붙어있을게요. 당신의 차체에서 해밀턴에게 속도를 전송해 줄 거예요.

MCQUEEN   Fine. Whatever. Let's do this!
(rushed) Quicker than quick faster than fast I am speed. Come on, Luigi!

맥퀸 알았어요. 뭐 어찌하든. 자 해 보자고!
(서두르며) 신속함보다 더 신속하게 빠르보다 더 빠르게. 난 스피드야. 자 어서, 루이지!

LUIGI   On your mark! Get set! And Go!

루이지 제자리에! 준비! 출발!

Hamilton **counts out** McQueen's speed until it **goes out range**.

해밀턴이 맥퀸의 속도를 재다가 범위에서 벗어난다.

HAMILTON   Forty six miles per hour...Sixty three miles per hour... (BEEP BEEP) Out of range. Out of range. Out of range.

해밀턴 시속 46마일… 63마일… (삐 삐) 범위 넘음. 범위 밖. 범위 밖.

McQueen and Cruz gun it but McQueen takes off and Cruz **doesn't go anywhere**, her wheels **spinning sand**.

맥퀸과 크루즈가 초고속으로 출발하는데 맥퀸은 달려가고 크루즈는 그 자리에 그대로 있다. 그녀의 바퀴가 모래 위에서 헛도는 중.

CRUZ   (to self) Huh. That's odd...

크루즈 (스스로) 흠. 거 참 이상하네…

McQueen realizes Cruz' not with him. He looks back and she's still at the starting line, spinning sand. She stops.

맥퀸은 크루즈가 옆에 없다는 것을 알아챈다. 그가 뒤를 돌아보니 그녀가 아직도 출발선에 서 있다. 모래 위에서 헛돌면서. 그녀가 멈춘다.

CRUZ   (calls out) I didn't go!

크루즈 (멀리 외친다) 전 안 갔어요!

Cut. McQueen returns to her.

장면 전환. 맥퀸이 그녀에게 돌아온다.

MCQUEEN   On sand you gotta **ease into** your start so your tires can **grab**. Okay?

맥퀸 모래 위에서는 살살 시작해야 타이어가 바닥을 잡아줄 수 있어요. 알겠죠?

CRUZ   Okay.

크루즈 네.

MCQUEEN   You do work with race cars, don't you?

맥퀸 경주용 차와 같이 일하는 거 맞죠. 안 그런가요?

CRUZ   Yeah, but never outside.

크루즈 네. 그렇지만 한 번도 외부에서 해 본 적은 없어요.

---

transmit 전송하다, 송신하다

count out 재다, 하나씩 세다

go out of range 범위를 벗어나다

not go anywhere 움직이지 않다, 있던 자리에 그대로 있다

spin sand 모래 위에서 앞으로 나아가지 못하고 빙빙 헛돌다

ease into (일 등에) 서서히 익숙해지게 하다

grab 잡다

| MCQUEEN | (to Luigi) All right. Let's go again! | 맥퀸 | (루이지에게) 좋았어. 다시 해 보자고! |
| LUIGI | Go! | 루이지 | 출발! |

This time the two take off okay.

이번에는 둘이 같이 문제없이 출발한다.

HAMILTON	Fifty four miles per hour...Seventy five miles per hour...	해밀턴	시속 54마일··· 75마일···
MCQUEEN	There ya go.	맥퀸	바로 그거야.
HAMILTON	(BEEP BEEP) Out of range. Out of range. Out of range.	해밀턴	(삐 삐) 범위 넘음. 범위 밖. 범위 밖.
MCQUEEN	Huh?	맥퀸	엥?

McQueen looks back – she's **off course** in the softer sand sitting there.

맥퀸이 뒤돌아본다 – 그녀가 코스에서 벗어나 더 무른 모래 속에 갇혔다.

CRUZ	Sorry! **Got stuck!**❶	크루즈	죄송해요! 갇혔네요!
MCQUEEN	Go again!	맥퀸	다시 가자고!
LUIGI	And Go!	루이지	다시 출발!

Cut. McQueen racing, looks back. She's in the ocean.

장면 전환. 맥퀸 달리다가 뒤돌아본다. 그녀가 바다에 빠졌다.

| CRUZ | Sorry! | 크루즈 | 죄송! |
| LUIGI | Go! | 루이지 | 출발! |

Cut. McQueen looks back and Cruz is **spinning donuts in the sand out of control**.

장면 전환. 맥퀸이 뒤돌아보고 크루즈가 제어불능상태에서 모래 위에 도넛 모양을 만들며 헛돌고 있다.

| CRUZ | Whoaaaooaaooa. | 크루즈 | 오우워. |

---

off course 코스/진로에서 벗어나서
spin donuts in the sand 모래 위에서 도넛 모양을 만들며 빙빙 헛돈다
out of control 제어불능상태인

❶ **Get stuck.**
갇혔어요.
Get stuck의 쓰임새도 다양합니다. 먼저 위 장면처럼 모래사장에 푹 빠져서 꼼짝달싹 못 할 때, 말이 막힐 때, 차가 막힐 때, 뭔가 집중해서 착수할 때 등 다양한 의미로 쓰인답니다.

LUIGI   Go!

Cut. McQueen **looks back** and Cruz is **literally** lowering into the sand with **rooster tails** of sand **shooting up on all sides**.

CRUZ   The beach ate me.

루이지   출발!

장면 전환. 맥퀸이 뒤돌아보니 크루즈가 과장 하나도 안 보태고 그야말로 수탉 꼬리 모양의 흙먼지를 사방으로 쏘아대며 모래 속으로 점점 빠져들어 가고 있다.

크루즈   해변이 날 먹어버렸어요.

---

look back 뒤를 돌아보다

literally 말 그대로, 문자 그대로

rooster tail 수탉 꼬리

shoot up 위로 쏘다

on/from all sides 사방팔방에서, 곳곳에서

A Cute Crab
귀여운 게

🎧 01.mp3

[**CROSS DISSOLVE** – LATER]

[전 장면과 새 장면이 겹쳐짐 – 얼마 후]

MCQUEEN (frustrated) Alright Cruz – pick a line – on the **compacted** sand. You gotta have traction, or you're gonna spin out. Let's do this thing!

맥퀸 (답답해하며) 자 크루즈 – 선 하나를 선택해요 – 단단한 모래 위로. 마찰력이 있어야만 해요, 안 그러면 튕겨 나간다고요. 자 이제 해봅시다!

LUIGI On your mark! Get set. Go!

루이지 제자리에 준비. 출발!

Now they take off okay and she's with him, Hamilton reading out miles per hour.

이제 그들이 잘 출발하고 그녀가 그와 함께한다. 해밀턴은 시속 몇 마일인지 알려주고 있다.

HAMILTON One twenty two... One thirty four... (BEEP BEEP) Out of range.

해밀턴 122… 134… (삐 삐) 범위 벗어남.

바로 이장면!*

McQueen looks back – Cruz is stopped on the beach in the **right kind of sand**.

맥퀸이 뒤돌아본다 – 크루즈가 특별한 문제없는 모래 위 해변에 멈춰 서있다.

MCQUEEN Now what?!

맥퀸 또 뭐죠?!

CRUZ I didn't want to hit a crab.

크루즈 게를 치고 싶진 않았다고요.

MCQUEEN **You gotta be kidding me!**❶

맥퀸 아 정말 장난하니!

CRUZ What? It was cute.

크루즈 왜요? 귀여운 게였단 말이에요.

MCQUEEN Aiiiigh!!

맥퀸 아이 진짜!!

Cut. **Dusk**, Cruz and McQueen FINALLY are on the starting line with all things **in order**.

장면 전환. 땅거미. 크루즈와 맥퀸이 마침내 아무 문제없이 제대로 출발선에 섰다.

---

cross dissolve 전 장면과 새로운 장면이 겹침

compacted 꽉 찬, 탄탄한

right kind of sand ~을 하기에 적당한 모래

dusk 땅거미

in order (말, 행동 등이 특정 상황에) 알맞은/적절한, 제대로 된

❶ **You gotta be kidding me!**
아 정말 장난하니!
상대방이 말도 안 되는 말이나 행동을 하거나 믿기지 않는 상황이 벌어졌을 때 '지금 장난하니!' '아니 어찌 이런 말도 안 되는 일이!'라는 어감으로 하는 표현이에요.

<u>MCQUEEN</u>	(tired) All right. One last chance to try this before it gets dark. (beat) Now...you're gonna take off slow to let your tires grab...
<u>CRUZ</u>	Yes.
<u>MCQUEEN</u>	And pick a straight line on hard sand so you don't spin out.
<u>CRUZ</u>	Uh huh.
<u>MCQUEEN</u>	And **ALL of the crabbies have gone nite nite...**❶
<u>CRUZ</u>	Mr. McQueen...
<u>MCQUEEN</u>	Alright. Let's go again.
<u>LUIGI</u>	And Go!

맥퀸 (지쳐서) 자, 이제 어두워지기 전에 시도할 수 있는 마지막 기회예요. (정적) 이제… 타이어가 바닥에 착 감기며 나갈 수 있도록 천천히 출발해야 해요.

크루즈 네.

맥퀸 그리고 딱딱한 모래 위로 한 선을 선택해야 해요. 그래야 옆으로 튀어 나가지 않을 테니까.

크루즈 알겠어요.

맥퀸 그리고 귀여운 게 친구들은 모두 잠자러 들어갔어요.

크루즈 맥퀸 씨…

맥퀸 좋아요. 그럼 다시 한 번 가 봅시다.

루이지 자 출발!

They race along the beautiful beach at dusk. Cruz is **keeping up** – not spinning out – and the speed is being read by Hamilton.

<u>HAMILTON</u>	One hundred fifty miles per hour... One seventy five... One ninety six... One ninety seven...

McQueen finally crosses under the pier. He's **winded** but **elated**.

<u>MCQUEEN</u>	Wooooohoo! All right, finally! You made it. **Congratulations!** How'd I do?
<u>CRUZ</u>	(bad news) You **topped out** at one ninety eight.
<u>MCQUEEN</u>	One ninety eight... that's it?!

그들이 황혼이 지는 아름다운 해변을 따라 레이스를 한다. 크루즈가 잘 따라가고 있고 – 튕겨 나가지 않고 – 해밀턴이 속도를 읽어주고 있다.

해밀턴 시속 150마일… 175… 196… 197…

맥퀸이 드디어 부두 밑을 지나간다. 숨은 차지만 기쁨에 들떠 있다.

맥퀸 우우후! 좋아요. 마침내! 해냈군요! 축하해요. 속도는 잘 나왔나요?

크루즈 (나쁜 소식) 최고 속도가 198밖에 안 나왔어요.

맥퀸 198… 그게 다예요?!

---

keep up 처지지 않고 잘 따라가다. (동일한 정도로) ~을 계속하다
winded 숨이 찬
elated 기쁨에 들떠 있는. 신이 난
Congratulations! 축하해!
top out 최고기록이 ~에 그치다

❶ **All of the crabbies have gone nite nite.**
귀여운 게 친구들은 모두 잠자러 들어갔어요.
부모가 아기에게 '이제 코~ 자러 갈 시간이야'라고 말할 때 It's time to go nite nite 이렇게 말한답니다. 여기에서 nite은 night를 귀엽게 표현하려고 일부러 발음 나는 대로 표기한 것이고요. 극 중에서 맥퀸이 크루즈를 아기 취급하듯 놀리면서 하는 문구였네요.

| CRUZ | Still slower than Storm. | 크루즈 | 여전히 스톰보다 느려요. |

Cut. They roll over the dune toward Mack.

장면 전환. 그들이 모래언덕을 넘어서 맥에게 가고 있다.

| MCQUEEN | Wasted my whole day... |

맥퀸 하루를 통째로 다 허비해 버렸네…

| CRUZ | I wouldn't say that – it did feel great to be out here doing real racing! |

크루즈 전 그렇게 생각하지 않아요 – 이곳에 나와서 진짜 레이싱을 하는 기분이 정말 끝내줬어요!

| MCQUEEN | That isn't real racing! We're on a beach. All you do is go straight. How'm I gonna get faster if I don't- |

맥퀸 그건 진짜 레이싱이 아니에요! 우린 지금 해변에 있다고요. 앞으로 쭉 가기만 했다고요. 내가 어떻게 더 빨리 갈 수 있겠느냐고요. 만약 내가…

McQueen spots a SIGN AT THE SIDE OF THE ROAD.
SPARKS GAP – left THUNDER HOLLOW –
Right Lightning moves closer. Cruz follows.

맥퀸이 길옆에 있는 표지판을 본다.
스팍스 갭 – 왼쪽엔 썬더 할로우 – 오른쪽
라이트닝이 더 가까이 다가간다. 크루즈가 따라온다.

| MCQUEEN | (remembering) – Thunder Hollow... Thunder Hollow! There's a **dirt track** there. That's what I need – to race against – actual racers. |

맥퀸 (기억을 더듬으며) 썬더 할로우… 썬더 할로우 저쪽에 비포장도로 트랙이 있어요. 내가 필요로 하는 게 바로 저거예요 – 실제 레이서들을 상대로 경주하는 것.

Luigi and Guido roll over.

루이지와 귀도가 다가온다.

| LUIGI | No! Too public! If the press find you, they will be like many, many bugs – on you! |

루이지 안돼! 너무 공개적이야! 언론에서 널 찾아내면, 엄청나게 많은 벌레처럼 다다다닥 붙어버릴 거라고 – 너에게!

| GUIDO | (spits, **disgusted**) Paparazzi! |

귀도 (침을 퉤 뱉으며, 혐오스럽다는 듯) 파파라치!

| MCQUEEN | Guys, I really need this. |

맥퀸 얘들아, 난 정말 이게 필요해.

| MACK | Eh – **Just leave it to me.**❶ Boss. (Bond-voice) I am a master of **disguise**. |

맥 에 – 그냥 제게 맡겨줘요. 대장. (007의 제임스 본드 같은 목소리로) 제가 변장의 대가거든요.

EXT. THUNDER HOLLOW SPEEDWAY – NIGHT – ESTABLISHING
Lights shine on the BIG SIGN for a SMALL-TOVIN ASPHALT RACING TRACK – the **locals tail-gating** or making their way inside.

외부. 썬더 할로우 경주장 – 밤 – 건설 중
불빛들이 스몰-토빈 아스팔트 레이싱 트랙의 큰 표지판을 비춘다 – 지역주민들이 경주장 밖에서 파티를 벌이고 있거나 안으로 스멀스멀 들어오고 있다.

---

dirt track 비포장도로 트랙
disgusted 혐오스러워하는, 역겨워하는
disguise 변장
establish 설립하다, 창립하다
locals 지역 주민들
tail-gate (옥외에서) 자동차의 뒷문을 열고 음식을 먹다, (다른 차의 뒤를) 바짝 따라 달리다

❶ **Just leave it to me.**
그냥 제게 맡겨줘요.
어떤 일을 내가 알아서 다 처리할 테니 나에게 맡기라고 할 때 쓰는 표현이에요. Leave to ~는 '~에 맡기다, ~하게 내버려 두다라는 의미의 숙어랍니다.

91

EXT. THUNDER HOLLOW SPEEDWAY – REMOTE SPOT – NIGHT
A photographer takes photos of cars in front of the "I Got My Tires Dirty at Thunder Hollow" sign.

<u>PHOTO PITTIE</u>   Alright. Next!

Mack has the trailer disguised as – FLOCKO JOCKO PARTY SUPPLY. BEHIND HIM: Luigi spins mud on McQueen to hide his **identity** while Guido watches. Luigi finishes. Cruz is not present.

<u>MACK</u>   (whistles)

<u>MCQUEEN</u>   Blech. COUGH COUGH. (spits)

<u>MACK</u>   You sir are officially **incognito**. Nobody's bothering you.

<u>LUIGI</u>   The great Lightning McQueen.

Guido **scrapes** enough mud to turn Lightning's 95 into a 15.

<u>MCQUEEN</u>   I can feel it, guys – tonight is the night I find my speed!

<u>TRACK P-A ANNOUNCER (V.O.)</u>   Racers, get on over to the startin' line! **Puhhhronto!**

Lightning heads toward the track.

EXT- THUNDER HOLLOW SPEEDWAY – TRACK – NIGHT
McQueen approaches the starting line...
A **GOOD OL' BOY** OFFICIAL approaches. The lights are **dim** and about the only they can see is the circular track.

<u>MCQUEEN</u>   Alright. No more straight lines – just a **good old fashioned oval.**

<u>ROSCOE</u>   Hey now! You that **out-of-towner?**

외부. 썬더 할로우 경주장 – 멀리서 비춤 – 밤
사진사가 "난 썬더 할로우에서 내 타이어를 더럽혔다네"라고 쓰여 있는 표지판 앞에 있는 차들의 사진을 찍고 있다.

사진 담당 정비공 좋아요. 다음!

맥이 "플로코 조코 파티 공급" 트레일러 차량으로 변장하고 왔다.
그의 뒤로: 루이지가 맥퀸에게 그의 정체를 숨기기 위해 진흙을 바퀴로 튀기고 있고 귀도가 망을 보고 있다. 루이지 완료. 크루즈는 여기에 없다.

맥 (휘파람을 분다)

맥퀸 웩, 콜록 콜록. (침을 뱉는다)

맥 당신은 이제 공식적으로 신분을 위장했습니다. 아무도 귀찮게 하지 않을 거예요.

루이지 위대한 라이트닝 맥퀸.

귀도가 라이트닝의 05 번호를 15로 바꾸기 위해 진흙을 긁어낸다.

맥퀸 느낌이 온다. 얘들아 – 오늘 밤 난 나의 속도를 알게 될 거야!

장내 아나운서 (목소리만) 레이서 여러분. 출발선에 서 주십시오! 지금 당장!

라이트닝이 트랙 쪽으로 향한다.

외부– 썬더 할로우 경주장 – 트랙 – 밤
맥퀸이 출발선으로 다가선다.
전형적인 스타일의 심판이 다가선다. 불빛이 희미해지고 보이는 것은 원형 트랙뿐이다.

맥퀸. 좋았어. 이제 더 이상 일직선은 없어 – 오로지 옛날 그대로의 타원이 있을 뿐이야.

로스코 이 봐! 타지 양반?

---

remote 먼, 외딴
identity 정체, 신원, 신분
whistle 휘파람을 불다
blech 토할 것 같을 때 '웩'하는 소리
cough 기침하다, 콜록콜록하는 소리
incognito 신분을 위장한, 가명/익명으로
scrape 긁다, 긁어내다

pronto 〈비격식〉 빨리, 당장 (대본에서는 특별히 강조하기 위해 Puhhhronto! 라고 함)
good ol' boy 〈비격식〉 (미국 남부에서) 전형적인 백인 남자 스타일; ol'는 ole이라고 쓰기도 하는데 old를 발음 나는 대로 표기한 것
dim 불빛이 희미한, 어두운, 흐릿한
good old fashioned 옛날 그대로의, 예전의 좋았던 시절의
oval 타원형, 계란형
out-of-towner 타지 사람

MCQUEEN	Uh, yes! That's me. Chester Whipplefilter.	맥퀸 아, 네! 저예요. 체스터 위플필터.

Cruz **steps up**, surprising McQueen.

크루즈가 다가서고, 맥퀸이 놀란다.

CRUZ	– And I'm... Frances Beltline.	크루즈 – 그리고 전… 프랜시스 벨트라인이에요.
MCQUEEN	(**keeping appearances**) Cruz?! What are you doing?	맥퀸 (아무렇지도 않은 척) 크루즈?! 뭐 하는 거예요?
CRUZ	I'm trainer. 'Gonna track your speed from the **infield**, Whipplefilter.	크루즈 전 트레이너예요. 내야에서 당신의 속도를 잴 거라고요. 위플필터 씨
MCQUEEN	Fine, **just stay out of the way.**❶ Excuse me sir – where are the other racers?	맥퀸 좋아요. 방해하지만 말아 주세요. 실례지만 – 다른 레이서들은 어디에 있나요?
ROSCOE	They'll **be along**. We always let our guests start right up front.	로스코 아 곧 올 거요. 우린 항상 손님들을 맨 앞에서 출발할 수 있도록 배려하거든.

The official darts out of the way.

심판이 재빨리 물러선다.

---

step up 다가서다, 올라서다
keep appearances 아무렇지도 않은 듯 체면을 유지하다
infield 내야
be along 당도하다, 오다, 따라붙다

❶ **Just stay out of the way.**
방해하지만 말아주세요.
자기와 상관없는 일에 관여하지/끼어들지 말고
빠져 있으라고 할 때 Stay out of로 시작하는데,
강조하기 위해서 그 앞에 You나 Just를 넣기도
하죠. 예를 들어, You stay out of this! '넌
이 일에서 빠져!' 이렇게 말이에요.

Demolition Derby
데몰리션 더비

🎧 16.mp3

We hear the **opening notes** of a SPACE ODYSSEY **show-starter**. And the first roar from the crowd **swells**.
BEHIND MCQUEEN AND CRUZ – SILHOUETTES OF RACERS approach as the music builds.

쇼 시작을 알리는 영화 '스페이스 오디세이'의 음악이 나온다. 그리고 관중의 함성이 점점 커지기 시작한다.
맥퀸과 크루즈의 뒤쪽 – 음악 소리가 점점 커지면서 레이서들의 실루엣이 다가선다.

TRACK P-A ANNOUNCER (V.O.) WELCOME y'all to Thunder Hollow Speedway for tonight's **edition** Of... CURRRRAAAZY EIGHT!!

장내 아나운서 (목소리만) 오늘 밤 크레에~~~이지 8의 경주에 참여하기 위해 썬더 할로우 경주장에 오신 여러분들 모두 모두 환영합니다.

The announcer punches a button in his booth. **Explosives** blow in stacked tires throughout the track - one - a pair - many **in succession**, then ending with one huge blast.
We reveal that we're on a "FIGURE 8" **DEMOLITION DERBY** COURSE -a combo of dirt, mud and asphalt.
Back with McQueen and Cruz - smoke clears, **shards** of tire rubber **rain down** and a flaming tire rolls past them. McQueen and Cruz are stunned.

아나운서가 그의 부스에서 버튼을 누르자 트랙에 죽 늘어선 타이어들에서 하나둘씩 차례로 폭죽이 터져 오르고 마지막으로 거대한 폭발과 함께 마무리한다.
일반 흙과 진흙과 아스팔트 콤보 코스인 "피겨 8" 데몰리션 더비 코스에 왔다는 것이 드러난다.
다시 맥퀸과 크루즈를 비춘다 – 연기가 사라지고 타이어 고무의 파편들이 비 오듯이 쏟아지고 불타오르는 타이어 하나가 그들 사이를 굴러간다. 맥퀸과 크루즈가 당황해 한다.

MCQUEEN Did he say Crazy 8?
REACT- TIRE!

맥퀸 지금 크레이지 8이라고 했나요?
반응 – 타이어!

McQueen and Cruz **cast glances** to each other, terrified.

맥퀸과 크루가 서로 경악에 가득 찬 눈빛을 교환한다.

TRACK P-A ANNOUNCER (V.O.) Race Fans! You know what time it is! It's time to meet tonight's challengers!

장내 아나운서 (목소리만) 레이스 팬 여러분! 지금이 몇 시인지 아시죠! 지금은 오늘 밤의 도전자들을 만날 시간입니다!

Rolling into view: a **motley** collection of **BATTERED** TRUCKS, CARS, **DENTED** BUSES, BROKEN AMBULANCES, PIZZA PLANET DELIVERY TRUCK.

모습을 드러낸다: 고물 트럭들과 자동차들, 움푹 팬 버스들, 고장 난 앰뷸런스들, 피자 행성 배달 트럭들이 마구 뒤죽박죽 섞여 있는 모습.

---

opening notes 오프닝 음악

show-starter 쇼 시작을 알리는 것

swell 부풀다, 증가하다

edition (출간 횟수를 나타내는) 판, (시리즈 간행물, 방송물의 특정) 호/회

explosives 폭죽, 폭발물

in succession 차례로, 잇달아, 계속하여

demolition 파괴, 폭파

derby 더비, (동일 지역 내 스포츠 팀들끼리) 시합; 경주/경마 대회

shard 파편/조각

rain down 비 오듯이 내리다/떨어지다

cast a glance ~을 힐끗 보다

motley (서로 어울리지 않는 사람들 또는 사물들이) 잡다하게 섞인

battered 낡은, 구타당한, 심한 공격을 받은

dent 움푹 들어간 곳

DR. DAMAGE	Wee-oo, Wee-oo, Wee-oo, Wee-oo (ambulance siren)	닥터 데미지	위-우. 위-우. 위-우. 위-우 (앰뷸런스 사이렌 소리)
ARVY	Have a nice trip! (laugh)	캠핑카	좋은 여행 되세요! (웃는다)
APB (POLICE CAR)	**Protect and swerve!**❶	지명수배 (경찰차)	보호하고 방향을 확 틀어라!
HIT, RUN, BLINDSPOT	(laugh)	뺑소니, 사각지대	(웃는다)
PILEUP	Wooohooohooo!	연쇄충돌	우후후!

We go...

우린 간다…

BACK ON – McQueen and Cruz.

다시 비춤 – 맥퀸과 크루즈.

바로 이장면!＊

MCQUEEN	Cruz, this isn't what I thought it was – come on – follow me and we'll **slip out**.	맥퀸	크루즈, 내가 생각했던 그런 게 아닌데요. 자 어서 – 날 따라와요. 우리 몰래 빠져나가야 해요.

They turn to look and someone is locking the gate.

그들이 살피려고 뒤돌아보는데 누군가 문을 걸어 잠그고 있다.

ROSCOE	Rule number one. The gate closes? You race.	로스코	규칙 하나. 문이 잠긴다? 넌 레이스를 한다.

Reveal pitty spraying number "20" on Cruz

정비공이 크루즈에 스프레이로 20번이라고 쓰고 있다.

CRUZ	(GASP)	크루즈	(허걱하며)
CRUZ	Wait! No, no, no! I'm not a racer!	크루즈	잠깐 아냐. 아냐. 안돼요! 난 레이서가 아니에요!
ROSCOE	Rule number two. Last car standing wins. And rule number three. No **cursing**, it's Family Night!	로스코	규칙 둘. 마지막까지 쓰러지지 않고 서 있는 차가 우승한다. 그리고 규칙 셋. 욕하기 없기. 오늘 밤은 가족과 함께하는 밤이야!
MCQUEEN	Excuse me sir...	맥퀸	저기요 실례지만…

APB 전국 지명 수배(령) (= all-points bulletin)
hit & run 뺑소니
blind spot 사각지대, 맹점
pileup (일, 서류의) 산적 (자동차의) 다중/연쇄충돌
slip out 몰래 빠져나가다, 재빠르게 나가다
curse 욕하다, 저주하다, 욕, 악담

❶ **Protect and swerve!**
보호하고 방향을 확 틀어라!
미국 로스앤젤레스 경찰의 모토/좌우명이 To protect and to serve인데 그 문구를 글자 하나만 바꿔서 장난스럽게 쓴 것이에요. 여기에서 swerve는 '갑자기 방향을 확 바꾸다/틀다'라는 뜻이랍니다.

CRUZ	Wait! No! I'm just a trainer!	크루즈	잠시만 아니에요! 전 그냥 트레이너라고요!

A battered car drives by **honking**. McQueen and Cruz jump and turn back around to make sure no one is behind them.

고물차 한 대가 경적을 울리며 지나간다. 맥퀸과 크루즈는 뛰어오르고 뒤로 돌면서 다른 차들이 그들 뒤에 서지 않도록 애쓴다.

SUPERFLY	Wooooooooooo! Ha, haaa!	슈퍼파리	우우! 하, 하아!
MCQUEEN	Ah!	맥퀸	아!
PUSHOVER	(laugh)	푸시오버	(웃는다)

TRACK P-A ANNOUNCER (V.O.)   And **make way for** the **undefeated** Crazy Eight champion, the **Diva** of Demolition, Miss Fritter!!!!

장내 아나운서 (목소리만) 자 이제 단 한 번도 패한 적이 없는 크레이지 8의 챔피언, 파괴의 여왕, 미스 프리터가 나가십니다. 길을 비켜 주세요!!!!

An especially **rough-looking CONTESTANT** slowly drives up behind them. **Flashpots!**

특별히 거칠어 보이는 선수가 그들의 뒤로 서서히 다가선다. 타이어 폭죽들 펑펑!

MCQUEEN	Ah!	맥퀸	아!

MISS FRITTER	(to her **MATES**) **Boo**. Hahaha! **Lookie** here boys! We got us a couple rookies. I'm gonna call you **Muddy Britches** and you Lemonade.	미스 프리터	(그녀의 친구들에게) 우워. 하하하! 여기 좀 봐라, 얘들아! 내게 진짜 초짜들 둘이 왔네. 내가 너를 진흙 반바지라고 부르고 또 하나는 레모네이드라고 부르마.
ARVY	Hey! Neither one of them has a single dent!	캠핑카	이것 봐! 얘네 둘 다 흠집이 하나도 없어!
MISS FRITTER	Oh, I'm gonna fix that! Hahaha!	미스 프리터	오, 그렇다면 내가 고쳐주지! 하하하!

TRACK P-A ANNOUNCER (V.O.)   (along with the crowd) Alright Everybodyyyyy. Let's...go... RAAACIN'!

장내 아나운서 (목소리만) (관중과 다 함께) 좋아요, 여러∼∼∼분. 우리… 다 같이… 레이싱을 떠나 봅시다!

CROWD	Let's...go... RAAACIN'!	관중	레∼이싱을 떠나 보자!

---

honk 경적을 울리다

pushover 호락호락한 사람, 봉, 호구

make way for someone ∼을 위해 길을 비키다/터 주다

undefeated 단 한 번도 패한 적이 없는, 무패의

diva ∼계의 여왕, 디바, (특히 오페라의) 유명 여가수

rough-looking 거칠어 보이는

contestant 선수, 참가자

flash pot (특수효과용) 폭죽 장치

mate 동료, 친구

boo (사람을 놀라게 하는) 우워, 어이, (야유 소리) 우우

lookie 보라; rookie와 라임을 만들기 위해 look 뒤에 ie를 붙인 말장난

muddy 진흙투성이인, 진창인

britches (무릎 바로 아래서 여미게 되어 있는) 반바지 (= breeches)

| CROWD | (CHEERS) |

...and McQueen and Cruz are shoved forward, chaos instantly surrounding them. No escape. Pure **calamity**.

| MCQUEEN | Ahh! (beat) Ah! |

| MISS FRITTER | I'm about to commit a moving violation! |

| MCQUEEN | Whoa! |

| TRACK P-A ANNOUNCER | (react – banging button) |

Cruz pulls over and **pathetically** and partially hides behind a stack of tires, trembling.

| MCQUEEN | Cruz, what are you doing?! 'Gotta keep moving!! |

| CRUZ | I shouldn't be out here! |

| MCQUEEN | Move, Cruz! Move! |

McQueen pushes her out from behind the tires JUST as a demolition racer crashes into the stack of tires in which Cruz **didth hideth**.
McQueen and Cruz survive the first lap – ready to enter the intersection of the "EIGHT." **Banged-up rigs** already coming from left-and-right.
Lightning and Cruz **slalom** through the danger-zone, the local boys hootin' and hollerin' as they smash together.
Cruz is having a tough time turning. McQueen yells back instructions to Cruz on how to "**drift**" in the dirt.

| CRUZ | Whaddo I do?! I can't steer! |

| MCQUEEN | Turn right to go left! Turn right to go left! |

| CRUZ | **That doesn't make any sense!**❶ |

관중 (갈채를 보낸다)

…맥퀸과 크루즈는 앞쪽으로 떠밀리고, 순식간에 혼돈으로 빠져든다. 탈출구가 없다. 완전한 재앙.

맥퀸 아야! (정적) 아!

미스 프리터 난 지금 주행 위반을 저지르려는 참이야!

맥퀸 워우!

장내 아나운서 (반응 – 버튼을 쾅쾅 치며)

크루즈가 옆으로 빠져나와 불쌍하게 부분적으로만 타이어 더미 뒤에 숨어있다. 두려움에 부르르 떨며.

맥퀸 크루즈, 뭐 하는 거예요?! 계속 움직여야 해요!!

크루즈 난 여기 있을 게 아니에요!

맥퀸 움직여요, 크루즈! 움직이라고!

맥퀸이 타이어 뒤에 있는 그녀를 밀어서 나오게 하는데 파괴용 레이서 한 대가 크루즈가 숨어있던 타이어 더미를 부수며 들어온다. 맥퀸과 크루즈가 첫 번째 바퀴를 생존하고 "8"의 교차로에 들어가기 직전이다. 상처 입은 대형트럭들이 벌써 좌우에서 다가오고 있다. 라이트닝과 크루즈가 위험지역을 활강하여 통과하는데 그들이 서로 쾅 부딪히자 동네 청년들이 폭소를 터뜨리며 신나서 고함을 치고 있다. 크루즈는 돌아서기조차 힘겹다. 맥퀸이 뒤돌아서 흙 속에서 "드리프트" 하는 방법을 크루즈에게 소리친다.

크루즈 난 어떻게 해야 돼요? 핸들을 움직일 수가 없어요!

맥퀸 왼쪽으로 가기 위해 오른쪽으로 꺾어요! 좌회전을 위해 우회전!

크루즈 무슨 말인지 이해가 안 돼요!

---

calamity 재앙

pathetically 불쌍하게, 한심하게

didth, hideth 동사 뒤에 th를 넣는 것은 고어에서 3인칭 현재형 단수 뒤에 쓰던 용법 (여기서는 CRUZ를 성경의 신처럼 묘사함)

banged-up 〈비격식〉 다친, 상처 입은, 두들겨 맞은

rig 대형트럭

slalom 활강하다

drift 핸들을 급작스럽게 꺾어 앞으로 가는 기술

❶ **That doesn't make any sense!**
무슨 말인지 이해가 안돼요!
무엇인가에 대해서 '합리적으로 보인다' '납득/이해가 된다' 라고 할 때 It makes sense라고 표현하죠. 그 반대로 말이 안 되거나 도무지 납득/이해가 되지 않을 때는 It doesn't make sense라고 합니다.

MCQUEEN	Turn right to go left!!	맥퀸 좌회전을 위해 우회전!!

A car is smashed and flies through the air.

차 한 대가 강한 충돌로 인해 공중으로 날아오른다.

JAMBALAYA CHIMICHANGA	Whoo hoo!!!!!	잠발라야 치미창가 우 후!!!!
DR. DAMAGE	(laugh)	닥터 데미지 (웃는다)
MCQUEEN	Whoa! Ah!	맥퀸 웨 아!

Miss Fritter pushes a demolition car, a taxi, another car and McQueen in front of her

미스 프리터가 파괴용 차 한 대, 택시 한 대, 또 다른 차 한 대와 맥퀸을 그녀 앞으로 밀고 간다.

MISS FRITTER	(laugh)	미스 프리터 (웃는다)
BILL	Hey Patty.	빌 이 봐 패티.
PATTY	Oh, hey Bill.	패티 오, 안녕 빌.
MCQUEEN	Ah! Ahha!!	맥퀸 애! 아하!!
MISS FRITTER	(effort-impact)	미스 프리터 (충격을 가하려 힘쓰며)
HIT, RUN	Aaaah!	뺑소니 아아아!
MISS FRITTER	(effort-racing)	미스 프리터 (레이싱을 하려 애쓰며)

T-Bone is **stalled**, but gets hit and can **move again**.

티본이 오도 가도 못하게 되었다가 다른 차에게 타격을 받고 다시 움직일 수 있게 된다.

T-BONE	Wooohooo! **Look Ma!** I can drive!	티-본 우후! 나 봐래 운전할 수 있어!

He **is hit** again and can no longer move.

그는 다시 한 번 타격을 받고 움직일 수 없게 된다.

T-BONE	Aw, man!	티-본 오우, 이런!

---

stalled 오도 가도 못하게 된, 막힌
Look Ma! 나 봐래
be hit 타격을 입다, 치이다

The Wrath of Miss Fritter

미스 프리터의 노여움

🎧 17.mp3

Another car smashes into the **pile** and McQueen gets back into the chaos. He comes close to Arvy and **is sandwiched between** him **and** another car.

또 다른 차가 더미 속으로 돌진하고 맥퀸은 다시 혼돈으로 들어가게 된다. 그가 캠핑카와 가까운 위치에 있는데 캠핑카와 다른 차 사이에 샌드위치처럼 끼게 된다.

ARVY   Nice day for a drive, huh?!

캠핑카 운전하기 좋은 날이야. 그지?!

TAXI   Hey, buddy! **Get the f*** outta my way!**❶

택시 이 친구야! 저리 꺼져!

Arvy goes to smash into McQueen, but instead gets hit by Taxi and runs into the **fencing** – smashing it.

캠핑카가 맥퀸에게 돌진하려고 하다가 택시에 치어 울타리를 들이박는다.

ARVY   Yahooooo! (**maniacal** laugh)

캠핑카 야후! (미친 듯 웃는다)

CROWD   (cheer)

관중 (응원한다)

More smashing.

더 많은 충돌.

TAXI   Hey! I'm drivin' here –

택시 야! 나 운전하고 있잖아 –

The Pizza Planet truck smashes into the taxi.

피자 행성 트럭이 택시를 들이박는다.

ARVY   (laugh)

캠핑카 (웃는다)

A car flies overhead **upside down**.

머리 위로 차 한 대가 거꾸로 날아간다.

PUSHOVER Whoo hoo!!!!!

푸시오버 우 후!!!!

The car overhead **lands on** top of Arvy **motorhome**.

머리 위로 날아가던 차가 캠핑카 위로 떨어진다.

ARVY   (effort-impact) Look at my new hat!

캠핑카 (시도–충격) 내 새 모자 좀 보라고!

MCQUEEN   Ah! Ahhhhhhhhh! Ahhh!

맥퀸 아! 아아아! 아아!

---

pile 더미
be sandwiched between A and B A와 B사이에 끼다
fencing 울타리
maniacal 광인처럼, 미친 사람 같은
upside down 거꾸로 뒤집히다
land on ~로 착지/착륙하다, 떨어지다
motorhome 캠핑카

❶ **Get the f*** outta my way!**
저리 꺼져!
방해되거나 짜증 나는 사람에게 '저리 가!'
'물러서!'라고 하면서 비키라고 할 때 쓰는 표현이
Get out of my way! 예요. 그런데 분노한
감정을 더 격하게 표현할 때는 욕설을 섞어서
f로 시작하는 단어를 넣기도 하는데 이 영화는
어린이들도 보는 영상물이다 보니 대본에서는
f - - -라고만 썼네요.

A **demo racer** is hit and flips, and its rocket flies into the crowd and **is caught by**❶ a fan.

파괴용 레이서 한 대가 타격을 입고 뒤집힌다. 그리고 이 차의 로켓이 관중 속으로 날아가고 이것을 어떤 팬이 잡았다.

BG TBONE	(effort-impact)	비지 티본 (시도–충격)
SUPERFLY	(as he flies) Ahhaha! I'm flyinnnnnn!! No! I'm not flyin'!	슈퍼파리 (날아가면서) 아하하! 내가 날고 있다!! 아냐! 난 날고 있는 게 아니야!
CROWD	(gasp)	관중 (허걱 놀란다)
PAN PITTIE	I got it!!!	팬 정비공 잡았다!!!
CROWD	(cheer)	관중 (갈채를 보낸다)
MCQUEEN	Cruz!	맥퀸 크루즈!
CRUZ	Ahhhhhh!	크루즈 아아아!

The Pizza Planet Truck smashes into the Taxi, causing him to going flying into the back of Dr.Damage.

피자 행성 트럭이 택시를 들이받자 그가 닥터 데미지의 뒤쪽으로 날아간다.

DERBY CARS	(effort-impact)	더비 차들 (시도–충격)
DR. DAMAGE	Wee-oo, Wee-oo, Wee-oo, Wee-oo (ambulance siren)	닥터 데미지 위–우, 위–우, 위–우, 위–우 (앰뷸런스 사이렌 소리)
TACO	(effort-impact)	타코 (시도–충격)
DR. DAMAGE	(effort-impact) Woop, Woop!	닥터 데미지 (시도–충격) 웁, 웁!
TAXI	Hey, Buddy! **Move it!**	택시 이 친구야! 저리 비켜!
CRUZ	Turn right: to go left. Turn right to go left – Whoa, whoa, whoa, whoa, whoa!	크루즈 우회전: 왼쪽으로 가기 위해, 우회전, 좌회전하기 위해 – 워, 워, 워, 워, 워!

Cruz gets battered by three **consecutive incidents** involving a bit of **physical pushing**, loud noises and fast moving cars. She's **spooked** and comes to a stop on the track before the center of the X.

크루즈가 물리적 충돌과 큰 소음과 빠르게 지나가는 차들로 인해 세 번 연속으로 타격을 입는다. 그녀가 두려움에 오싹해지고 X 중간지점 앞에 있는 트랙에서 멈추어 선다.

---

demo racer 파괴용 레이서

Move it! 저리 비켜!

consecutive 연속으로

incident (안 좋은) 사고, 사건

physical pushing 물리적으로 미는 것

spooked 오싹해진

❶ **be caught by**
~에 잡히다.
이 장면에서는 차 부속이 멀리 슝 날아가며 팬이 그것을 (야구장에서 공을 잡듯이) 잡은 상황입니다. 사물을 잡을 때도 이 표현을 쓰지만, 속임수에 넘어갈 때, 법에 걸릴 때, 컴퓨터 바이러스에 감염될 때도 이 표현을 씁니다.

She closes her eyes tight and **hyperventilates**. Miss Fritter **sets her sights on** Taco.

TACO	Ahhhhh!

그녀는 두 눈을 꽉 감고 과호흡 증상을 보인다. 미스 프리터가 타코를 노린다.

타코 아아야!

MISS FRITTER	**Here I come,**[1] boy!

미스 프리터 내가 간다, 꼬마야!

TACO	No! No, no, no, no! (effort-impact)

타코 안돼! 아냐, 아냐, 아냐, 안돼! (시도–충격)

Miss Fritter hits Taco and he flips, smashing into the ground. She sees Cruz and **charges** her.

미스 프리터가 타코를 박고 그가 뒤집히며 땅으로 곤두박질친다. 그녀가 크루즈를 보고 돌격한다.

CRUZ	Oh no!

크루즈 으악 안돼!

Cut to P-A announcer.

장내 아나운서로 장면 전환

TRACK P-A ANNOUNCER (V.O.)	**Buckle up** everybody!

장내 아나운서 (목소리만) 벨트 꽉 매세요, 모두들!

P-A announcer hits a button in booth.
Cut to banner **unfurling** which reads...

장내 아나운서가 부스에 있는 버튼을 누른다. 장면 전환. 휘날리는 깃발에 쓰여있는 문구는…

TRACK P-A ANNOUNCER (O.S.)	...It's...FRITTER TIME!!

장내 아나운서 (화면 밖에서) …지금은…프리터 타임!!!

More tire FLASHPOTS explode in front of banner. The crowd begins to chant. The Fritter Time banner unfurls.

더 많은 타이어 폭죽들이 깃발 앞에서 터져 오른다. 관중이 구호를 외치기 시작한다. 프리터 타임 깃발이 휘날린다.

CROWD	Fritter! Fritter! Fritter!

관중 프리터! 프리터! 프리터!

MISS FRITTER	Fritter! Fritter! Fritter!

미스 프리터 프리터! 프리터! 프리터!

MR. DRIPPY	We love you, Miss Fritter...

미스터 뚝뚝 우린 당신을 사랑해요, 미스 프리터…

MISS FRITTER	Ooooooh yeah!

미스 프리터 우우우 예!

She takes a lap **in anticipation**.

그녀는 기대하는 마음으로 한 바퀴를 돈다.

MISS FRITTER	Your **license plate's** gonna look real nice in my collection.

미스 프리터 내 수집품들 속에서 네 자동차 번호판이 빛을 발할 것이야.

---

hyperventilate 과호흡 증상을 보이다
set one's sights on ~를 노리다
charge 돌격하다
buckle up 벨트 착용을 하다
unfurl 휘날리다
in anticipation 기대하는 마음으로
license plate 자동차 번호판

❶ **Here I come!**
내가 간다!
일상 회화에서 자주 쓰이는 표현인데요. 예를 들어, 어린이들이 숨바꼭질하다가 술래가 '자, 이제 찾으러 간다'라고 할 때 그리고 해외여행을 갈 때 '미국아, 기다려라, 내가 간다!' 이런 상황에도 쓰인답니다.

Cruz is still **frozen in place**, eyes **rightly** closed.

CRUZ　　　　Oh boy!

크루즈는 여전히 두 눈을 꽉 감은 채로 그 자리에 그대로 얼어있다.

크루즈 오 이런!

An Upside Down car next to Cruz offers advice.

크루즈 옆에 고꾸라져 있는 차가 조언을 한다.

JIMBO　　　　Run!

짐보 달아나!

Across the track, on the other side of the "X," McQueen sees that Fritter is charging Cruz.

트랙을 가로질러, "X"의 반대편에 서 있던 맥퀸이 프리터가 크루즈를 가격하는 것을 본다.

MCQUEEN　　　Oh no...

맥퀸 아 안돼…

MISS FRITTER　Remember, obey all **appropriate** street signs!

미스 프리터 기억해둬, 모든 교통 신호를 다 지켜야 해!

MCQUEEN　　　Cruz!

맥퀸 크루즈!

MISS FRITTER　(laugh) Ah!

미스 프리터 (웃는다) 아!

MCQUEEN　　　(effort-straining)

맥퀸 (시도-안간힘을 쓰며)

The crowd **joins in on** "Fritter Time!" McQueen comes through the X and pushes Cruz out of the way (Hurry McQueen!) JUST as Fritter gets there. McQueen, revving and pushing Cruz sprays mud in Fritter's eyes and she **swerves**. Cruz drives off to safety around the track.
She skids out of control away from McQueen and **gets stuck in** the mud.

관중이 "프리터 타임!"을 계속 외치는 중이다. 맥퀸이 X를 가로질러와서 크루즈를 밀어 빼낸다 (서둘러 맥퀸!) 프리터가 막 다다른 그 순간. 맥퀸이 엔진의 회전속도를 높이며 크루즈를 밀며 프리터의 눈에 흙탕물을 튀기고 그녀가 급히 방향을 틀며 휘청거린다. 크루즈가 트랙을 돌아서 안전한 곳으로 빠져나온다.
그녀가 제어능력을 잃고 맥퀸에게서 멀어지며 끼익하면서 미끄러지고 진흙 속에 갇힌다.

MISS FRITTER　(effort-impact/**tip**)

미스 프리터 (시도-충격/기울어짐)

TRACK P-A ANNOUNCER (V.O.)　**Oh my gracious!**❶
　　　　　　　　　　Miss Fritter's down.

장내 아나운서 (목소리만) 오 맙소사! 미스 프리터가 넘어졌어요.

CROWD　　　　Ohhhh!

관중 오오!

---

frozen in place 그 자리에 얼어붙은
rightly 꽉, 꼭
appropriate 적당한
join in on ~에 동참하다, 함께 하다
swerve (자동차가) 갑자기 방향을 틀다
get stuck in ~에 갇히다
tip 기울어지다

❶ **Oh my gracious!**
오 맙소사!
Gracious는 grace에서 파생된 형용사인데, '자애로운, 우아한' 등의 꽤 품위 있는 의미가 담겼습니다. 그런데 감탄사로는 '세상에, 맙소사' 라고 표현한답니다. 우아한 귀부인이 고급스럽게 이 표현하는 것을 상상하면 기억에 잘 남겠죠?

All the remaining competitors are howling **at the prospect of ramming** McQueen, until the entire field hears...

MCQUEEN   (effort-straining)

MISS FRITTER Nobody touches him! He is mine!

HILLBILLY FAN #2 **You gonna get it now,** whipplefilter!

McQueen gets stuck as well...he looks down and notices that Fritter's stop sign is now **WEDGED** in his tire! It's popped and he is **mired** in the mud!
...right in the middle of the EIGHT.
...Cruella Deville in her eyes as she teeters back and forth, trying to get **upright**.

CROWD   Fritter! Fritter! Fritter!

McQueen struggles to get out of the way.

MCQUEEN   Come on. You can do it! Come on. Lightning, keep going. Come on, McQueen.

TRACK P-A ANNOUNCER (V.O.) Miss Fritter is lookin' to get upright, folks, and she is not pleased!

MISS FRITTER (Effort-righting self) You about to feel the **wrath** of the Lower Belleville County Unified **School District**!

Angrily she closes on McQueen.

MCQUEEN   (efforts-straining)

나머지 모든 선수가 들이받을지도 모르는 맥퀸에게 으르렁거리고 있고, 바로 그때 경기장의 모든 이들이 듣게 되는데…

맥퀸 (시도-안간힘을 쓰며)

미스 프리터 그 누구도 그를 건드리지 매 저놈은 내 거야!

촌뜨기 팬 #2 넌 이제 죽었다. 위플필터!

맥퀸 역시 오도가도 못하고 갇힌 상황… 그가 밑을 보니 프리터의 정지 표지판이 그의 타이어에 박혀 있다는 것을 알게 된다! 그것이 튕겨 날아가고 그는 진흙탕에 푹 박혀버렸다!
8의 가장 한가운데에…
… 그녀의 두 눈 안에 크루엘라 데빌이 앞뒤로 흔들흔들 움직이며 똑바로 서려고 하고,

관중 프리터! 프리터! 프리터!

맥퀸이 벗어나려 안간힘을 쓰고 있다.

맥퀸 힘내. 넌 할 수 있어! 힘내라고, 라이트닝, 계속해. 힘내라, 맥퀸.

장내 아나운서 (목소리만) 미스 프리터가 똑바로 일어서려고 하고 있습니다, 여러분, 그리고 그녀는 지금 기분이 매우 언짢습니다!

미스 프리터 (시도-바로 서려고 하며) 넌 이제 남부 밸리빌 카운티 통합 학군의 노여움이 어떤 것인지 맛보게 될 것이야!

분노하며 그녀가 맥퀸에게 점점 다가온다.

맥퀸 (시도-힘겨워하며)

at the prospect of ~하려는 전망이 있는
ram 들이받다
hillbilly 촌뜨기
wedged 꽂혀/박혀 있는
mire 박히다
upright 정자세인
wrath 노여움
school district 학군

❶ **You gonna get it now!**
넌 이제 죽었다!
Get it은 다양한 의미가 있는데, 위의 문맥에서는 '혼내다, 벌하다'라는 의미로 쓰였습니다. 즉 '넌 이제 혼날 거야/죽었다!'라는 뜻이 되었죠. You gonna는 문법적으로 제대로 쓰면 You are going to인데 구어체적으로 표기하다 보니 be동사도 빠지고 going to도 gonna로 표기되었답니다.

McQueen tries to get out of there, but can't. He finally does, **scattering** a pile of tires in front of Miss Fritter as she approaches, **sending her flying** into the "Fritter Time" sign.

MISS FRITTER   No, no, no! No! Ahhhhh!

Mr. **Drippy hastens** to come out onto the track to help Miss Fritter.

MR. DRIPPY   (worried voc)

CRUZ comes blasting by on the opposite side finally doing the correct drift!

TRACK P-A ANNOUNCER   Ladies and gentlemen, we have a winner! Frances Beltline!

CRUZ   Is that me? That's me? I won? I won!

MCQUEEN   Cruz, Cruz, No! No, no, no...

CRUZ   Ah! watch out!

Mr. Drippy trips [avoiding Cruz?] causing his tank to **unplug**, spraying McQueen with water.

MR. DRIPPY   (react-**falling over**) Whoa, whoa, whoa!!

A **crush of** water roars over Lightning. Eyes closed, he **shakes it off** – **unaware for a split second** that his mud disguise is completely gone. A **hush** falls over the **grandstands**, all **except for**...

CROWD   (gasp)

MCQUEEN   (spits out water)

HILLBILLY FAN #2   Whipplefilter?

맥퀸이 거기에서 벗어나려고 하지만 힘겹다. 결국, 그는 그곳에서 벗어나게 되고 그에게 다가오고 있는 미스 프리터의 앞에 타이어 더미를 뿌려댄다. 그로 인해 그녀는 "프리터 타임" 표지판 쪽으로 내던져진다.

미스 프리터 아냐, 아냐, 안돼! 안돼! 아아아!

미스터 뚝뚝이 미스 프리터를 돕기 위해 서둘러 트랙 쪽으로 나온다.

미스터 뚝뚝 (걱정하는 가상 작동 컨트롤)

크루즈가 마침내 제대로 된 드리프트를 하면서 반대편에서 폭발적으로 등장한다.

장내 아나운서 신사 숙녀 여러분, 우승자가 결정됐습니다! 프랜시스 벨트라인!

크루즈 나 말이야? 내가? 내가 우승했다고? 내가 우승했어!

맥퀸 크루즈, 크루즈, 안돼! 안돼, 안돼, 안돼…

크루즈 얘! 조심해요!

미스터 뚝뚝 걸려 넘어지면서 [아마도 크루즈를 피하려다가] 그의 물탱크 마개가 뽑히고 맥퀸에게 물을 분사한다.

미스터 뚝뚝 (반응 반응 - 쓰러지며) 워, 워, 워!!

엄청난 물이 라이트닝에게 굉음과 함께 퍼붓듯이 쏟아진다. 눈을 감은 상태로, 그가 물을 털어낸다 – 위장하느라 썼던 진흙이 다 떨어져 나갔다는 것을 순간적으로 잊은 채. 관중석이 삽시간에 고요해지고, 모두가 조용한 가운데 유일하게 한 사람이…

관중 (허걱)

맥퀸 (입에 있는 물을 뱉어낸다)

촌뜨기 팬 #2 위플필터?

---

scatter 흩뿌리다
send someone fly ~을 날아가게 하다
drippy 액체가 뚝뚝 떨어지는
hasten 서두르다
unplug 플러그를 뽑다
fall over 쓰러지다, 덮치다
a crush of 많은 양의
shake something off ~을 흔들어 털어내다

unaware 잊은, 망각한
for a split second 순간적으로, 아주 잠시
hush '쉬'
grandstand 관중석
except for ~만 빼고

...followed by –

HILLBILLY FAN #2   IT'S LIGHTNING MCQUEEN!!

CROWD   (surprised walla)

MCQUEEN   (gasp)

In quick succession a **ramshackle** trophy is shoved up to McQueen, a Thunder Hollow background **slid** behind him and photographer's Flashbulbs **go off**. **Busted!**[1]

···말이 계속 이어지고 –

촌뜨기 팬 #2   앗, 라이트닝 맥퀸이다!!

관중 (놀라며 웅성웅성)

맥퀸 (숨이 턱 막힌다)

바로 연속적으로 고물같이 닳고 닳은 트로피가 맥퀸에게 내던져지듯 수여되고, 썬더 할로우의 배경이 그의 뒤에서 미끄러지듯 지나가고 사진사들의 플래시가 터진다. 딱 걸렸음!

---

followed by 말이 계속 이어지고
ramshackle 고물같이 닳고 닳은
slid 미끄러지다 (slide의 과거형)
go off 터지다, 울리다

❶ **Busted!**
딱 걸렸다!
Busted는 비격식 표현으로 '못된 짓을 하다가 딱 걸렸다'라는 뜻입니다. Bust가 '부수다'라는 표현 외에 '경찰의 불시 단속, 급습하다'라는 뜻이 있는데 '나쁜 짓을 하다 불시 검문에 딱 걸린' 상황을 연상하면 되겠죠.

Cruz's Dream
크루즈의 꿈

🎧 18.mp3

EXT. TRAILER OPEN ROAD NIGHT
Mack's HORN **BLARES** (**drowning out** the CURSE WORD) as he **high-tails** it away from Thunder Hollow.

INT. TRAILER – NIGHT
Cruz sits next to her **GAUDY** CRAZY 8 TROPHY – knowing a smile is the last thing McQueen wants to see. In the background...

<u>**LOCAL REPORTER (ON TV)**</u>   Fans here at Thunder Hollow – still **buzzing over** tonight's unexpected appearance of Lightning McQueen!

Cruz's eyes can't help but go to the TV SET.❶ McQueen's do the same. He's upset – not so much at Cruz, but at everything.

<u>**MISS FRITTER (ON TV)**</u>   He's always been my favorite! My garage is covered from head-to-toe with 95 posters.

<u>**LOCAL REPORTER (ON TV)**</u>   Tell our listeners at home you weren't really trying to **wreck** him, were you? Wow. Well that was one memorable night of racing in Thunder Hollow, folks.

INT. TRAILER – NIGHT
McQueen sits in silence staring at Cruz. Next to her is the **HIDEOUS** CRAZY 8 TROPHY she just won. She finally speaks–

<u>CRUZ</u>   (timid) So... trophy's kinda nice... Don't ya think?

McQueen says nothing.

외부. 트레일러 개방 도로의 밤
맥이 썬더 할로우에서 벗어나려고 꽁지 빠지게 달아나며 경적을 요란하게 울린다. (그 소리에 묻혀 목청껏 욕하는 사람들의 소리가 들리지 않는다)

내부. 트레일러 – 밤
크루즈가 그녀의 촌스럽고 천박한 크레이지 8 트로피 옆에 앉아 있다 – 맥퀸이 지금 가장 보고 싶어 하지 않는 것이 미소라는 것을 눈치챈 상황. 배경에서는...

지역방송 리포터 (TV) 썬더 할로우에 있는 팬들은 아직도 오늘 밤 라이트닝 맥퀸의 예상치 못했던 등장에 대해서 숙덕거리고 있습니다.

크루즈의 눈이 어쩔 수 없이 TV 수상기 쪽으로 향한다. 그 점에서는 맥퀸도 마찬가지. 그는 화가 났다 – 크루즈에게 라기보다는 이 모든 일에 대해서.

미스 프리터 (TV) 그는 내가 항상 가장 좋아해 왔던 스타예요. 내 차고에 와보면 95라고 쓰여있는 포스터로 가득 차 있을 정도라니까요.

지역방송 리포터 (TV) 집에서 시청하고 계실 시청자 여러분들이 궁금해하실 텐데 설마 그를 정말 박살 내려고 했던 건 아니죠, 그랬나요? 와. 어찌 됐던 썬더 할로우 레이싱 역사상 정말 기억에 남을 밤이었던 것만은 확실하네요, 여러분.

내부. 트레일러 – 밤
맥퀸이 크루즈를 계속 쳐다보며 아무 말 없이 앉아있다. 그녀의 옆에는 그녀가 방금 받아온 흉측한 크레이지 8 트로피가 놓여있다. 그녀가 결국, 입을 뗀다–

크루즈 (소심하게) 음 그러니까… 트로피는 좀 괜찮네요… 안 그래요?

맥퀸은 아무 말이 없다.

---

open road 개방 도로

blare 요란하게 쾅쾅 울리다

drown out (소음이) ~을 들리지 않게 하다

hightail 급히 달아나다

gaudy 촌스럽게 야한, 천박한

buzz over ~에 대해서 수군거리다

wreck 파괴하다. 파손하다. 박살 내다

hideous 끔찍하게 못생긴, 흉측한

❶ 주어 + can't help but + 동사
~을 하지 않고는 못 배기다.
자신의 의지로 막을 수 없을 정도로 무엇을 할 수밖에 없는 상황에 쓰는 숙어적 표현이에요. 예를 들어, I can't help but laugh. '웃음을 참을 수가 없어' 이렇게 쓸 수 있어요.

CRUZ	(awkward **vamping**) I mean, I know you've got like a billion of them, so you would know... (to herself) I still can't believe I won.	크루즈 (어색하게 꾸며댄다) 아 물론, 당신은 이런 게 수도 없이 많다는 건 알지만, 그러니까 아실 것 아네요… (스스로) 내가 우승하다니 아직도 믿기지 않아요.

McQueen still says nothing. Cruz **grasps at straws** now...

맥퀸은 여전히 말이 없다. 크루즈가 이제 지푸라기라도 잡는 심경으로…

CRUZ It's pretty shiny. I have never seen one up close. Looks like they spent a lot of money on it. I mean, I think it's real metal!

크루즈 엄청 반짝거려요. 이렇게 가까이에서 트로피를 보는 건 처음이거든요. 이거 되게 비쌀 것 같아요. 이게 그러니까, 진짜 쇠로 만든 거네요!

MCQUEEN Stop. Just, just stop, okay Cruz? You don't even know... **you don't even have one clue...** ❶

맥퀸 그만. 좀 좀 제발 그만해요, 네, 크루즈? 당신은 모를 거예요… 당신은 아마 전혀 상상도 못 할 거라고요.

CRUZ Hey! I was just trying to –

크루즈 이것 봐요! 난 그저 분위기 좀…

Even Luigi and Guido look in from the **loft** with concern.

심지어 루이지와 귀도 조차도 걱정스러운 표정으로 위층에서 내려다보고 있다.

MCQUEEN Do you know what happens if I lose this race?

맥퀸 이번 경주에서 지면 내가 어떻게 되는지 알아요?

She doesn't answer.

그녀가 대답하지 않는다.

MCQUEEN Every MILE of this trip was to get me faster than Jackson Storm! Faster! I **started off** getting nowhere for a WEEK on a simulator! I lose a whole day with you on Fireball Beach! And then, I waste tonight **in the cross hairs** of Miss Fritter! I'm stuck in the same speed I was a month ago!! I can't get any faster BECAUSE I'M TOO BUSY TAKING CARE OF MY TRAINER!

맥퀸 이번 여행을 하게 된 이유는 하나부터 열까지 모두 다 내가 잭슨 스톰보다 더 빨리 달리기 위한 것이었다고요! 더 빨리요! 시뮬레이터를 통해서는 아무것도 얻지 못하고 첫 일주일을 완전 허비했죠! 게다가 파이어볼 해변에서 당신과 노닥거리다가 온 하루를 버렸어요! 그리고 나서는, 오늘 밤엔 미스 프리터의 표적이 되어서 시간을 낭비했다고요! 내 스피드는 한 달 전이나 지금이나 전혀 달라진 게 없어요! 난 스피드를 늘릴 수가 없어요, 왜냐하면 트레이너를 돌보느라 너무 바쁘거든요.

Cruz is too **startled** to speak.

크루즈는 너무 당황해서 말을 잇지 못한다.

MCQUEEN This is my last chance, Cruz! Last! Final! Finito! If I lose, I never get to do this again! If you were a racer, you'd know what I'm talking about! But you're not! So you don't!

맥퀸 이번이 내 마지막 기회라고요, 크루즈! 마지막! 끝! 종착역! 이번에 지면 나에겐 다시는 기회가 주어지지 않는다고요! 만약 당신이 레이서였다면 내 말이 무슨 말인지 알아들었을 거예요! 하지만 당신은 아니잖아요! 그래서 이해를 못 한다고요!

vamp (up) 꾸며대다, 말을 지어내다
grasp at straws 지푸라기라도 잡으려 한다
loft 다락방, (농장, 공장 건물의) 위층
start off ~으로 시작하다/출발하다
in the cross hairs 표적이 되어
startled 당황한, 놀란

❶ **You don't even have one clue.**
당신은 전혀 상상도 못할 거라고요.
Clue는 '실마리, 단서'라는 의미의 명사인데, 어떤 상황에 대해 전혀 모른, 그 어떠한 실마리도 찾지 못한다고 할 때 don't have a/one clue 혹은 have no clue라는 표현을 쓴답니다. 예를 들어, I have no clue. '난 전혀 모르겠다' 이렇게 말이죠.

McQueen slams his tire down in frustration. The **force knocks** the trophy **over** and it **cracks in two**.

Cruz GASPS. She thumps the button to call for...

| CRUZ | Mack! **Pull over**! |

| MACK | Huh? Now? |

| CRUZ | Now! |

| MACK | Ahhh! Ok, ok! Pulling over! Pulling over! |

EXT. TRAILER – SIDE OF THE ROAD – A MINUTE LATER
Cruz heads out, McQueen, not sure what to think, follows. Luigi and Guido wait at the top edge. She's angry.

| CRUZ | Ask me if I dreamed of being a trainer Mr. McQueen! Go ahead!
Ask me if I **got up in the dark** to run laps before school every day.
Ask me if I saved every **penny** to buy a ticket to the races when they came to town. Ask me if I did that so that I could be a trainer someday! ASK ME! |

Afraid not to at this point, McQueen **fearfully complies**—

바로 이장면!

| MCQUEEN | Did y... |

| CRUZ | NO! I've wanted to become a racer Forever! Because of you! |

She **turns away**. McQueen **pursues** her.

맥퀸은 좌절감에 세게 그의 타이어를 바닥에 찧는다. 그 힘으로 인해 트로피가 넘어지면서 두 동강이 난다.

크루즈는 숨이 턱 막힌다. 그녀가 쾅 하고 버튼을 세게 누르며 외친다…

크루즈 맥! 차 세워요!

맥 응? 지금?

크루즈 당장!

맥 아아! 네, 네! 세울게요! 지금 세우는 중이에요!

외부. 트레일러 – 도로 옆길 – 1분 후
크루즈가 밖으로 나가고, 맥퀸은 이 상황에 어떻게 대처해야 할지 몰라 그녀를 따라간다. 루이지와 귀도가 모서리 꼭대기 쪽에서 기다린다. 그녀가 화났다.

크루즈 맥퀸 씨, 나한테 내가 트레이너가 되는 게 꿈이었는지 한번 물어보세요! 어서요!
매일 매일 등교하기 전에 트랙을 달리려고 어두운 새벽에 일어났었는지 물어봐요.
우리 동네에서 레이싱 대회가 있을 때마다 티켓 한 장 구하려고 십 원짜리까지 아껴가며 꼬깃꼬깃 돈을 모았는지 물어봐요. 내가 고작 트레이너가 되려고 그런 짓거리들을 했었는지 내게 물어보라고요! 빨리 물어봐요!

이 시점에 물어보지 않을 수가 없어서 맥퀸이 두려워하며 응한다–

맥퀸 당신이 그랬…

크루즈 아니요! 난 늘 레이서가 되고 싶었다고요! 당신 때문에요!

그녀가 돌아서서 밀어진다. 맥퀸이 그녀를 쫓아간다.

---

force 힘

knock something/someone over ~을 쓰러뜨리다, 때려눕히다

crack in two 두 동강이가 나다

pull over 차를 한 쪽에 대다

get up in the dark 해가 뜨기 전 아직 어두운 시간에 일어나다

penny 1센트짜리 동전

fearfully 두려워하며, 걱정스럽게

comply 응하다, (법, 명령 등에) 따르다, 준수하다

turn away 거절하다, 외면하다

pursue 쫓아가다, 추구하다, 밀고 나가다

CRUZ	(quieter) I used to watch you on TV, flying through the air, you seemed so... fearless...	크루즈	(나직하게) 난 당신을 TV에서 보곤 했어요. 공기를 가르며 날아가는 모습을. 정말 너무나도… 거칠 것 없는…

McQueen takes this in, remembering those days.

맥퀸이 그녀의 말을 곱씹으며 예전 좋았던 날들을 회상한다.

CRUZ	'Dream small Cruz' that's what my family used to say. 'Dream small or not at all.' They were just trying to protect me... But I was the fastest kid in town and I was gonna **prove them wrong!**	크루즈	'작은 꿈을 꿔 크루즈' 우리 식구들은 나에게 이렇게 말하곤 했죠. '작은 꿈을 꿔 아니면 아예 꿈꾸지 말든지.' 그들은 단지 날 보호하기 위해서 그랬던 거예요… 하지만 난 우리 동네에서 가장 빠른 아이였어요. 그리고 그들이 틀렸다는 걸 증명해 보이고 싶었죠.
MCQUEEN	What happened?	맥퀸	그래서 어떻게 됐나요?
CRUZ	When I got to my first race, I figured it out.	크루즈	처음으로 레이싱 대회에 출전했을 때, 깨닫게 되었죠.
MCQUEEN	(intrigued) What?	맥퀸	(관심을 보이며) 무엇을?
CRUZ	That I didn't belong. The other racers looked nothing like me – they were bigger and stronger and so... **confident.**	크루즈	내가 있을 곳이 아니란 걸 말이에요. 다른 레이서들은 저와는 전혀 다른 모습이었어요 – 그들은 더 크고 더 세고 또 자신감이 넘쳤죠.

McQueen **absorbs** this, sensing the irony of his present situation.

맥퀸이 깊게 몰두하며 자신이 현재 처한 상황의 아이러니를 감지한다.

CRUZ	And when they started their engines, that was it... I knew I'd never be a racer. I just left... It was my one **shot** and I didn't take it.	크루즈	그리고 그들이 엔진을 가동했을 때, 그때 끝났죠… 난 절대 레이서가 될 수 없을 거라는 것을 알았어요. 그래서 그냥 떠났어요… 내겐 단 한 번의 기회였고 난 그 기회를 받아들이지 않았죠.

McQueen's not sure what to say. Cruz **re-sets–**

맥퀸이 무슨 말을 해야 할지 몰라 난감해한다.
크루즈가 다시 제자리로 돌아간다.

CRUZ	Yeah, so... I'm gonna head back to the training center. I think we both know **it's for the best.**❶	크루즈	네, 그래서… 난 트레이닝 센터로 돌아갈 거예요. 당신이나 나나 그게 최선이란 걸 알잖아요.

She starts to leave, then turns back.

그녀가 떠나려 하다가 뒤돌아본다.

---

prove someone wrong ~가 틀렸다는 것을 증명하다
intrigued 궁금해하는, 큰 관심을 보이는
confident 자신감 있는
absorb 흡수하다, 빨아들이다, 받아들이다
shot 기회
re-set 제자리로 돌아가다, 다시 제자리에 넣다

❶ **It's for the best.**
이렇게 하는 것이 최선이다.
상대방이 처한 상황이나 결정에 대해 불만이 있을 때 '이렇게 하는 것이 모두를 위해 그리고 너를 위해 최선이야'라고 자신의 선택을 정당화하면서 쓰는 표현이에요.

CRUZ   But can I ask you something? **What was it like for you?**[❶] When you showed up to your first race – how did you know you could do it?

McQueen **considers** this.

MCQUEEN   I don't know. I just never thought I couldn't.

CRUZ   (**genuine**, to herself) I wish I knew what that felt like.

She turns to go.

CRUZ   Good luck, Mr. McQueen.

As she leaves, McQueen **calls out**–

MCQUEEN   Cruz... Cruz, wait– (sigh)

But she **pulls away**, leaving him **truly** alone.

크루즈   그런데 뭐 하나만 물어봐도 될까요? 당신은 어땠나요? 처음으로 대회에 나갔을 때 – 당신이 할 수 있을 거라는 걸 어떻게 아셨죠?

맥퀸이 이 말에 고심한다.

맥퀸   잘 모르겠어요. 난 단지 내가 못 할 거라는 생각은 해 본 적이 없거든요.

크루즈   (진실하게 스스로) 그게 어떤 느낌인지 나도 알 수 있으면 얼마나 좋을까요.

그녀가 다시 돌아서 간다.

크루즈   행운을 빌어요, 맥퀸 씨.

그녀가 떠나는 길에 맥퀸이 그녀에게 외친다–

맥퀸   크루즈… 크루즈, 잠시만요— (한숨을 쉰다)

하지만 그녀는 멀어진다. 그를 완전히 홀로 남겨두고.

---

consider 고려한다
genuine 진짜의, 진품의, 진실한
call out 외치다, 부르다
pull away 움직이기 시작하다, 떠나다
truly 진정으로, 정말로, 진짜로, 완전히

❶ What was it like for you?
너에겐 그 경험이 어땠니?
과거의 경험에 대해 상대방이 느꼈던 감정을 물을 때 쓰는 표현이에요. '넌 그 상황에 어떤 감정을 느꼈었니?'라고 풀어서 해석할 수도 있겠네요.

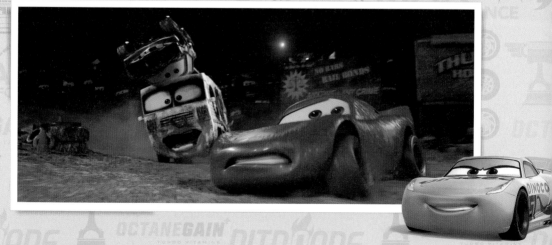

McQueen's Probability of Winning
맥퀸의 우승 확률

🎧 19.mp3

EXT. TRAILER – UNDER TEE OVERPASS – LATER It's raining. Mack is **asleep** outside SNORING **as usual**.	외부. 트레일러 – T자형 고가도로 밑 – 나중에 비가 온다. 맥이 언제나처럼 코를 골며 밖에서 자고 있다.
MACK　　　(snoring)	**맥** (코를 곤다)
INT. TRAILER – CONTINUOUS McQueen is watching TV and **flipping through channels**.	내부. 트레일러 – 계속 맥퀸은 채널을 이리저리 바꿔가며 TV를 보고 있다.
COMMERCIAL NARRATOR　　...**earn your physics degree** from the **comfort** of your own home...	광고 내레이터 …편안한 집에서 물리학 학위를 받으세요.
COMMERCIAL NARRATOR #1　...That is a 200$ gift, all for 29.95.	광고 내레이터 #1 …200달러 가치의 선물이죠. 이 모든 것을 29달러 95센트에 장만할 수 있답니다.
MOVIE ACTOR #1　Now look here Warden...	영화배우 #1 자 여길 보게. 월든…
MOVIE ACTOR #2　...Oh no! He's got a **jack**!	영화배우 #2 …앗 안돼! 그가 잭을 가지고 있어!
COMMERCIAL NARRATOR #2　Autos over 100,000 miles also reported **trouble sleeping**...	광고 내레이터 #2 십만 마일이 넘은 자동차들은 잠을 편안히 못 잔다는 보고가 있네요…
COMMERCIAL NARRATOR #1　You could have twelve **worn out wrenches**... Or you could have one **atomic** wrench!	광고 내레이터 #1 12자루의 낡은 스패너를 소유할 수도 있죠… 아니면 단 하나의 원자력 스패너를 가질 수도 있습니다!
MCQUEEN　　(sigh)	**맥퀸** (한숨을 쉰다)
COMMERCIAL NARRATOR #2　Throw the old ones out – this covers every...	광고 내레이터 #2 오래된 물건들은 버리세요 – 이것이 모든 것을 다 처리해…
Channel changes.	채널 변경.

---

tee overpass T자형 고가도로
asleep 잠자고 있는, 잠이 든
as usual 평소처럼, 언제나처럼, 늘 그럴듯이
continuous 계속 이어지는, 계속되는
flip through channels 채널을 이리저리 돌려가며 TV를 보다
commercial TV/라디오 광고 방송
earn a degree 학위를 받다/취득하다
physics 물리학

comfort 편안함, 안락
jack 자동차 타이어를 갈 때처럼 무거운 것을 들어 올릴 때 쓰는 기구
have trouble sleeping 잠자리가 불편하다, 잠을 잘 못 이루다
worn out 낡은, 닳고 닳은
wrench (볼트 등을 죄는) 렌치
atomic 원자력의

CHICK HICKS (V.O.) "Champion **for the Ages**" Chick Hicks here, coming to you live from Chick Hick Studios, where I'm joined once again by Next-Gen racing expert, Natalie Certain.

칙 힉스 (목소리만) "세기의 챔피언" 칙 힉스가 칙 힉스 스튜디오에서 생방송으로 전하고 있습니다. 그리고 이 자리에 차세대 레이싱 계의 전문가 나탈리 서틴 씨를 다시 모셨습니다.

The glow of the broadcast flickers on McQueen's face.

방송의 환한 불빛이 맥퀸의 얼굴에 깜박거린다.

NATALIE CERTAIN (V.O.) Thanks Chick. Piston Cup champion Jackson Storm set a new record today when he **pulled-off** the fastest lap ever recorded – an **unprecedented** 213 MILES AN HOUR...

나탈리 서틴 (목소리만) 고마워요. 칙. 피스톤 컵 챔피언 잭슨이 오늘 역사상 가장 빠른 스피드로 마지막 바퀴를 주행하면서 다시 한 번 새로운 기록을 세웠습니다 – 유례없는 시속 213마일...

Lightning's eyes go up to see Storm sailing around the track, before the broadcast cuts back to Chick and Natalie.

스톰이 트랙을 달리는 것을 보려고 라이트닝의 눈이 위로 향하고, 다시 TV에는 칙과 나탈리가 등장한다.

CHICK HICKS Wow! So, whattaya think Certain? Stormy boy gonna start the season with another win?

칙 힉스 우와! 그래, 어떻게 생각해요, 써틴? 스톰 군이 또 우승하면서 이번 시즌을 시작할 것으로 보나요?

NATALIE CERTAIN **Highly likely,**[❶] Chick. Based on his recent **run times**, and **forecasted** track temperatures on race day. Storm's chances of winning are... (DING – on the board) ...95-point-two percent.

나탈리 서틴 거의 그렇다고 봐야겠죠. 칙. 최근 그의 주행기록과 예보된 대회 당일의 트랙 온도를 근거로 보면 말이죠. 스톰이 이번 대회에서 우승할 확률은 ... (띠링 – 보드 위에) ...95.2 퍼센트로군요.

CHICK HICKS (chuckles) That low huh?! (to the audience) Oh, and **in case you missed it** –

칙 힉스 (키득거리며) 그렇게 낮군요. 에?! (관중에게) 아, 그리고 혹시라도 못 보셨을 분들을 위해서 –

INT. COZY CONE – SAME
Sal watches the broadcast – worried as **humiliating** footage of McQueen at the Crazy 8 plays behind chick.

내부. 아늑한 원뿔 구조물 – 동일
샐이 방송을 본다 – 칙 뒤로 크레이지 8에서의 망신스러운 맥퀸의 모습 장면이 방영되는 것을 걱정스러운 표정으로 본다.

---

for the ages 수세기에 한 번 나올까 말까 한
pull something off ~을 해내다
unprecedented 유례/전례가 없는
run time 주행기록
forecasted 예보된
in case you missed it 혹시라도 못 보셨을 분들을 위해
humiliating 망신스러운, 굴욕적인

❶ Highly likely.
가능성이 매우 높아요.
highly는 '크게, 매우'라는 부사이고, likely는 '~할 공산이 있는' 뜻의 형용사로 '가능성이 매우 높다'라는 의미입니다. 둘 다 -ly로 끝나서 라임도 맞고 일상생활에 자주 써먹을 수 있는 표현입니다.

바로 이 장면!*

CHICK HICKS (ON TV)   The talk of the track tonight is Lightning McQueen finding yet another way to **embarrass himself** – at a Demolition Derby! Whoa. Almost makes me feel sorry for the guy – not really! Here's what his new sponsor had to say...

The broadcast CUTS TO –

STERLING (ON TV)   Everyone relax! The 95's gonna race. Lightning's just taking a **somewhat... unconventional approach** to this race is all. It's one of the things his fans love about him.

CHICK HICKS   Yeah right! **Talk about humiliating!**❶ If I were old Ka-chow, I wouldn't even bother to show up in Florida.

NATALIE CERTAIN   That could be for the best, Chick. Even if he does race, McQueen's **probability** of winning is... (DING) ...one-point-two percent.

CHICK HICKS   Wow!

NATALIE CERTAIN   Numbers never lie.

칙 힉스 (TV) 오늘 밤의 트랙 이야기는 라이트닝 맥퀸이 또다시 자신을 망신시켰다는 이야기가 있군요. 데몰리션 더비에서 말이에요. 워, 너무 안쓰러워서 마음이 안 좋을 정도예요 – 뭐 사실 별로 그렇진 않지만! 그의 새로운 스폰서는 이번 일에 대해 이렇게 말하고 있네요...

방송 장면 전환 –

스털링 (TV) 모두들 진정하세요! 95번은 레이싱을 할 겁니다. 라이트닝은 그저 조금 평범하지 않은 방식으로 이번 레이스에 접근하고 있는 것일 뿐입니다. 그의 팬들이 바로 그의 이런 면을 좋아하는 거죠.

칙 힉스 참 내! 이보다 더 망신스러울 수가 있을까요! 내가 라이트닝 노친네라면 플로리다에는 코빼기도 내비치지 않을 것 같군요.

나탈리 서틴 그게 가장 좋은 선택일 수도 있을 것 같아요, 칙. 만약 레이싱을 한다고 해도 그가 우승할 확률은... (띠링) ...1.2 퍼센트네요.

칙 힉스 아이고!

나탈리 서틴 숫자는 절대 거짓말하는 법이 없죠.

INT. TRAILER – NIGHT

내부. 트레일러 – 밤

NATALIE CERTAIN (ON TV)   I'm willing to predict tonight that Lightning McQueen's racing career will be over within the week. It might even be over now.

나탈리 서틴 (TV) 오늘 밤 저는 감히 라이트닝 맥퀸의 레이싱 커리어가 이번 주 내로 끝날 것으로 예측해봅니다. 어쩌면 이미 끝난 것일지도 몰라요.

---

embarrass oneself 스스로를 망신시키다
somewhat 조금
unconventional 평범하지 않은, 색다른, 독특한
approach 접근, 접근법, 접근하다
probability 확률, 개연성, 개연성 있는 일
be willing to 기꺼이/흔쾌히 ~하다
predict 예측하다

❶ **Talk about humiliating!**
이보다 더 망신스러울 수가 있을까요!
Talk about은 '~에 대해 이야기하다'라는 의미 이외에도 〈Talk about + (동)명사〉의 형태로 강조하면서 '~하기란/하기가 말도 못 한다'와 '정말 어쩜 그럴 수가 있는지!'와 같은 뜻의 감탄문으로 쓰이기도 해요. 예를 들어, Talk about luck! '우와 어쩜 그리/이리 운이 좋을 수가 있는지!' 이렇게 말이죠.

117

<u>CHICK HICKS</u>   I mean, I knew his career was stuck in the mud...

McQueen **clicks off the TV** and SIGHS.

EXT. TOW MATER TOWING AND SALVAGE – NIGHT
Mater turns off the last of the lights for the night, only to see an unexpected one POP ON by the main building. It's the glow of a ringing IPAD (perhaps **framed** in a rusty LICENSE PLATE **doubling as** a cover).

MATER   First you find a can, from a rusty van, bump-bump, quicker than a dart, make it into art, bump-bump, **That's the way it's done**[❶] – It's a lot of fun, bump-bump, **Liftin' my funk**, makin' sculpture outta junk.

He moves closer, instantly beaming **big-time** when he sees the **CALLER ID**: LIGHTNING MCQUEEN

칙 힉스   제 말은, 진흙탕 속에 갇혔을 때 전 이미 그의 커리어가 끝났다고 봤네요.

맥퀸이 TV를 끄고 한숨을 쉰다.

외부. 견인차 메이터 견인과 폐차 – 밤
메이터가 일과를 모두 마치고 밤이 되어 마지막 남은 불을 끄고 있는데, 갑자기 본관에서 예상치 못한 불이 켜진다. 전화벨이 울리는 아이패드 불빛이다 (아마도 녹슨 자동차 번호판이 커버로 덮여 있을 듯)

메이터   일단 캔을 찾아, 녹슨 승합차에서, 풍풍, 다트보다도 빠르고, 예술로 승화시켜, 풍풍, 그래 바로 그렇게 하는 것이지 – 정말 재미있다네, 풍풍, 두려움을 이겨내고, 고물로 조각품을 만들지.

그가 가까이 다가온다. 발신 번호가 라이트닝 맥퀸이라고 떠 있는 것을 보고 순간적으로 빔을 빵빵하게 비춘다.

---

click off the TV 리모컨 버튼을 눌러 TV를 끄다 (= turn off the TV)

salvage (재난, 사고로부터) 구조, 인양

framed 틀에 끼운

double as ~로서의 기능을 겸하다, ~로도 쓰이다

lift one's funk 두려움을 이겨내다

big-time 대규모로, 대단히

caller ID 발신자 번호 표시 장치/서비스

❶ **That's the way it's done.**
그래 바로 그렇게 하는 것이지.
'원래 그런 거야' '원래 (인생이/모든 게) 그런 식으로 돌아가는 거야'라는 의미로 많이 쓰이는 패턴이 〈That's the way + 주어 + 동사〉예요. 예를 들어, That's the way life is. '인생은 원래 그런 거야', That's the way it works. '원래 그런 식으로 작동되는/돌아가는 거야' 이렇게 쓰인답니다.

Epiphany
순간적인 깨달음

🎧 20.mp3

BEGIN **INTERCUT** WITH:

INT. TRAILER – SAME

MATER   Huh? What's that? There we go! Somebody's interrupting **genius**!

McQueen waits a beat – and then Mater's face pops onto the screen, slightly **off-kilter**.

장면 사이에 다른 장면을 삽입:

내부. 트레일러 – 동일

메이터 허? 저게 뭐지? 오 좋았어! 누군가 천재의 시간을 방해하고 있군!

맥퀸이 잠시 기다린다 – 그리고 메이터의 얼굴이 스크린에 뜬다. 화질이 좀 안 좋다.

바로 이 장면!✻

MATER   (gasp) Well, hey there, buddy!

MCQUEEN   (laugh) Mater!

Lightning feels a surge of old home happiness the minute he sees Mater's face. Well... most of his face anyway (still slightly **out of frame**).

MATER   Y'know, I was just thinkin' of you and here ya are lookin' right at me! You see me okay? **Hang on a second** there... hold on, let me see here... (moving vocs) ...that better?

MCQUEEN   Lookin' you straight in the eye there, pal. Hey, sorry about calling so late...

MATER   Shoot, not for me, it's not! I'm always **burnin' that midnight oil**. (shifts into frame) So get me **caught up on** everything!

메이터 (숨을 헐떡거리며) 이야, 안녕 친구!

맥퀸 (웃는다) 메이터!

메이터의 얼굴을 보자 예전 고향에서 행복했던 시절의 기억이 몰려온다. 그런데… 얼굴이 다 보이지 않음. (여전히 틀에서 중심이 약간 벗어나 있다)

메이터 있잖아, 내가 네 생각을 하던 참인데, 우와 지금 네가 내 얼굴을 보고 있네! 잘 보여? 잠시만… 잠시, 이것 좀 다시… (가상 작동 시스템을 움직이며) … 좀 낫니?

맥퀸 오, 친구, 네 눈이 제대로 보이는구나. 야, 너무 늦은 시간에 전화해서 미안해…

메이터 아이고, 난 괜찮아. 전혀 늦은 시간 아니야! 난 항상 밤늦게까지 일해. (다시 틀 안으로 들어오며) 자 이제 밀린 얘기 모두 다 해주라!

---

intercut (영화 장면 사이에 다른 장면을) 삽입하다

genius 천재

off-kilter 비스듬한, 상태가 나쁜, 고장 난

out of frame 틀에서 중심이 벗어나 있는

Hang on a second! 잠시만 기다려! (= hold on a second!)

look someone straight in the eye ~의 눈을 똑바로 쳐다보다

Shoot! 이런, 아이고, 젠장!

burn the midnight oil (공부나 일을 하느라) 밤늦게까지 불을 밝히다

shift 움직이다, 옮기다, 이동하다

catch up on (소식, 정보를) 알아내다, (뒤떨어진 일을) 만회하다

MCQUEEN	Well... actually kinda hopin' I might hear what's goin' on back home.	**맥퀸**	홈... 실은 난 그쪽에는 뭐 특별한 일이 없나 들었으면 하고 있었는데.
MATER	Well, not much... not if you don't count Sarge and Fillmore tryin' to **run the** tire **shop**. But tell Luigi not to worry, Sarge is gonna **track down** every last tire that Fillmore **done gived away**.	**메이터**	뭐 별일 없어... 사지하고 필모어가 타이어 가게를 운영하려고 하는 것만 빼면 말이야. 하지만 루이지에겐 걱정하지 말라고 해. 필모어가 공짜로 사람들에게 막 나눠주는 타이어를 사지가 다 기록해 두고 있으니까.

A small smile from McQueen.

맥퀸의 얼굴에 엷은 미소.

MATER	**Other than that** everything's good.	**메이터**	그것 빼고는 다들 잘 지내고 있어.
MCQUEEN	How's Sally?	**맥퀸**	샐리는 어떻게 지내?
MATER	Oh she's fine. Keeping busy at the Cone, she misses ya. Well, shoot! We all do when you're on the road.	**메이터**	아 잘 지내지. 일하느라 바빠. 널 보고 싶어 하고. 아, 이런! 네가 떠나있을 때는 우리는 모두 널 그리워한다고.

MCQUEEN	Ya. You know, I – I've been kinda thinkin' about that. You know... what – What we should do when I'm not on the road anymore.	**맥퀸**	그래. 있잖아, 내가 음 그것에 대해 고민을 좀 해 봤는데 말이야. 그러니까 말이야... 내가 더 이상 떠나지 않으면 우리는 뭘 해야 하나에 대해서 말이야.
MATER	**(skeptical)** What do you mean not-on-the-road?	**메이터**	(회의적으로) 떠나지 않는다니 그게 무슨 말이야?
MCQUEEN	Well, you know. Mater, I can't do this forever.	**맥퀸**	그러니까 있잖아. 메이터, 내가 이 일을 언제까지고 계속할 수 있는 건 아니잖아.
MATER	Huh?!	**메이터**	어?!

McQueen **hesitates**, then–

맥퀸이 망설인다. 그리고 –

MCQUEEN	**(sigh) I'm just not getting anywhere with the training.❶** If anything I've gotten slower not faster.	**맥퀸**	(한숨을 쉰다) 트레이닝이 전혀 효과가 없어. 달라진 게 있다면 내가 더 느려졌다는 거지. 더 빨라지긴커녕.

---

run a shop 가게를 운영하다
track down 기록해 두다, 행적을 추적하다
done gived away 남에게 공짜로 나눠 줘 버린 (have given away)
other than that 그것만 빼면
skeptical 의심 많은, 회의적인
hesitate 망설이다

> ❶ **I'm just not getting anywhere with the training.**
> 트레이닝이 전혀 효과가 없어.
> Not get anywhere는 '어디에도 도달하지 못하다' 곧 '어떤 진전/발전/결과도 얻지 못하다'라는 의미예요. 그러므로, I'm not getting anywhere라고 하면 '난 전혀 발전하지 못하고 있다'라는 뜻이 되겠죠.

MATER	Ah shooot buddy, it'll **work out**. Just tell me what the problem is. I'll stay right here with ya till we fix it.	**메이터** 아 이런 친구야. 다 잘 될 거야. 뭐가 문제인지 이 형아한테 얘기해봐. 문제 해결할 때까지 내가 어디 안 가고 여기서 널 계속 도울게.
MCQUEEN	That's just it, Mater. I don't know! ...And I feel like I'm **all out of ideas**.	**맥퀸** 그게 전부야, 메이터. 나도 모르겠다고! …이젠 더 이상 뭘 어떻게 해야 좋을지 모르겠다고.
MATER	Hmmmm, alright, lemme think. ...OH! You know what I'd do?	**메이터** 흠흠. 알았어. 잠시 생각 좀 할게. … 오! 내가 너라면 어떻게 할 것 같니?
MCQUEEN	(hopeful) What?	**맥퀸** (기대에 차서) 어떻게 할 건데?
MATER	I don't know. I got **nuthin'**. (beat) I guess I ain't Doc **when it comes to that**.	**메이터** 몰라. 난 별 볼 일 없잖아. (잠시 정적) 이런 일에서는 내가 '닥'이 아니라서 말이지.
MCQUEEN	**I would give anything to talk to him**❶ right now.	**맥퀸** 지금 아저씨가 있었다면 정말 얼마나 좋을까.
MATER	Yep, there was nobody smarter than old Doc. Well, except for maybe whoever taught him.	**메이터** 맞아. 닥 아저씨만큼 똑똑한 사람은 아무도 없지. 음. 누군진 모르겠지만. 아저씨를 가르친 사람만 빼면 말이야.
MCQUEEN	Yeah... Wait. What?	**맥퀸** 맞아… 잠깐. 뭐라고?
MATER	I mean, everybody was taught by somebody right?	**메이터** 그러니까 내 말은, 세상 그 누구든 가르친 사람은 있게 마련이잖아?

McQueen sits on whose words as Mater **rattles on**–

메이터가 계속 혼자 떠드는 동안 맥퀸은 그의 말을 곱씹고 있다.

MATER	**Take** my cousin Doyle. He taught me how to sing and whistle at the same time, he was very musical that way.	**메이터** 예를 들자면 내 사촌 도일 같은 경우가 있는데 말이야. 그가 내게 노래 부르면서 동시에 휘파람 부는 법을 가르쳐 줬어. 그는 그럼 면에서 아주 음악성이 뛰어났지.
MCQUEEN	(to himself) Smokey...	**맥퀸** (스스로) 스모키…
MCQUEEN	Mater, you're brilliant!	**맥퀸** 메이터, 넌 천재야!
MATER	Ah well, it's all about the shape of yer teeth...	**메이터** 아 그러니까 치아의 모양이 가장 중요한데…

---

work out (일이) 잘 풀리다, 좋게 진행되다

all out of ideas 더 이상 아이디어가 전혀 없는

nuthin' 아무것도 없어 (= nothing)

when it comes to something ~에 관한 한, ~에 있어서는

rattle on 계속 떠벌리다/재잘거리다

take something/someone 예를 들어 ~를 봐

❶ **I would give anything to talk to him.**
그와 이야기할 수만 있다면 뭐든 희생하겠어.
간절히 ~을 원해서 할 수만 있다면 무엇이든 하겠다고 할 때 〈주어 + would give anything to + 동사〉의 패턴을 씁니다. 예를 들어, Jane told me that she would give anything to go out with Tom. '제인은 톰과 사귈 수만 있다면 세상에 못할 게 없다고 하더라고' 이렇게 쓰입니다.

121

In the middle of Mater's **monologue**, McQueen has an **epiphany**.

메이터가 혼자 중얼거리는 동안, 맥퀸이 놀라운 영감을 얻는다.

MCQUEEN (to himself) I gotta go to Thomasville!

맥퀸 (스스로) 난 토마스빌로 가야만 해!

EXT. TOW MATER TOWING AND SALVAGE – RADIATOR SPRINGS – SAME
WE SEE: the entire town. Mater's lights still on.

외부. 견인차 메이터 견인과 폐차 – 레이디에이터 스프링스 – 동일
보인다 – 마을 전체. 메이터의 불들이 여전히 켜져 있다.

MATER Oh. well good. You know me, buddy, I'm always happy to help. Think I am better at that than most folks. You know, talkin' and stuff.

메이터 오. 잘됐네. 친구야, 내가 원래 도움을 주기를 좋아하는 거 알잖아. 내가 아마 네가 아는 그 누구보다 말하는 건 잘 할 거야.

EXT. COUNTRY ROAD – MORNING
Cruz is moving along the road in a **serpentine** way – seems like she's trying to work something out. Mack moves up beside her – his trailer gate even with her.
[Mack and Cruz stay rolling throughout this conversation]
She glances up and then to the front.
The TRAILER GATE opens to **horizontal** with an electric WHINE. McQueens at the back of the trailer.

외부. 시골길 – 아침
크루즈가 구불구불한 길을 가고 있다 – 뭔가 해결하려고 하는 것으로 보인다. 맥이 그녀의 옆으로 다가선다 – 그의 트레일러 문이 그녀와 같은 높이에 있다.
[맥과 크루즈는 대화를 나누는 동안 계속 앞으로 이동한다]
그녀가 위를 힐끗 한 번 보고 다시 앞을 본다.
트레일러의 문이 전동장치로 끼익 소리를 내며 가로로 열린다. 맥퀸이 트레일러의 뒤쪽에 있다.

MCQUEEN Hey Cruz.

맥퀸 이봐요, 크루즈

CRUZ – **You won't talk me out of this,**❶ Mr. McQueen. I'm going back. I **resign** as your trainer.

크루즈 –날 말릴 수 없을 거예요. 맥퀸 씨, 난 돌아갈 거라고요. 난 당신의 트레이너 일을 그만두겠어요.

MCQUEEN (surprisingly **upbeat**) Alright. I accept your resignation... bye.

맥퀸 (놀랍도록 기분이 좋은 상태) 좋아요. 당신의 사직을 받아들여요… 잘 가요.

CRUZ Uh – ok...

크루즈 어 – 그래요…

McQueen closes the gate. Beat. She looks up, slightly surprised at this. The gate opens.

맥퀸이 문을 닫는다. 잠시 정적. 그녀가 위를 본다. 조금은 이 상황에 놀라며, 문이 열린다.

MCQUEEN But since you **cleared your calendar**, why don't you come with us?

맥퀸 근데 이제 스케줄이 아무것도 없으니 우리와 같이 가는 건 어때요?

---

monologue 독백
epiphany 직관, 통찰
serpentine 구불구불한
horizontal 가로의, 수평의
resign 그만두다, 사임하다 (명사형: resignation)
upbeat 기분이 좋은, 긍정적인, 낙관적인
clear one's calendar 스케줄을 모두 없애다, 일정을 비우다

❶ **You won't talk me out of this.**
날 말릴 수 없을 거예요.

앞서 나온 Talk someone into something '누군가가 ~을 하도록 설득하다/꼬드기다'이라는 표현과 정반대 표현이랍니다. Talk someone out of something은 '누군가가 ~을 하지 않거나 그만하도록 혹은 빠져나오도록 설득하다/꼬드기다'라는 뜻이에요.

I'm looking for someone named Smokey. Hopin' he can help me, maybe he can help you too.

난 스모키라는 사람을 찾는 중이에요. 그가 날 도울 수 있기를 바라면서 말이에요. 어쩌면 그가 당신을 도울 수 있을지도 몰라요.

CRUZ   (**ponders** for a moment) Naw.

크루즈 (잠시 고민한다) 됐어요.

McQueen moves into Mack's trailer, slides out the **completed** trophy by itself. From inside we hear...

맥퀸이 맥의 트레일러 안으로 들어온다. 완성된 트로피만 따로 미끄러뜨려 내보낸다. 안에서 들리는 소리…

MCQUEEN (O.S.)   (**dangling** carrot) Come on... I fixed it...

맥퀸 (화면 밖에서) (달랑거리는 당근) 왜 이래… 내가 고쳤다고…

McQueen **peeks out**.

맥퀸이 밖을 훔쳐본다.

CRUZ   No. Thanks anyway, but I'm done.

크루즈 아니요. 고맙긴 하지만, 저는 이제 그만할 래요.

MCQUEEN   Okay... but maybe THIS will change your mind! (ahem) **Hit it!**

맥퀸 그래요… 하지만 어쩌면 이게 당신의 마음 을 바꾸게 할지도 몰라요. (에헴) 시작해!

---

ponder 고려하다

completed 완성된, 작성한

dangle 달랑달랑 매달리다

peek out 밖을 엿보다, 훔쳐보다

Hit it! (연주 등을 시작하라고 할 때) 시작해!

Looking for Smokey
스모키를 찾아서

🎧 21.mp3

Cut to Luigi hitting the button on a **boom box**. The ZUMBA **beat kicks on**. McQueen hits a button, lowering the tail gate down close to the ground as he moves to the beat.

루이지가 붐박스에 있는 버튼을 누른다. 줌바 음악이 시작된다. 맥퀸이 버튼을 누르자 땅바닥으로 뒷문이 내려오고 그는 리듬에 맞춰 춤을 춘다.

MCQUEEN	(as he lowers) First I'm gonna **loosen up**❶ these ancient joints!	맥퀸 (문을 내리면서) 우선은 내가 이 늙은 관절들을 부드럽게 할 거예요!
CRUZ	No! Please don't.	크루즈 안돼요! 이러지 말아요.
MCQUEEN	I'm sorry I'm sorry I'm sorry that I yelled - It wasn't your fault that I almost got killed...	맥퀸 미안해요 미안해요 미안해요 소리질러서 - 내가 거의 죽을 뻔 했던 건 당신의 잘못이 아니에요...
CRUZ	Stop!	크루즈 멈춰요!
MCQUEEN	But now, you're leaving and you won't get on the **ramp**. You won't get on the ramp.	맥퀸 그런데 지금, 당신은 떠난다고 하고 경사로에 오르지 않으려고 하네요. 경사로에 오르지 않으려고 해요.

Cruz smiles and **softens**.

크루즈의 표정이 밝아지며 마음이 누그러진다.

CRUZ	Alright. I'll go - Alright, I'll go! Just stop!	크루즈 좋아요, 갈게요 - 알았어요, 간다고요! 이제 그만 멈춰요!

바로 이장면!*

INT. MACK'S TRAILER - HOURS LATER

내부, 맥의 트레일러 - 몇 시간 후

CRUZ	How do you know Smokey's gonna be here?	크루즈 스모키가 여기 있을 거라는 걸 어떻게 알죠?
MCQUEEN	I don't.	맥퀸 몰라요.
CRUZ	Oh. (beat) Do you...know if he's even alive?	크루즈 오, (정적) 당신...그가 아직 살아는 있다고 생각하나요?

---

boom box 붐박스 (대형 휴대용 카세트/라디오)
beat 리듬, 비트가 있는 음악
kick on 작동하기 시작하다, (스위치 등을) 켜다
ramp 경사로, 램프
soften 누그러지다, 부드러워지다

❶ **Loosen up!**
힘을 빼, 긴장을 풀어라!
우리는 보통 긴장을 풀고자 할 때 relax라는 동사를 많이 쓰는데 같은 상황에서 loosen up이라는 표현이 자주 쓰인답니다. 특히 운동할 때 몸이 경직되면 실력발휘를 할 수 없으니 근육을 이완시키라는 의미로 '힘을 빼라'고 하면서 많이 쓰죠.

MCQUEEN	Nope.	맥퀸 아니요.

MCQUEEN Nope.

CRUZ Okay. (beat) So tell me this - how do you know if it's Smokey? Is there some...

크루즈 알았어요. (정적) 그럼 말해 봐요 - 이게 스모키인 걸 어떻게 아시죠? 뭔가 좀…

Cut. Mack speeds away from camera, turns onto a small country road from a larger **state route**. The area in front of Mack is a **dense** forest. McQueen **spots** a large wooden sign.

장면 전환. 맥이 카메라로부터 빠르게 멀어지고, 큰 주도에서 벗어나 작은 시골길로 들어선다. 맥의 앞에 빽빽한 숲이 있다. 맥퀸이 큰 나무 표지판을 찾아낸다.

MCQUEEN Wait - Mack! Pull over! Back it up! Back it up!

맥퀸 잠깐 – 맥! 세워봐! 후진! 후진!

Mack backs up and the sign **catches his attention**. McQueen rolls up in **awe**, with Cruz not far behind. We reveal that it's a sign featuring a faded painting of Doc that says "Welcome to Thomasville, Home of the Fabulous Hudson Hornet."

맥이 후진하고 표지판이 그의 눈에 띈다. 맥퀸이 놀란 표정으로 다가서고, 크루즈도 그의 뒤로 따라온다. 빛바랜 닥의 모습이 담긴 표지판에 "기막히게 멋진 허드슨 호넷의 고향, 토마스빌에 오신 걸 환영합니다"라고 쓰여 있다.

MCQUEEN (to self) Good to see ya Doc.

맥퀸 (스스로) 반가워요. 닥 아저씨.

CRUZ Hey, isn't that your old crew chief?

크루즈 저분이 당신의 옛 크루 대장님 아닌가요?

Cruz joins McQueen.

크루즈가 맥퀸과 함께한다.

MCQUEEN Hey Cruz. **You wanna check out**[1] the home track of the greatest racer ever?

맥퀸 이봐요 크루즈 역사상 가장 위대했던 레이서의 집에 있는 트랙을 한 번 보시겠어요?

CRUZ Aren't we supposed to be looking for Smokey? Oh that's right, he's dead.

크루즈 근데 우리 스모키를 찾으러 온 것 아니었나요? 아 참, 그는 죽었죠.

MCQUEEN We don't know that.

맥퀸 아직 그건 몰라요.

INT. THOMASVILLE TRACK TUNNEL – CONTINUOUS
Hear SOUNDS of McQueen pushing against the door. Finally it pops open and light **floods in**. Cruz falls in behind McQueen and they head quietly into the tunnel.

내부. 토마스빌 트랙 터널 – 계속
맥퀸이 문을 미는 소리가 들린다. 마침내 문이 확 열리고 강한 불빛이 쏟아져 들어온다. 크루즈가 맥퀸의 뒤로 넘어지며 들어오고 그들이 살금살금 터널 안으로 들어간다.

CRUZ Are you sure you **have time for** this?

크루즈 이런 거 할 시간 있는 거 맞아요?

---

state route 주 정부에서 만든 고속도로
dense 밀집한, 빽빽한
spot 알아보다, 찾아내다
catch one's attention ~의 주의를 끌다, 눈에 띄다
awe 경외감, 놀람
flood in 홍수처럼 물밀듯이 밀려들다
have time for something ~할 시간적 여유가 있다

❶ You wanna check out?
확인하고 싶니?
wanna는 want to 혹은 want a를 비격식체로 쓴 것입니다. 구어체에서 많이 쓰이지만, 비격식 표현이니 공식 문서 등에서의 사용은 주의하셔야 합니다.

MCQUEEN For this…I do.

INT. DOC'S OLD TRACK – CONTINUOUS
McQueen is the first to emerge. He stops at the edge of the track, **breathing it in**.

MCQUEEN Wooooow. If this track could talk.

Sees Smokey sign. Goes to the starting line. McQueen moves his tires back and forth in the dirt.

MCQUEEN Cruz, whatta ya say? Let's **take a lap**. Ohho ooooh yeah!

VROOOOOM! McQueen's engine thunders. He takes off. Cruz can't resist. She takes after him.

CRUZ Haha, Whoa!

Lightning leads Cruz around the track. They whip around, pushing each other, **having a blast**. Like two friends racing in heaven. Cruz attempts the left-to-go-right move (she failed to do in Crazy-8) and for the first time executes a beautiful turn.

CRUZ Ha, ha, ha, ha!

McQueen is **genuinely** impressed.

MCQUEEN Ooooh! Yes! **You nailed it!**❶

CRUZ Way easier without the school bus of death trying to kill us! Ha, ha, ha!

MCQUEEN No kidding!

As they come around the next turn, McQueen is the first to See it – the **ghostly silhouette** of a car parked in the middle of the track!

맥퀸 이것을 위해서라면… 물론이죠.

내부. 닥의 예전 트랙 – 계속
맥퀸이 먼저 모습을 드러낸다. 그가 트랙의 가장자리에서 멈춰 서고, 이 순간을 음미한다.

맥퀸 우와우. 이 트랙이 말을 할 수만 있다면.

스모키 표시를 본다. 출발선으로 간다. 맥퀸이 그의 타이어들을 흙 속에서 앞뒤로 왔다 갔다 움직인다.

맥퀸 크루즈, 어때요? 우리 한 바퀴 돌아봐요. 오호 우 예!

부르릉! 맥퀸의 엔진이 요란한 소리를 낸다. 그가 출발한다. 크루즈도 거부할 수 없다. 그녀가 그의 뒤를 따라 출발한다.

크루즈 하하, 왜!

라이트닝이 트랙을 돌며 크루즈를 이끈다. 쌩쌩 달리며 서로 밀치고 즐거운 시간을 만끽한다. 마치 두 친구가 천국에서 레이싱하듯. 크루즈가 우회전을 위한 좌회전 동작을 시도한다 (크레이지 8에서는 실패했었다) 그리고 처음으로 완벽한 턴을 완성한다.

크루즈 하, 하, 하, 하!

맥퀸이 진심으로 감탄한다.

맥퀸 이야! 완벽해요!

크루즈 죽음의 스쿨버스가 우리를 죽이려고 달려 들지 않으니까 훨씬 쉽네요! 하, 하, 해!

맥퀸 그러게 말이에요!

그들이 다음 커브 구간으로 도달하면서 맥퀸이 가장 먼저 본다 – 트랙 한가운데에 주차해 있는 유령 같은 모습의 차를!

---

breathe something in 숨을 들이마시다, 분위기를 느끼다
take a lap (트랙을) 한 바퀴 돌다
vroom (차량이 빠르게 달려가면서 내는 큰 소리) 부웅, 부르릉
have a blast 행복한/즐겁게 지내다
genuinely 진심으로, 진정으로, 순수하게
ghostly 유령 같은
silhouette 검은 윤곽, 실루엣

❶ **You nailed it!**
완벽해요!
Nail은 기본적으로 '못, 못을 박다'라는 뜻으로 쓰이는데, 이것을 발전시켜서 You nailed it!이라고 하면 어떤 일에 대해서 '(마치 못을 박듯이) 제대로 정확히 필요한 곳에 박았다' 다시 말해 '아주 잘했다' '끝내줬다'는 의미로 쓸 수 있답니다.

MCQUEEN   Ah....

McQueen **brakes** hard, skidding out. Cruz does too.

MCQUEEN   (effort - braking)

They **barely** miss crashing into the car and each other. As the dust fades...
An old HUDSON **PICK-UP** TRUCK is staring them down. Finally...

SMOKEY   ...Starting to think I might never meet you.

MCQUEEN   Smokey?

McQueen turns to Cruz.

CRUZ   He is alive.

Smokey **nods at** Cruz who smiles **shyly** – surprised that McQueen actually referred to her as a racer.

SMOKEY   (to McQueen) I know why you're here.

Smokey rolls over. McQueen leans in, preparing for the **wisdom**...

SMOKEY   You're **thirsty**.

Off McQueen's confused expression, we CUT.
Smokey **drives off**, leaving McQueen **perplexed**. McQueen and Cruz look at each other, then **scurry** to catch up.

맥퀸 아…

맥퀸이 세게 브레이크를 밟으며 끼이익 미끄러지며 밀려나간다. 크루즈도 마찬가지.

맥퀸 (애쓰며 – 브레이크를 밟으며)

가까스로 서 있던 차와 그리고 서로와의 충돌을 면한다. 흙먼지가 옅어지면서…
낡은 허드슨 픽업트럭이 그들을 내려다보고 있다. 마침내…

스모키 …자네를 결국 못 만나게 되는 건 아닐까 생각하던 참이었다네.

맥퀸 스모키?

맥퀸이 크루즈에게 돌아선다.

크루즈 그가 살아있네요.

스모키가 수줍게 미소 짓고 있는 크루즈에게 고개를 끄덕여 인사한다 – 맥퀸이 그녀를 레이서라고 언급한 것에 대해 놀라며.

스모키 (맥퀸에게) 자네가 여기에 왜 왔는지 난 알고 있다네.

스모키가 다가온다. 맥퀸이 그에게로 가까이 다가선다, 지혜를 얻게 될 것을 준비하며…

스모키 자네는 목이 마르네.

맥퀸의 이해 안 가는 표정, 장면 전환.
스모키가 맥퀸을 혼란스럽게 만들어 놓고 떠난다. 맥퀸과 크루즈가 서로 쳐다보고, 그를 놓치지 않으려고 황급히 따라간다.

---

brake 브레이크를 밟다, 브레이크
barely 겨우, 가까스로, 간신히
pick-up truck 픽업트럭, 소형 오픈 트럭
nod at ～에게 고개를 끄덕이다
shyly 수줍게, 부끄러워하며
wisdom 지혜
thirsty 목마른
drive off 떠나다

perplexed 혼란스러운, 헷갈린
scurry 허둥지둥, 종종 가다

The Biggest Racing Legends Ever
역사상 가장 위대한 전설의 레이서들

🎧 22.mp3

EXT. THOMASVILLE – APPROACHING COTTER PIN – MOMENTS LATER
Smokey leads, McQueen and Cruz follow. Smokey pauses outside the bar.

외부. 토마스빌 – 코터 핀에 다가가며 – 잠시 후
스모키가 앞서가고, 맥퀸과 크루즈가 따른다. 스모키가 술집 앞에서 잠시 멈춘다.

SMOKEY   I tell you what, these folks are gonna **get a kick outta** meetin' Hud's boy.

스모키 이보게들, 얘네들이 허드를 만나면 아주 신나 할 거야.

CRUZ   Who's Hud? (beat) Oh, Doc Hudson! Right.

크루즈 허드가 누구죠? (잠시 정적) 아, 닥 허드슨! 맞죠.

INT. COTTER PIN – DAY
Smokey throws open the door. Thumping music. Clinking oil containers. Old-time CARS everywhere.

내부. 코터 핀 – 낮
스모키가 문을 열어젖힌다. 쿵쿵거리는 음악 소리, 팅팅 소리를 내는 기름통들. 옛날 차들이 사방에 모여있다.

SMOKEY   HEY! (the place falls silent) Act civilized. We got company.

스모키 이보게들! (모두 조용해진다) 얌전하게들 굴게. 손님이 왔으니.

Everyone looks – sees who it is.
NOTE - Smokey's interactions play in the background.

모두가 쳐다본다 – 누구인지 알아본다.
주석 – 스모키가 사람들과 인사하는 소리가 배경으로 들린다.

SMOKEY   Hey Les, **how's that back axle treatin' you?**❶

스모키 이봐 레스, 허리는 좀 괜찮아졌나?

REGULARS   (bar chatter)

단골들 (술집 수다)

SWEET TEA   Hey **Sugar**. Welcome to Thomasville.

스위트 티 이봐 슈가, 토마스빌에 온 걸 환영하네.

Smokey leads a smiling McQueen and Cruz inside. Smokey heads toward the corner booth **occupied** right now **by** THREE LEGENDARY RACERS, **enjoying** each other's **company**.

스모키가 웃고 있는 맥퀸과 크루즈를 안으로 안내한다. 스모키가 모퉁이 쪽의 부스에 앉아서 화기애애하게 대화를 나누고 있는 세 명의 전설적인 레이서들이 있는 곳으로 다가간다.

LOUISE NASH, RIVER SCOTT, JR. MOON   (laughing)

루이스 내쉬, 리버 스콧, 주니어 문 (웃고 있다)

McQueen stops. Cruz too.

맥퀸이 멈춘다. 크루즈도 멈춘다.

---

cotter pin 코터 핀 (기계 부품이 빠지지 않게 박는 금속 핀, 쐐기 못, 위 장면에서는 술집 이름)

get a kick out of something ~에서 쾌감을 얻다

axle (바퀴의) 차축

sugar 〈비격식〉 (좋아하는 사람에 대한 호칭) 여보, 자기

occupied by ~가 자리를 차지하고 있는

enjoy one's company ~와 같이 있는 것을 즐기다

❶ **How's that back axle treatin' you?** 허리는 좀 괜찮아졌나?
이 문장을 직역하면 '그 뒤축이 너를 어떻게 대하고 있니?'인데 의역하면 '허리/몸/건강은 좀 괜찮아?'라는 뜻이 됩니다. 차를 사람에 비유해서 만든 문장이라 back axle '뒤축'이란 표현이 나오는데, 우리가 일상적으로 쓸 때는 How's life treating you? '요즘 어때?' '살만하니?' 이렇게 씁니다.

MCQUEEN	Would ya look at that?	맥퀸	저기 좀 봐요.
CRUZ	What?	크루즈	뭘요?
RIVER SCOTT	Had 'em take my **shock absorbers** right offa me! I lapped that field faster than a **twister in a bad mood**...	리버 스콧	그들이 내 충격 흡수 장치를 떼어내 가게 했지! 내가 그 필드를 성난 회오리바람보다도 더 빨리 돌았다니까...
LOUISE NASH	Oh, River. **You lay it on thicker every time.**❶	루이스 내쉬	오, 리버. 자넨 항상 과장이 너무 심하다니까.
JR. MOON	You tell that story every night!	주니어 문	매일 밤 그 이야기야!

바로 이 장면!*

MCQUEEN	Three of the biggest racing legends ever. Jr. "Midnight" Moon. River Scott. Louise "Barnstormer" Nash.	맥퀸	가장 위대한 전설 레이서 세 명. 주니어 "한밤중" 문. 리버 스콧. 루이스 "곡예비행가" 내쉬.
Cruz is amazed to see that she recognizes one of them.			크루즈는 자신이 이들 중의 한 명을 알아볼 수 있다는 사실에 놀란다.
CRUZ	Louise Barnstormer Nash. She had 38 wins.	크루즈	루이스 곡예비행가 내쉬. 그녀는 우승을 38번이나 했어요.
They head over. Louise looks up – recognizing McQueen.			그들이 다가선다. 루이스가 올려다본다 – 맥퀸을 알아본다.
LOUISE NASH	Well, as I live and breathe. **If it ain't** Lightning McQueen.	루이스 내쉬	아니 이거 놀랐는걸. 라이트닝 맥퀸이 아니신가!
MCQUEEN	Ms. Nash, it's a pleasure to meet you-	맥퀸	내쉬 여사님. 당신을 만나다니 정말 기뻐요.
LOUISE NASH	You've had a tough year, haven't ya?	루이스 내쉬	올해 많이 힘들었지, 안 그런가?
MCQUEEN	(stunned by her **bluntness**) Oh... uh... Well-	맥퀸	(그녀의 노골적인 멘트에 당황하며) 오…. 어…. 음–
RIVER SCOTT	Shouldn't you be runnin' practice laps in Florida **by now**?	리버 스콧	원래 지금 플로리다에서 연습 주행하고 있어야 하는 것 아니신가?
MCQUEEN	Yeah... Sure, but–	맥퀸	네… 맞아요. 근데–

---

shock absorber 충격 흡수 장치
twister 회오리바람
in a bad mood 성난, 기분이 좋지 않은
If it ain't + (name)! 아니 이거 ~가 아니신가!
bluntness 퉁명스러움, 직설적임
by now 지금쯤이면, 이제

❶ **You lay it on thicker every time.**
자넨 항상 과장이 너무 심하다니까.
심하게 과장하고 부풀려서 말할 때 lay it on thick이라고 표현해요. lay on은 '~을 내놓다/제공하다'라는 의미의 숙어인데, 어떤 일에 대해 이야기할 때 별것 아닌 일을 아주 두껍게(thick) 이런 저런 이야기들을 발라서 혹은 덧붙여서 내놓는다는 뜻으로 이 표현을 쓴답니다.

JR. MOON   They're here to steal our secrets.

주니어 문 우리의 비밀을 훔치러 왔구먼.

RIVER SCOTT Lookin' for your lost **mojo**?

리버 스콧 잃어버린 마법을 찾으려고?

McQueen **gives her a look** that says – **thanks for throwing me under the bus!**[1] She smiles weakly. McQueen is **bowled over** by their **brutal** honesty.

맥퀸이 '사람들 앞에서 창피하게 만들어줘서 참 고맙군요!'라고 하는 듯한 표정으로 그녀를 쳐다본다. 그녀가 옅게 미소 짓는다. 맥퀸은 그들의 잔혹한 솔직함에 두들겨 맞은 느낌이다.

MCQUEEN   (to Smokey) You don't mince words around here, do you?

맥퀸 (스모키에게) 여기는 말할 때 다들 그렇게 돌직구를 날리시나 봐요?

SMOKEY   (laughs) Truth is always quicker, kid.

스모키 (웃는다) 진실은 항상 더 빠른 법이라네, 애송이.

INT. COTTER PIN – NIGHT
REVEAL – SWEET TEA, on stage, singing Glory Days. No more light through the windows. Now NIGHT. Guido and Luigi watch Sweet Tea in amazement.

내부, 코터 핀 – 밤
보여짐: 스위트 티, 무대 위, '영광의 나날들'을 노래하고 있음. 더 이상 창문 사이로 나오는 빛이 없다. 지금은 밤이다. 귀도와 루이지가 놀라움에 가득한 눈으로 스위트 티를 보고 있다.

LUIGI   Guido! She's an angel.

루이지 귀도! 그녀는 천사야.

                                                  MOVE TO:

전환

THE CORNER BOOTH. McQueen and Cruz **soak up** every word.

모퉁이 부스. 맥퀸과 크루즈가 모든 말들을 흡수하고 있다.

RIVER SCOTT Lou won't admit this, but she used to **have SERIOUS eyes for Hud**!

리버 스콧 루는 인정하려 않지만, 그녀가 예전에 허드를 많이 좋아했었다네!

MCQUEEN   Ohhh really?

맥퀸 오 정말이요?

LOUISE NASH Even if I did, it wouldn't a mattered. Hud didn't like fast women... and that **left me out**!

루이스 내쉬 설사 내가 좋아했다손 치더라도, 어차피 상관없을 거야. 허드는 빠른 여자를 좋아하지 않았으니까… 그러니까 나는 아웃이지!

Everyone LAUGHS.

모두 웃는다.

RIVER SCOTT But ol' Lou wasn't just fast, she was fearless.

리버 스콧 하지만 루는 그냥 빠르기만 한 게 아니었어, 그녀는 두려움이 없었지.

---

mojo (속어) 마약, 마력을 지닌 물건, 매력
give someone a look ~을 쳐다보다, 째려보다
bowl over ~에게 달려들어 쓰러뜨리다
brutal 잔혹한, 인정사정 없는
soak up ~을 빨아들이다, 흡수하다
have eyes for someone ~를 좋아하다, ~에 흥미가 있다
leave someone out ~을 아웃시키다, 제외하다

> ❶ **Thanks for throwing me under the bus!**
> 사람들 앞에서 창피하게 만들어줘서 참 고맙군요! 다른 사람을 희생양 삼아 혹은 놀림감을 만들어 자신이 돋보이려고 하거나 이익을 취하려고 하는 행동을 할 때 throw someone under the bus라고 표현합니다. 이 표현은 자신의 잘못이나 난처한 상황을 피하려고 책임을 다른 사람 탓으로 돌리는 경우에도 쓸 수 있어요.

LOUISE NASH	The second I saw my first race, I just knew I had to get in there. 'Course the **fellas in charge** didn't like the idea of a lady racer **showin' 'em up**, so they wouldn't let me have a number.	루이스 내쉬 내 첫 경주를 본 그 순간, 난 내가 이걸 해야만 한다는 것을 단번에 알았지. 물론 이 업계의 중요한 사람들은 여자 레이서가 자신들을 창피하게 만드는 걸 싫어했지. 그래서 나에게 선수 번호도 주지 않았다고.
CRUZ	(edge of her seat) What did you do?	크루즈 (이야기에 빠져들어서) 그래서 어떻게 하셨나요?
LOUISE NASH	I stole one!	루이스 내쉬 내가 하나 훔쳤지!
MCQUEEN	What?!	맥퀸 뭐라고요?!
CRUZ	Wow.	크루즈 우와.

Cruz's **eyes go wide**. River laughs.

크루즈의 눈이 커진다. 리버가 웃는다.

LOUISE NASH	**Life's too short to take no for an answer.**❶	루이스 내쉬 인생은 하고 싶은 일을 그냥 단념하기엔 너무 짧거든.

Cruz takes this in.

크루즈가 이 말을 마음속에 새긴다.

LOUISE NASH	Right, River?	루이스 내쉬 그지, 리버?
RIVER SCOTT	If we had waited for an invitation, we mighta never raced.	리버 스콧 우리가 초대해 주기를 기다렸다면 레이싱을 아예 못했을지도 몰라.
LOUISE NASH	And once we got on the track, we didn't want to leave.	루이스 내쉬 그리고 일단 트랙에 오른 이후로는 우린 떠나길 원치 않았지.
MCQUEEN	I think that's how Doc felt too.	맥퀸 닥 아저씨도 그런 기분이었을 거예요.
RIVER SCOTT	You shoulda seen him when he first came to town, shiny blue paint – not just the Hudson Hornet. He was already calling himself...	리버 스콧 자네도 그가 처음으로 이 동네에 왔을 때 모습을 봤어야 해. 윤기로 반짝이는 파란 페인트 – 그냥 허드슨 호넷이 아니야. 그는 이미 자신을 이렇게 불렀지…
RIVER SCOTT, LOUISE NASH, MOON, SMOKEY	The FABULOUS Hudson Hornet!	리버 스콧, 루이스 내쉬, 문, 스모키 기막히게 멋진 허드슨 호넷!

---

fella 남자, 남자 친구

in charge ~을 맡은, 담당인

show someone up (곤란한 행동으로) ~를 당황/창피하게 만들다

(on the) edge of one's seat 이야기에 빠져들어서, 완전히 매료되어

eyes go wide 놀라움으로 눈이 커지다

❶ **Life's too short to take no for an answer.**
인생은 하고 싶은 일을 그냥 단념하기엔 너무 짧거든.
take no for an answer는 '안 된다/싫다는 대답을 (받아들이기를) 거부하다'라는 의미예요. 스스로 어떤 일을 꼭 해내고야 말겠다는 굳은 다짐을 표현할 때 'I won't take no for an answer!' 이렇게 표현하지요.

They **bust up** at the memory. McQueen is in heaven.

그들은 추억 이야기에 신났다. 맥퀸은 천국에 있다.

LOUISE NASH Hoohoo! Oh did we ever ride him on that?

루이스 내쉬 후후! 오 우리가 그를 저기에 태워 본 적이 있나?

JR. MOON Not for long.

주니어 문 오랫동안은 안 했지.

RIVER SCOTT Hud was the fastest racer this side of the Mississippi!

리버 스콧 미시시피의 이쪽 지역에서는 허드가 제일 빠른 레이서였지!

SMOKEY Until he wasn't.

스모키 그때까지는 그랬지.

Record **scratch** moment. This **takes McQueen off guard.**

기록에 상처 내는 상황. 맥퀸이 방심하다가 허를 찔렸다.

MCQUEEN What?

맥퀸 뭐라고요?

SMOKEY Everything changed when the rookie **showed up.**

스모키 그 루키가 나타나고 모든 것이 변했지.

---

bust up 신나다, (사이가) 틀어지다

scratch 상처를 내다, 긁다, 할퀴다

take someone off guard 방심하고 있을 때/경계심을 풀고 있을 때 허를 찌르다

show up 나타나다, 등장하다

The Truth about Doc

닥 아저씨에 관한 진실

🎧 23.mp3

FADE TO:	화면 흐려지면서 전환:

EXT. EARLY THOMASVILLE SPEEDWAY – DAY – FLASHBACK
The race is **in full swing**. We see Doc **working his way up** through a pack of cars we recognize.

외부. 예전 토마스빌 경주장 – 낮 – 회상 장면
레이스가 최고조에 달해있다. 우리가 알아볼 수 있는 한 무리의 차 사이를 뚫고 닥이 앞서 나가려 하고 있다.

SMOKEY (V.O.) Took Hud all of no time to work his way through the best racers in both Carolinas. Past River. Past Lou. Even Junior.

스모키 (목소리만) 허드가 (남부 북부 둘을 합친) 캐롤라이나 주의 최고 레이서들을 따돌리고 앞서 나가는 데는 별로 많은 시간이 걸리지 않았다네. 리버도 추월하고, 루도 앞서가고, 주니어까지도 말이야.

As Doc passes his friends we note their competitive **camaraderie** a lot like McQueen/Bobby/Hank in the opening.

닥이 그의 친구들을 추월해 가는 것이 오프닝 장면에서 맥퀸/바비/행크가 보여 주는 경쟁적 동료애를 보여 주는 듯 장면과 거의 흡사하다.

SMOKEY (V.O.) But there was still the rookie to **deal with**.

스모키 (목소리만) 하지만 해결해야 할 루키가 아직 남아있었지.

We see the fast rookie in the lead. With the finish line **in sight** he's looking **extremely** confident. But here comes Doc. Doc **puts the pedal to the metal** until he's right behind him.

빠른 속도의 루키가 1등으로 달려가고 있다. 결승선이 보이는 가운데 그는 굉장히 자신만만한 모습이다. 하지만 닥이 치고 나온다. 닥이 전속력으로 달려서 그의 바로 뒤로 따라붙는다.

SMOKEY (V.O.) He tried slamming him into the wall. But Hud never touched any wall- **unless** he wanted to.

스모키 (목소리만) 그가 닥을 밀어서 벽에 충돌하게 하려고 했지 하지만 허드는 한 번도 벽에 부딪힌 적이 없었다네- 그가 원해서라면 모를까.

Doc makes a move and uses the wall to do his flip over all three rookies. His **hood** actually touches the ROOKIE'S hood as he ROLLS OVER, then **nimbly** touches down on all four tires. He sails for the checkered flag!

닥이 벽을 사용해 멋지게 공중돌기를 하면서 루키 세 대를 모두를 넘어선다. 그가 구르면서 그의 보닛이 루키의 보닛을 가볍게 친 후 재빠르게 바닥에 그의 타이어를 살포시 내려놓는다. 그가 체크무늬의 깃발을 향해 돌진해 간다!

SMOKEY That rookie never saw anything like that before.

스모키 그 루키는 이제껏 이런 멋진 장면은 본 적이 없었지.

INT. COTTER PIN – NIGHT – PRESENT DAY

내부. 코터 핀 – 밤 – 현재

---

early 예전의, 초(창)기의

flashback 회상 장면, 플래시백

in full swing 최고조에 달해있는

work one's way up 앞/위쪽으로 나아가려 애쓰다

take someone (all of) no time ~에게는 ~을 하는데 전혀 시간이 걸리지 않다

camaraderie 동료애

deal with ~을 다루다, 처리하다, 대처하다

in sight 보이는, ~이 보이는 곳에

extremely 극단적으로, 엄청나게

put the pedal to the metal 차를 전속력으로 몰다

unless ~이 아닌 한, ~하지 않는 한

hood 보닛 (자동차의 앞 유리창 앞쪽의 큰 뚜껑 부분)

nimbly 민첩하게, 재빠르게, 살포시

CRUZ	Doc did that?!	크루즈 닥이 그렇게 했다고요?!
MCQUEEN	Whoa! Are you kidding?!	맥퀸 워! 지금 농담하시는 거죠?!

The legends all LAUGH, remembering the **good times**.

전설들이 모두 웃는다. 멋진 그 시절을 추억하며.

LOUISE NASH Couldn't **wipe** the smile **off** his face for a week after that!

루이스 내쉬 그 대회 이후로 기분이 너무 좋은 나머지 일주일 동안이나 그는 웃고 다녔지!

McQueen absorbs this, but instead of joining the fun, he turns sad. Smokey notices.

맥퀸은 이야기에 몰두하지만, 즐거움에 동참하지 못하고 슬픈 표정이 된다. 스모키가 알아챈다.

MCQUEEN	(quiet) **I wish I could have seen him like that.**❶	맥퀸 (조용히) 그런 그의 모습을 나도 볼 수 있었다면 얼마나 좋았을까요.
SMOKEY	Like what?	스모키 어떤 모습?
MCQUEEN	So happy.	맥퀸 너무나도 행복한 모습이요.

TIME CUT TO:

배경 전환

EXT. COTTER PIN – NIGHT – MOMENTS LATER
Smokey **rolls out** with McQueen.

외부. 코터 핀 – 밤 – 얼마 후
스모키가 맥퀸과 밖으로 나온다.

SMOKEY	Ya didn't come all this way for a **quart** of oil, did ya.	스모키 자네가 이 먼 곳까지 주유나 하려고 온 것은 아닐 텐데, 그런가?

✂ 바로 이장면! *

MCQUEEN	I need your help, Smokey.	맥퀸 당신의 도움이 필요해요, 스모키.
SMOKEY	Yeah? What kind of help?	스모키 그래? 어떤 도움?
MCQUEEN	That's just it. I'm not sure. All I know is if I lose in Florida, it's over for me. What happened to Doc will happen to me.	맥퀸 그게 전부예요. 저도 확실하진 않아요. 내가 아는 것의 전부는 플로리다에서 지면, 난 이제 끝장이라는 거예요. 닥에게 일어났던 일이 제게도 일어날 것이에요.
SMOKEY	What did happen to him?	스모키 그에게 무슨 일이 일어났는데?

good times 좋은 시절, 행복한 시절
wipe off 지우다, 씻어 없애다
roll out 나오다, 밀다
quart 쿼트 (액량 단위: 영국, 캐나다 2파인트(pint)/약 1.14리터, 미국 0.94리터)

❶ **I wish I could have seen him like that.**
그런 그의 모습을 나도 볼 수 있었다면 얼마나 좋았을까요.
⟨I wish + 주어 + could have + 과거완료⟩ 형태로 과거 사실의 반대를 가정하는 문장입니다. 즉 '맥퀸이 닥의 왕성했던 과거 활동을 (실제로 못 봤지만) 봤었으면 얼마나 좋았을까' 라고 풀어서 해석할 수 있습니다.

MCQUEEN   You know. Racing was the best part of his life. And when it ended he... well we both know he was never the same after that.

맥퀸 아시잖아요. 레이싱이 그의 삶에 최고의 것이었다는 것을 말이에요. 그리고 그것이 끝나버린 후엔… 당신도 알고 저도 알지만 그의 인생이 많이 바뀌었잖아요.

Beat.

잠시 정적.

SMOKEY   Is that what you think?

스모키 그렇게 생각하나?

McQueen's silence **gives away his answer**.

맥퀸은 침묵으로 대답을 대신한다.

SMOKEY   Come on, I wanna show you somethin'.

스모키 이리 와보게, 내 자네에게 보여 줄 게 있네.

EXT. THOMASVILLE – NIGHT
As they drive beneath the moonlight, Smokey talks and McQueen listens...

외부. 토마스빌 – 밤
달빛 아래로 운전해 가며 스모키가 말을 하고 맥퀸은 듣는다…

SMOKEY   You got the first part right. The crash broke Hud's body, and the no - more - racing broke his heart. He **cut himself off**. Disappeared to Radiator Springs... **Son of a gun** didn't talk to me for fifty years.

스모키 앞부분은 자네가 제대로 봤네. 사고로 허드의 몸이 망가졌지. 그리고 더 이상 레이싱을 할 수 없다는 사실 때문에 그는 상심했어. 그는 세상과의 소통을 단절했지. 레이디에이터 스프링스로 숨어버렸지… 못된 녀석이 나에게 50년간 연락을 안 했어.

EXT. SMOKEY'S GARAGE – CONTINUOUS
When they arrive outside, Smokey opens the **roll-up door**.

외부. 스모키의 차고 – 계속
그들이 밖에 도착하자 스모키가 셔터를 말아 올려 연다.

SMOKEY   But then one day, the letters started comin' in. And **every last one of 'em was about you.**❶

스모키 하지만 어느 날, 편지가 오기 시작했어. 그리고 그 모든 편지는 하나도 빠짐없이 자네와 관련된 것이었다네.

McQueen rolls inside, takes in the wall of treasures – covered in letters, clippings, photos of he and Doc... Many images are of McQueen and his **accomplishments**...

맥퀸이 안으로 들어와서 보물들로 가득한 벽을 보며 감상에 젖는다 – 편지들, 스크랩한 기사들, 그와 닥의 사진들이 걸려 있는 벽… 맥퀸의 사진과 그가 이룬 업적들에 대한 사진이 많다…

SMOKEY   Ya. Hud loved racin', but coachin' you? I'd never seen the old **grump** so happy.

스모키 그래, 허드가 레이싱을 사랑한 건 사실이야, 하지만 자네를 가르치는 것에 대해서는 어땠는지 알아? 그 심술보 늙은이가 그렇게 행복해하는 걸 본 적이 없다네.

---

give away one's answer 대답을 줘버리다, 답을 폭로(누설)하다
cut oneself off 세상과의 소통을 단절하다
son of a gun 못된 자식
roll-up door 손잡이를 돌려서 위쪽으로 말아 올려 여닫는 문, 셔터
accomplishment 업적, 공적, 성취하여 이룬 것
grump 〈비격식〉 성격이 나쁜 사람, 심술쟁이

❶ **Every last one of 'em was about you.**
하나도 빠짐없이 자네와 관련된 것이었다네.
'em은 them을 발음 나는 대로 구어체로 표기한 것이에요. Every last ~는 '(집단 속의) 마지막 한 ~까지'라는 의미인데, 강조용법 중의 하나로 '하나도 남김없이 모두/박박/깡그리' 이런 뉘앙스로 쓰는 숙어적 표현이에요, 예를 들어, I spent every last penny I had. '난 마지막 한 푼까지 깡그리 다 써 버렸다' 이렇게 쓰이지요.

McQueen's eyes stop on one photo – a young McQueen happily **clutching** his first Piston Cup. But off to the side, gazing back at him with pride, is Doc, **smiling ear to ear**.

SMOKEY (O.S.)   Racing wasn't the best part of Hud's life – you were.

This **hits** McQueen **hard**. Smokey rolls out, leaving him alone. As McQueen looks over more photos, he sees flashbacks of Doc.

In Doc's garage...

DOC   You ready to **blow out** a little **carbon** there, boy?

MCQUEEN   Yes I am!

As Doc looks down on McQueen stuck in the **gully**.

DOC   You give it too much **throttle**, you in the tulips.

Doc balancing several parts on his hood.

DOC   Hey Lightning. **You might want to take notes on this one.**[❶]

As Doc and McQueen race around the Butte.
McQueen comes back to the photo on Smokey's wall.

DOC   You got a lotta stuff kid.

EXT. SMOKEY'S GARAGE –
When McQueen rolls out, Smokey's there waiting.

SMOKEY   Hud **saw somethin' in you**, that you don't even see in yourself. Are you ready to go find it?

맥퀸의 눈이 한 장의 사진에 고정된다 – 젊은 맥퀸이 그의 첫 번째 피스톤 컵을 행복한 표정으로 와락 움켜잡고 있는 모습. 그런데 그 옆에, 자랑스러워 하며 바로 보고 있는 닥이 입이 귀에 걸릴 정도로 만면에 미소를 띠고 있다.

스모키 (화면 밖에서) 레이싱은 그의 삶에 최고의 것이 아니었어 – 그건 자네였다네.

이 이야기에 맥퀸은 큰 충격을 받았다. 스모키가 나가고 맥퀸이 홀로 남는다. 맥퀸이 더 많은 사진을 둘러보는 가운데 닥을 회상한다.

닥의 차고 내부...

닥 탄소 좀 분출할 준비가 되었는가, 자네?

맥퀸 네 그럼요!

닥이 도랑에 빠진 맥퀸을 내려다보고 있다.

닥 연료 조절판을 너무 많이 사용하고 있군, 튤립 속에 있는 너.

닥이 보닛의 여러 부분의 균형을 맞추고 있다.

닥 이봐 라이트닝. 이 부분은 조금 더 신경 써 주면 좋을 것 같군.

닥과 맥퀸이 언덕 주변을 달리고 있다. 맥퀸이 스모키의 벽에 있는 사진들에 다시 다가서고 있다.

닥 네겐 많은 능력이 있단다. 꼬마야.

외부. 스모키의 차고 –
맥퀸이 나가는데 스모키가 기다리고 있다.

스모키 허드는 자네에게서 뭔가 특별한 것을 봤어, 자네 자신조차도 보지 못하는 것을 말이야. 그게 뭔지 알아볼 준비 됐나?

---

clutch 와락 움켜잡다, 붙잡음

smile ear to ear 입이 귀에 걸릴 정도로 활짝 웃다

hit someone hard ~에게 큰 충격을 주다

blow out 분출하다

carbon 탄소

gully 도랑, 배수로

throttle 연료 조절판

see something in someone ~에게서 특별한 재능을 보다

❶ **You might want to take notes on this one.**
이 부분은 조금 더 신경 써 주면 좋을 것 같군.
충고나 조언을 할 때 가장 많이 쓰는 패턴 중의 하나가 You might want to ~랍니다. '~하면 좋을 것 같다'의 뉘앙스를 가진 표현이에요. You might want to call her first. '그녀에게 네가 먼저 전화를 해 보는 게 좋을 것 같아' 이런 식으로 쓰지요.

MCQUEEN Yes sir.	맥퀸 물론이죠.

CUT TO:　　　　장면 전환

EXT. THOMASVILLE TRACK – MOMENTS LATER
McQueen races around the track as Smokey watches.

외부. 토마스빌 트랙 – 잠시 후
맥퀸이 스모키가 보는 가운데 트랙을 달리고 있다.

SMOKEY (big energy) Alright. Alright. Bring it back.

스모키 (힘차게) 좋았어. 좋아. 다시 한 번 해보자고.

McQueen skids to a stops and heads back towards Smokey.

맥퀸이 끼익하며 멈추고 다시 스모키 쪽으로 향한다.

SMOKEY Lesson one! (beat) You're old. **Accept it.**❶

스모키 중요 포인트 하나! (잠시 정적) 넌 늙었어. 받아들여.

CRUZ (O.S.) (chimes in) I told him that.

크루즈 (화면 밖에서) (맞장구치며) 저도 그렇게 말해줬어요.

Just then Cruz drives up. Smokey chuckles.

바로 그때 크루즈가 다가온다. 스모키가 싱긋 웃는다.

SMOKEY He's probably **losing his hearing.**

스모키 아마 귀도 잘 안 들리는 가 보네.

CRUZ (yelling) HE SAID YOU'RE OLD, AND LOSING YOUR...

크루즈 (큰 목소리로) 이 분이 당신이 늙었다고 해요. 그리고 귀도 잘…

MCQUEEN –I heard him.

맥퀸 나도 다 들었다고요.

SMOKEY You'll never be as fast as Storm. But you can be smarter than him.

스모키 자넨 결코 스톰 만큼 빠르게 달릴 수가 없어. 하지만 그보다 더 영리해질 수는 있지.

MCQUEEN Okay, **what do I gotta do?**❷

맥퀸 알았어요. 그럼 제가 어떻게 해야 하죠?

Smokey looks over McQueen's frame.

스모키가 맥퀸의 차체를 살펴본다.

SMOKEY They said you were in a demolition derby.

스모키 자네 데몰리션 더비에 나갔었다고 그러던데.

Smokey interrupts, **cuts him off**.

스모키가 중간에 끼어들어 그를 막으며.

MCQUEEN Yeah, it was terrible and I almost—

맥퀸 네. 완전 끔찍했어요. 게다가 제가 거의–

---

chime in 맞장구를 치다. 대화에 끼어들다
lose one's hearing 청력을 잃다, 귀를 먹다
cut something off ~을 잘라내다

❶ **Accept it!** 받아들여!
지금 처한 현실을 받아들이라고 할 때 쓰면 좋은 표현이에요. Admit it!이라는 표현은 '인정해!'라는 뜻이에요.

❷ **What do I gotta do?**
제가 어떻게 해야 하는데요?
제대로 된 문법으로 이 문장을 다시 쓰면 What have I got to do? 입니다. 비격식 문장이지만 원어민들이 실제 자주 사용하는 표현입니다.

139

SMOKEY   Ya sure? Cause there's not a **scratch** on ya. (beat) Funny what a racer can do when he's not **over-thinking** things.

스모키 오 그런가? 자네 몸엔 상처가 하나도 없는데. (잠시 정적) 상황을 너무 오버해서 생각하지 않으면 레이서가 얼마나 큰 능력을 발휘할 수 있는지 거 참 희한해.

FLORIDA INTERNATIONAL SPEEDWAY

플로리다 국제 경주장

SHANNON SPOKES   Shannon Spokes here at Florida International Speedway, where Jackson Storm **clocked** 214 miles per hour today.

섀넌 스폭스 플로리다 국제 경주장의 섀넌 스폭스입니다. 오늘 잭슨 스톰이 시속 214마일을 돌파했다는군요.

Storm rips around the track.❶ As he flies past camera, we–

스톰이 트랙을 찢을 듯이 달리고 있다. 그가 카메라 옆을 날아가듯 지나는데..

---

scratch 스크래치, 긁다

over-thinking 과도하게 부풀려 생각을 하는 것, 너무 많이 생각하는 것

clock (경주 등에서 속도가 얼마인지를) 기록하다, 측정하다, 재다

❶ **Storm rips around the track.**
스톰이 트랙을 찢을 듯이 달린다.
Rip은 '찢다'라는 뜻입니다. 이 문장에서는 '트랙(경기장)을 찢는다(rip around)'고 표현했는데, 즉 '트랙을 찢을 듯이 아주 빠르게 달린다'라는 의미랍니다. 문맥을 보고 문장을 잘 해석할 필요가 있습니다.

Cruz, a Sparring Partner

스파링 상대, 크루즈

🎧 24.mp3

CUT TO:	장면 전환
Cut. **CLANK**. A **muffler** falls to the ground and Cruz is lowered down on a lift from offscreen.	전환. 철커덕 소리. 장면 밖에서 머플러가 땅으로 떨어지고 크루즈가 리프트로 내려지는 소리가 들린다.
Guido has **duck taped** "Jackson Storm 2.0" in **crude blocky** form on Cruz' side. Cruz sports new racecar tires and a **spoiler** [different color from her paint job]. McQueen and the old school gang is there watching.	귀도가 대충 뭉툭하게 만든 "잭슨 스톰 2.0"이라고 쓰인 종이를 크루즈의 몸에 공업용 테이프로 붙여놨다. 크루즈는 새로운 경주용 타이어들과 스포일러[그녀의 차체 페인트 색과 다른]를 자랑스럽게 보인다. 맥퀸과 그의 옛 동료들이 보고 있다.

바로 이장면!*

SMOKEY	You wanna beat Jackson Storm, you need someone to **stand in for him** - like a **sparring partner**.	스모키 잭슨 스톰을 이기고 싶다면 누군가 그의 역할을 해 줄 사람이 필요해 – 스파링 상대 같은 것 말이야.
Cruz is embarrassed. All encourage Cruz for how she looks. Guido makes **AIR GUN** or **tool** noises **amid** the **din**.		크루즈는 창피해한다. 모두 그녀에게 보기 좋다고 칭찬해 준다. 귀도가 소음 속에서 공구 소리인지 공기총 소리를 내고 있다.
LOUISE NASH, RIVER SCOTT, JR MOON	Alright! Lookin' good! Okay! Nice job!	루이스 내쉬, 리버 스콧, 주니어 문 좋아! 보기 좋다고! 그래! 잘했어!
CRUZ	I'm not so sure. Not a racer, just a trainer...	크루즈 글쎄 좀 그렇네요. 난 레이서가 아니라 그냥 트레이너인데…
SMOKEY	Go ahead and gun it.	스모키 한 번 달려봐.
Cruz guns it. Bigger sound.		크루즈가 총알처럼 달린다. 더 큰 소리.
CRUZ	(surprised) Whoah! Ya!	크루즈 (놀라서) 우워! 예!

---

clank 철커덕 소리가 나다

muffler 머플러 (내연기관이나 환기장치로부터 나오는 소음을 줄이기 위한 장치), 목도리

duck taped 덕테이프/공업용 테이프로 붙여 놓은

crude 대충의, 대강의

blocky 뭉툭한, 땅딸막한

spoiler 스포일러 (고속으로 달릴 때 차가 들리지 않게 해 주는 부가물)

stand in for someone ~의 역할을 대신 해주다, ~를 대신하여 일을 보다

sparring partner (권투에서) 스파링 상대

air gun 공기총

tool 공구

amid ~가운데, 속에서

din 소음

141

SMOKEY	(CHUCKLE) With no muffler ya even sound like Storm!	스모키 (싱긋 웃으며) 머플러가 없으니 소리까지도 스톰 같네!
CRUZ	**You're goin' DOWN**[1] McQueen. Get that **arthritis riddled keister** onto that track so I can put you into the old folks home **against your will!**	크루즈 넌 이제 끝났어, 맥퀸. 그 관절염으로 구멍 숭숭 뚫린 엉덩이를 트랙에 올려봐, 네가 원하지 않는 노인네들 집으로 보내줄 테니.

All stare, shocked. Even Cruz is shocked at what came out.

모두가 충격이라는 표정으로 쳐다본다. 크루즈 자신조차 자신이 한 말에 깜짝 놀랐다.

CRUZ	(timid) How was that?	크루즈 (소심하게) 어때요?
MCQUEEN	**That'll work.**[2]	맥퀸 그 정도면 되겠군.
LOUISE NASH	Worked for me.	루이즈 내쉬 난 좋은데.
RIVER SCOTT	I'm good.	리버 스콧 나도.
JR. MOON	Yep. That'll do.	주니어 문 응. 그 정도면 충분해.
RIVER SCOTT	Did you hear what she said?	리버 스콧 쟤가 한 말 들었어?

EXT. THOHASVILLE SPEEDWAY – MOMENTS LATER – LITMUS TEST ONE

Cruz rolls out with a **crappy** "Jackson Storm 2.0" duct-taped on her side. McQueen takes in her new look as she rolls past.

외부. 토마스빌 경주장 – 잠시 후 – 리트머스 테스트 1
크루즈가 공업용 테이프로 그녀의 몸에 붙여 놓은 불쌍사나운 "잭슨 스톰 2.0" 표시를 달고 나간다. 그녀가 지나갈 때 맥퀸은 그녀의 새로운 모습을 받아들인다.

SMOKEY	You didn't show up in Florida for **qualifying**, so you'll be startin' **dead** last. I'll give you three laps to catch her.	스모키 자네는 플로리다 대회 예선에 참가하지 못했으니 가장 마지막 줄에서 시작하게 될 거야. 그녀를 따라잡는데 세 바퀴 주겠네.
MCQUEEN	Go through the entire field in three laps?	맥퀸 세 바퀴 만에 전체 필드를 다 지나라고요?
SMOKEY	You wanna beat Storm or not?	스모키 스톰을 이기고 싶은 거 맞아?
MCQUEEN	Yes! Of course I do –	맥퀸 네! 당연히 이기고 싶죠 –

---

arthritis 관절염
riddled 구멍이 숭숭 뚫린
keister 〈비격식〉 엉덩이
against one's will 의지에 반하여
litmus test 리트머스 시험 (진정한 척도)
crappy 형편없는, 볼품없는, 쓰레기 같은
qualifying (자동차 경주의) 예선
dead 〈부사〉 (강조용법) 완전, 엄청

[1] **You're going down!** 넌 이제 끝났어!
경쟁상대에게 위협을 주려고 할 때 '넌 이제 망했어/끝났어'라는 의미로 쓰는 표현이에요. You're so dead! 또는 You are doomed! 등도 같은 상황에서 많이 쓰는 표현이랍니다.

[2] **That'll work.** 그 정도면 되겠군.
Work가 '일하다'라는 뜻 이외에 '작동하다/잘 돌아가다'라는 의미로 쓰인 문장입니다.

SMOKEY (chuckles) Well then, GO!	스모키 (싱긋 웃는다) 자 그렇다면, 출발!
BEGIN MONTAGE! They take off! McQueen **gives it a go**❶ but is not even close to catching her.	몽타주 시작! 그들이 출발한다! 맥퀸이 애써보지만, 그녀를 잡기엔 너무 무리다.
CRUZ (squeal)	크루즈 (끼익하는 소리)
SMOKEY (to himself) Come on, Kid!	스모키 (스스로) 힘을 내, 얘야!
CRUZ Whoa!	크루즈 워!
Cruz wins easily.	크루즈가 쉽게 이긴다.
SMOKEY (not impressed) Alright... Looks like we got some work to do.	스모키 (마음에 들지 않는 듯) 좋아… 아무래도 앞으로 할 일이 많겠군.
EXT. COUNTRY ROAD McQueen **dodges** with Cruz while Guido throws **bales of hay** at McQueer's head. THEY YELL ABOVE THE SOUNDS OF THEIR ENGINES.	외부. 시골길 귀도가 맥퀸의 머리를 향해 건초더미를 던지자 맥퀸과 크루즈가 피한다. 그들이 엔진 소리 너머로 소리친다.
SMOKEY Look alive! The **reflexes** are the first thing to go!	스모키 에너지 넘치는 모습을 보여! 반사신경이 가장 중요해!
A hay bale smacks McQueen in the face.	건초더미 하나가 맥퀸의 얼굴을 가격한다.
MCQUEEN Ah!! Whoa! Ahhh!	맥퀸 애!! 워! 아!
EXT. PASTURE – DAY Shot of a **tractor cow**. It **chews its cud** and then MOOS. Show McQueen and Cruz in a field surrounded by cows.	외부. 목초지 – 낮 트랙터 소의 모습. 소가 되새김질을 한 후 음매 한다. 목장 위 소들로 둘러싸인 맥퀸과 크루즈의 모습이 보인다.
MCQUEEN Why are we in a field?	맥퀸 우리 왜 목장에 있는 거죠?
Smokey rolls up to the field gate and closes it.	스모키가 목장의 문 쪽으로 다가가 문을 닫는다.
SMOKEY Sneak through that window!	스모키 저 창문으로 몰래 빠져나가!

---

squeal 끼익하는 소리를 낸다
dodge (몸을) 재빨리 휙 움직이다/피하다
bales of hay 건초더미
reflex 반사적인 반응(동작), 반사작용
pasture 목초지, 초원
tractor cow 트랙터 소 (극 중 경작용 큰 차량 트랙터 비유)
chew one's cud 되새김질을 하다

❶ **Give it a go.**
시도하다.
무엇을 시도/도전해 본다는 의미로 쓰는 표현인데 give it a go에서 go를 try나 shot을 넣어서 give it a try, give it a shot이라고 해도 된답니다. 예를 들어, Why don't you give it a go/try/shot? '한번 시도해 보는 게 어때?'는 모두 같은 의미이죠.

<u>CRUZ</u>	What does that mean?	크루즈 저게 무슨 말이죠?

<u>**MCQUEEN**</u> I don't know!

맥퀸 나도 모르겠어요!

<u>SMOKEY</u> Go!

스모키 출발!

Smokey revs his engine and the cows tractors **go wild**. McQueen and Cruz are inside **caught in** the **stampede**.

스모키가 부르릉 엔진 소리를 내고 소 트랙터들이 놀라서 난리가 난다. 맥퀸과 크루즈가 우르르 몰리는 소 무리 사이에 갇혔다.

<u>**CRUZ, MCQUEEN**</u> Ahhh!!

크루즈, 맥퀸 아아!!

<u>CRUZ</u> Not cool man, **not cool**!

크루즈 이건 좋지 않아요, 안 좋다고요!

EXT. THOMASVILLE TRACK – LITMUS TEST 2 – MORNING
Same **set-up**. McQueen's **lined up a quarter**-lap behind. **Mid-race**. McQueen **efforts super hard**. He **closes the gap** a little more, but Cruz still wins.

외부. 토마스빌 트랙 – 리트머스 테스트 2 – 아침
전과 같은 설정. 맥퀸이 1/4 바퀴 정도 뒤처져서 줄을 서 있다. 레이스-중반. 맥퀸이 엄청나게 노력한다. 차이를 조금 더 좁히지만 크루즈가 여전히 이긴다.

<u>SMOKEY</u> Run it back.

스모키 다시 돌아.

EXT. THOMASVILLE SPEEDWAY – LITMUS TEST 3
Green flag drops. They race. McQueen efforts hard, closes the gap a little more than last time...

외부. 토마스빌 경주장 – 리트머스 테스트 3
초록색 깃발이 떨어진다. 그들이 경주한다. 맥퀸이 열심히 노력하고 지난번보다 조금 더 차이를 좁히고…

EXT. THOMASVILLE SPEEDWAY – LITMUS TEST 4
Mid-race again. McQueen looks **focused**. He closes the gap a bit more, but Cruz wins.

외부. 토마스빌 경주장 – 리트머스 테스트 4
다시 레이스-중반. 맥퀸이 집중한 듯 보인다. 그가 차이를 조금 더 좁히지만, 크루즈가 이긴다.

EXT. THOHASVILLE SPEEDWAY – LITMUS TEST 5

외부. 토마스빌 경주장 – 리트머스 테스트 5

<u>SMOKEY</u> Do you even want to be out here?!

스모키 자네 여기 나오는 게 좋기는 한 건가?!

EXT. THOMASVILLE SPEEDWAY – LITMUS TEST 6
McQueen goes hard, but again doesn't get close to catching Cruz. Guido waves the checkered flag as Cruz crosses the finish line first.

외부. 토마스빌 경주장 – 리트머스 테스트 6
맥퀸이 힘써 보지만 또다시 크루즈를 따라잡지는 못한다. 귀도가 체크무늬 깃발을 흔들며 크루즈가 결승선을 먼저 통과한다.

<u>SMOKEY (O.S.)</u> Only two days left kid! You gotta work harder!

스모키 (화면 밖에서) 딱 이틀 남았어, 얘들아! 더 열심히 연습해야 해!

---

go wild 난리를 치다, 미친 듯이 날뛰다
caught in 갇힌, 덫에 걸린
stampede 우르르 몰리는 것
Not cool! 유쾌하지 않아! 예의가 아니다!
set-up 설정, 구성, 체제
line up 줄을 서다
a quarter 4분의 1
mid-race 레이스 중반

effort 노력, 공, 수고, 애씀 (비격식적으로 대본에서는 동사로 쓰임)
super hard 엄청 심하게, 정말 열심히
close the gap 격차/차이를 좁히다
focused 집중한

MCQUEEN   (react - **frustrated**)

INT. FLORIDA INTERNATIONAL SPEEDWAY - SIMULATOR ROOM - DAY
Storm trains on the **sim-unit** going PAST (212 mph!). All of a sudden he races past a slower red car (a **blur**!).

STORM   Wait wait wait, who was that?

RAY REVERHAM   I put McQueen in there! 'Give ya some real **competition**!

STORM, RAY REVERHAM   (LAUGH TOGETHER)

맥퀸 (반응 - 좌절한 듯)

내부. 플로리다 국제 경주장 - 시뮬레이터실 - 낮
스톰이 시뮬레이터 세트에서 시속 212마일을 넘기며 훈련하고 있다. 갑자기 그가 더 느린 빨간 차를 지나며 달린다 (흐릿한 형체!)

스톰 잠깐, 잠깐, 잠깐, 저거 누구야?

레이 레버햄 시뮬레이터에 맥퀸을 넣었어! 제대로 경쟁 한 번 해 보라고!

스톰, 레이 레버햄 (같이 웃는다)

---

frustrated 좌절하다
sim-unit 시뮬레이터 세트
blur 흐릿한 형체
competition 경쟁

The Old, Rickety, and Dilapidated McQueen
늙고 금방이라도 부서지고 허물어질 것 같은 맥퀸

🎧 25.mp3

EXT. DRIVE-IN – NIGHT
Smokey, McQueen and Cruz are watching Doc racing footage.

ON SCREEN – Doc is riding up close to another car's butt.
McQueen and Cruz are both **enthralled**.
ON SCREEN – Doc is racing hard in the middle of the pack. He looks
ahead, **scouting** his next move.

외부. 드라이브인 영화관 – 밤
스모키, 맥퀸, 그리고 크루즈가 닥의 경주 영상을
보고 있다.

스크린 – 닥이 다른 차의 엉덩이 부분으로
따라잡고 있다.
맥퀸과 크루즈가 같이 영상에 흠뻑 빠져있다.
스크린 – 닥이 무리 속에서 열심히 레이싱을
하고 있다. 그가 앞을 보며 다음 단계는 어떻게
할까 구상 중이다.

바로 이장면!

SMOKEY	Hud was a master of letting the other cars do the work for him.	스모키 허드는 다른 차들이 그의 작전에 말려들어 그를 위해 움직이게 하는데 도사였어.
RIVER SCOTT	He used to say **cling** to 'em like you was two **June bugs** on a summer night.	리버 스콧 그는 이렇게 말하곤 했지, 마치 네가 한여름 밤의 풍뎅이가 두 마리가 된 것처럼 그들에게 달라붙어라.
JR. MOON	He stole that from me!	주니어 문 그거 원래 내가 한 말인데 걔가 훔쳐간 거야!
MCQUEEN	Drafting? I've never had to do that.	맥퀸 드래프팅? 전 그걸 해야만 하는 상황을 접해 본 적은 없었어요.
SMOKEY	Yeah, that's when you were fast – now you're slow.	스모키 그래, 그건 네가 빨랐기 때문에 그런 거지 – 근데 이젠 느리잖아.
RIVER SCOTT	And old.	리버 스콧 늙었고.
LOUISE NASH	And **rickety**.	루이스 내쉬 금방 부서질 것 같고.
JR. MOON	And **dilapidated**.	주니어 문 노후 돼서 허물어져 가고 있고.
MCQUEEN	Okay okay! **I get it.**❶	맥퀸 알았어요 알았다고요! 무슨 말인지 안다고요.

---

drive-in 자동차를 타고 이용하는 극장, 식당
enthrall 마음을 사로잡다, 매료시키다
scout ~을 찾아 돌아다니다, (운동선수, 연예인 등을) 발굴하다
cling 달라붙다, 꼭 붙잡다, 매달리다
June bug (유럽, 북미산) 왕풍뎅이의 일종
rickety 금방 부서질 것 같은
dilapidated 노후 돼서 허물어져 가는

❶ **I get it.**
무슨 말인지 알겠어요.
우리는 보통 무엇을 이해한다고 할 때 동사
understand가 바로 떠오르는데 실제
구어체에서는 '이해했다/알아들었다는 말을 하고
싶을 때 간단하게 I get it!을 많이 쓴답니다.
상대방이 이해했는지 확인하려고 '알겠니?'라고
물을 때도 Do you get it? 또한 자주 쓰여요.

| SMOKEY | The new you has to look for opportunities you never knew were there. | 스모키 | 이제 새롭게 태어난 자네는 그동안 존재하는지도 몰랐던 그런 기회를 찾아야만 한다네. |

End on McQueen's face, staring at Doc on screen in awe.

경외하는 눈빛으로 스크린 위의 닥을 응시하고 있는 맥퀸의 얼굴을 비치며 장면이 끝난다.

EXT. PASTURE – DAY
The **herd** of tractors is **released**.
McQueen and Cruz are both struggling in the middle of the herd. Then, McQueen sees a small space open up between two cows and **it clicks for him.**❶

외부. 목초지 – 낮
트랙터 떼가 풀렸다. 맥퀸과 크루즈가 트랙터 떼들에 둘러싸여 발버둥 치고 있다. 그때, 맥퀸이 두 소 사이에 열린 작은 공간을 보며 순간적으로 영감을 얻는다.

SMOKEY	Sneak through the window!	스모키	창문 사이로 몰래 빠져나가!
MCQUEEN	(to himself) **Sneak** through the window...	맥퀸	(스스로) 창문 사이로 몰래 빠져나가라…
CRUZ	(still confused) What?!	크루즈	(여전히 혼란스러워하며) 뭐라고요?!
MCQUEEN	When a window opens, take it!	맥퀸	창문이 열릴 때, 기회를 잡아라!

McQueen **improves**, starts smoothly moving between the cows.

맥퀸이 나아간다. 소들 사이를 부드럽게 빠져나가기 시작한다.

| MCQUEEN | Whoa-ho! | 맥퀸 | 위-호! |
| CRUZ | (squeal) | 크루즈 | (끼익 소리를 낸다) |

McQueen is in the lead. He slaloms through cows **with ease**, leaving Cruz behind. But when another gap opens up in front of him, he's about to go when Cruz blasts past him and shoots through the gap herself!

맥퀸이 앞장서 간다. 그가 여유 있게 소들 사이를 활강하며 나아가고, 크루즈는 뒤에 남는다. 하지만 그의 앞에 틈이 하나 더 열리자 그가 가려고 하는데 크루즈가 잽싸게 그 틈을 뚫고 나와 그를 휙 지나서 앞서간다.

| CRUZ | I made it! | 크루즈 | 내가 해냈어요! |
| MCQUEEN | All right! | 맥퀸 | 잘했어요! |

---

herd 떼, 무리
release 풀다, 석방하다, 개봉하다
sneak 살금살금 가다
improve 앞으로 나아가다
with ease 여유 있게, 손쉽게

❶ **It clicks for him.**
순간적으로 영감을 얻는다.
보통 click하면 떠오르는 것은 마우스의 버튼을 누르는 행위 '클릭'이지만, 구어체에서는 불현듯 뭔가 이해되고 머릿속에서 딱 분명해질 때 그 순간을 묘사하며 쓰기도 한답니다. 예를 들어, I was thinking hard but suddenly it clicked! '열심히 고민하고 있다가 갑자기 딱 깨닫게 되더라고!' 이렇게요.

EXT. COUNTRY ROAD
Like before, McQueen dodges with Cruz while Guido throws bales of hay at McQueen's head. This time, McQueen's doing much better.

SMOKEY   Let's go! Let's move!

GUIDO   (effort - throwing REALLY FAST)

SMOKEY   There ya go! Reflexes!

McQueen dodges easily. On Smokey.

SMOKEY (to Guido)   Alright, Guido, turn up the heat!

GUIDO   Okayyy! Ah!

Giant heavy things start landing in front of McQueen –
engine blocks/boat anchors, etc.

MCQUEEN   Whoaa!! AH!

He succeeds in **evading** the object

SMOKEY   Alright! Look who finally showed up!

McQueen and Cruz follow Smokey and the Legends into **the woods**.

SMOKEY   **This is where we cut our racing teeth.**❶

MCQUEEN   In the woods?

RIVER SCOTT Let's just say the moon was always shining on us.

MCQUEEN   Huh?

LOUISE NASH If the moon didn't shine we didn't have to go in – oh **never mind**.

외부, 시골길
전에 그랬던 것처럼 귀도가 맥퀸의 머리에 건초더미를 던지자 맥퀸과 크루즈가 휙 피한다. 이번에는, 맥퀸이 훨씬 더 잘 피한다.

스모키 가재! 어서 가자고!

귀도 (노력 – 정말 빠르게 던진다)

스모키 바로 그거야! 반사신경!

맥퀸이 쉽게 피한다. 스모키의 모습.

스모키 (귀도에게) 좋아, 귀도, 좀 더 불을 당겨 봐!

귀도 네, 알겠습니다요! 아!

맥퀸 앞에 엄청나게 거대한 물건들이 떨어지기 시작한다 – 엔진 블록들 / 배 닻들, 등등

맥퀸 웬 아!

맥퀸이 그것들을 모두 피하는 데 성공한다.

스모키 좋았어! 마침내 누가 왔는지 보라고!

맥퀸과 크루즈가 스모키와 전설들을 따라 숲으로 간다.

스모키 여기가 바로 우리가 레이싱 연습을 하는 곳이야.

맥퀸 숲 속에서요?

리버 스콧 달빛이 항상 우리를 비추고 있었다고 나 할까.

맥퀸 네?

루이스 내쉬 달빛이 비치지 않았다면 우린 들어 갈 필요가 없었지 – 아냐 신경 쓰지 마.

---

engine block 엔진 블록, 기관본체
boat anchor 배 닻
evade 피하다
the woods 숲, 수풀
Never mind! 신경 쓰지 마라! 걱정하지 마라!

❶ **This is where we cut our racing teeth.**
여기가 바로 우리가 레이싱 연습을 하는 곳이야.
Cut one's teeth는 '이가 나다'라는 뜻도 있지만, 어떤 일에 대한 '경험을 얻다/쌓다'라는 뜻으로 새로운 경험을 하면서 철이 드는 것을 새로운 치아가 생기는 것에 비유했습니다.

RIVER SCOTT We ran **moonshine, dummy!**

MCQUEEN Ohhhhh.

Just then the Legends all turn off their headlights. McQueen and Cruz are confused.

SMOKEY By the way, no lights. **Instinct** only.

With that, the Legends take off racing into the woods.

LEGENDS (cheering)

McQueen and Cruz take off to catch up. And just like that, they are dodging trees in the dark. It's terrifying!

CRUZ Whoa, whoa, whoa, whoa, whoa!

MCQUEEN Ah! Hey, hey, hey! Whoa, whoa, whoa!

CRUZ Ha, ha, ha, ha, ha! Woo!

MCQUEEN Ahhhhhh! Ah – ah – ah!

As usual, **McQueen figures it out first.**❶ He starts to dodge with ease. McQueen's high tech wrap finally **comes off**. Together Cruz and McQueen race past the legends.

CRUZ, MCQUEEN (cheers)

MCQUEEN Wooohoohoohooo!

McQueen and Cruz **launch** off of a hill.

EXT. FLORIDA INTERNATIONAL SPEEDWAY – DAY
A short montage of NEXT GEN RACERS offering their opinion.

리버 스콧 우리는 달빛을 이용해서 달렸다고, 멍청아!

맥퀸 오오.

바로 그때 전설들이 모두 헤드라이트를 끈다. 맥퀸과 크루즈는 혼란스럽다.

스모키 아 참. 라이트는 안 켠다. 오직 직관으로만.

그와 함께, 전설들이 숲 속으로 출발한다.

전설들 (환호하며)

맥퀸과 크루즈가 따라잡기 위해 출발한다. 그리고 바로 그렇게 그들은 어둠 속에서 나무들을 피하며 간다. 오싹하다!

크루즈 워, 워, 워, 워, 워!

맥퀸 애! 저기, 저기, 저기! 워, 워, 워!

크루즈 하, 하, 하, 하, 해 우!

맥퀸 아아애! 아 - 아 - 애!

언제나처럼 맥퀸이 먼저 터득한다. 그가 편하게 나무들을 피하기 시작한다. 맥퀸의 첨단 포장이 결국 떨어져 나간다. 크루즈와 맥퀸이 함께 전설들을 추월해 달린다.

크루즈, 맥퀸 (환호한다)

맥퀸 우우후후!

맥퀸과 크루즈가 언덕을 넘어서 달려 나온다.

외부. 플로리다 국제 경주장 - 낮
차세대 레이서들이 그들의 의견을 게재하는 몽타주가 잠깐 나온다.

moonshine 달빛, 월광
dummy 멍청이
instinct 본능, 직감
come off (붙어 있던 것이) 떨어져 나가다
launch 개시/출발한다

❶ **McQueen figures it out first.**
맥퀸이 먼저 알아 차린다.
figure somebody/something out은 '~을 이해하다, 알아내다'라는 뜻으로 이 장면에서는 맥퀸이 노련하게 어떤 상황이든 바로 이해하고 적응하는 모습을 나타냈습니다. 참고로 figure out은 '계산해 내다, 이해하다'라는 뜻입니다.

BUBBA WHEELHOUSE   McQueen's still not here? Didn't he **pull** this when he was a rookie? At least **that's what my grandfather told me.**❶

EXT. THOMASVILLE SPEEDWAY – FINAL LITMUS TEST (10!) – DAY
McQueen and Cruz are lined up in their usual starting spots.

SMOKEY   All right! We got time for one last race.

MACK   **Hurry this along.** Boss, we gotta get you to Florida…

SMOKEY   Go!

They take off. McQueen is flying like we've never seen him, closing the gap. Cruz **looks over her shoulder** at the **gaining** McQueen – she's drifting like a champ now.

부바 휠하우스 맥퀸은 아직도 안 왔나? 그가 루키 시절에 이 대회에서 우승하지 않았나? 옛날에 우리 할아버지가 나한테 얘기해 주기로는 그랬던 것 같은데.

외부. 토마스빌 경주장 – 마지막 리트머스 테스트 (10!) – 낮
맥퀸과 크루즈가 그들이 늘 섰던 출발선에 줄 서 있다.

스모키 좋아! 시간을 보니 마지막 레이스를 한 번 더 돌 수 있겠구나.

맥 서둘러야 해요. 보스, 플로리다에 가야 하는데…

스모키 출발!

그들이 출발한다. 맥퀸이 전과는 전혀 다른 스피드로 간격을 좁히면서 날아간다. 크루즈가 어깨너머로 점점 가까워지는 맥퀸을 본다 – 그녀가 마치 챔피언처럼 드리프팅을 하고 있다.

---

pull 저지르다. 해내다
hurry along 서두르다. 급히 가다
look over one's shoulder 어깨너머로 보다
gain 이르다. 다다르다

❶ **That's what my grandfather told me.**
그게 내 할아버지가 내게 해준 말씀이야.
That's what~ 구문은 일상생활에서 다양하게 활용할 수 있습니다. 몇 가지 예를 들어 볼까요? That's what I mean. '그게 내가 의미하는 거야.' That's what I remember. '그게 내가 기억하는 거야.' 주어를 바꿔서 That's what he said. '그가 그렇게 말했어.' 다양하죠?

McQueen's Crew in Florida
플로리다로 온 맥퀸의 크루

🎧 26.mp3

EXT. FLORIDA INTERNATIONAL SPEEDWAY – DAY

CHASE RACELOT Maybe it's best he doesn't show up, you know, after how last season ended.

EXT. THOMASVILLE SPEEDWAY – FINAL LITMUS TEST – DAY
We cut in mid-race again. McQueen and Cruz-Storm are whipping around the track.

EXT. FLORIDA INTERNATIONAL SPEEDWAY – DAY

RYAN INSIDE LANEY Lemme put it this way. I'm not **losing** ANY **sleep** wondering where Lightning McQueen is.

EXT. THOMASVILLE SPEEDWAY – FINAL LITMUS TEST – DAY
McQueen, **laboring hard**, makes it behind Cruz. He's close! The Legends are watching.

SMOKEY (**under his breath**) Come on, Boy. Come on!

McQueen makes one final push to **catapult** himself around Cruz. He **edges** next to her and the two **trade the lead** – they both pull forward – she blocks him trying to go around but he dodges and goes the other way – they're **neck and neck**.

SMOKEY There you go, Boy! There you go!

McQueen gives it every thing he's got...❶ gunning his engine... He passes her! But the success is **momentary**. Cruz puts on the speed and passes him, pulling away. McQueen falls behind. In his mind McQueen hears the "McQueen is fading" moment.

외부. 플로리다 국제 경주장 – 낮

체이스 레이슬롯 어쩌면 그가 오지 않는 게 최선일 수도 있어, 지난 시즌이 어떻게 끝났는지 생각해 보면 말이야.

외부. 토마스빌 경주장 – 마지막 리트머스 테스트 – 낮
다시 경주 진행 장면으로 전환된다. 맥퀸과 크루즈–스톰이 트랙을 쌩쌩 돌고 있다.

외부. 플로리다 국제 경주장 – 낮

라이언 인사이드 레이니 난 이렇게 말하고 싶네. 맥퀸이 어디에 있건 난 전혀 신경 쓰고 싶지 않다고.

외부. 토마스빌 경주장 – 마지막 리트머스 테스트 – 낮
맥퀸, 온 힘을 다하여, 크루즈의 바로 뒤로 다가선다. 정말 가깝다! 전설들이 보고 있다.

스모키 (속삭이듯) 힘내, 얘야. 힘내라고!

맥퀸이 마지막으로 크루즈 옆으로 자신을 내던지듯 힘껏 달린다. 그가 그녀 옆으로 다가서고 그 둘의 순서가 바뀐다 – 그들 둘 다 앞으로 나아간다 – 그녀가 그의 옆을 지나가려고 그를 막아서지만 그가 피해서 다른 쪽으로 돌아간다 – 대접전.

스모키 바로 그거야. 얘야! 바로 그거라고!

맥퀸이 젖 먹던 힘까지 쏟아낸다… 그의 엔진 출력을 최대로 높이면서… 그가 그녀를 추월한다! 하지만 그 순간은 잠시뿐. 크루즈가 다시 속력을 올려 그를 지나 앞서간다. 맥퀸이 뒤로 처진다. 그의 마음속에서 "맥퀸이 서서히 사라지고 있어요"라는 말이 들린다.

---

lose sleep (over) ~때문에 (잠도 못 이룰 정도로) 걱정하다
labor hard 힘을 다해 노력하다, 애쓰다
under one's breath 속삭이듯이, 낮은 목소리로
catapult (갑자기) 내던지다, 새총
edge 다가서다, 살살 움직이다
trade the lead 선두의 순서가 바뀌다
neck and neck 대접전인, 막상막하인
momentary 순간적인, 잠시의

❶ **McQueen gives it everything he's got.**
맥퀸이 젖 먹던 힘까지 쏟아낸다.
〈give it everything 주어 have/has got〉은 사력을 다해 무언가를 할 때 쓰는 표현이에요. 예를 들어, I'll give it everything I've got! '난 내가 할 수 있는 최선을 다할 거야!' 이렇게 쓸 수 있어요.

DARRELL CARTRIP (V.O.) McQueen is fading...❶
McQueen is fading... Fading fast...

Cruz crosses the finish line, leaving him in the dust.

CRUZ Wooooo hoooo!! Yes!! Did you see that? That was incredi... (realizes what happened)

McQueen slows to a stop, shocked. We see the reactions of Smokey, the old school folks. Cruz realizes the gravity of what's just happened. McQueen looks at her for moment, says nothing and rolls off.

CRUZ (quiet, awkward) Oh ah, sorry... I didn't **mean** to...

McQueen and Smokey share a look. Awkward moment for all.

MACK Hey uh, Boss. It's time to... **hit the road.**

MCQUEEN Yeah. I, uh, I want to thank everyone for the training. (beat) We better **get going** to Florida.

CUT TO:

EXT. FLORIDA INTERNATIONAL SUPER SPEEDWAY – DAY
There is an Olympic finals type of energy inside the Florida stadium. We see establishing shots of... the track, the giant crowds filing in, the excited fans, the race teams getting ready, Sterling talking to the press... and all under Bob and Darrell's welcome **commentary**...

BOB CUTLASS (O.S.) Welcome to racing's greatest day! We're beachside at the Florida International Speedway to **kick off** a new season of Piston Cup racing. It's the FLORIDA 500.

---

mean ~을 의도하다/뜻하다
hit the road 길을 떠나다/나서다, 여행을 떠나다
get going 움직이기 시작하다, 길을 나서다
commentary 실황 방송, 해설
kick off (특히 경기 따위가) 시작하다

❶ **McQueen is fading.**
맥퀸이 사라지고 있어요.
Fade는 여러분이 잘 알다시피 '(사물의) 색이 바래다'라는 뜻과 함께 '(소리, 미소, 희망 등이) 희미해지다'라는 의미가 있습니다. 위 장면에서는 '(선수, 배우 등의) 실력이 시들해지다, 한물갔다'라는 의미로 맥퀸의 기량을 묘사했네요.

DARRELL CARTRIP (O.S.)   43 Cars and **a quarter million fans** await Today's **intense** contest of **strategy**, skill, but most of all, speed. This crowd is in for one great day of racing!

데릴 칼트립 (화면 밖에서) 43대의 차들과 25만 명의 팬들이 오늘의 치열한 전략과 기술의 경쟁, 하지만 무엇보다 가장 중요한 스피드의 경쟁을 기다리고 있습니다. 이 모든 관중들이 오늘의 훌륭한 레이싱을 보기 위해 오셨어요.

CUT TO:

장면 전환

RED AND SHERIFF WATCHING THE RACE ON TV BACK IN RADIATOR SPRINGS—

레디에이터 스프링스에서는 레드와 셰리프가 TV로 레이싱 경기를 보고 있다.

BACK TO:

다시 장면 전환

EXT. FLORIDA INTERNATIONAL SUPER SPEEDWAY – CONTINUOUS
IN THE BOOTH, We see Bob and Darrell.

외부. 플로리다 국제 슈퍼 경주장 – 계속
부스에서, 밥과 데릴의 모습이 보인다.

BOB CUTLASS (O.S.)   I'm Bob Cutlass joined as always by my broadcasting partner Darrell Cartrip and **stat sensation** Natalie Certain...

밥 커틀라스 (화면 밖에서) 저는 밥 커틀라스이고 여느 때와 다름없이 오늘의제 방송 파트너 데릴 칼트립, 그리고 통계분석계의 센세이션을 일으키고 있는 나탈리 서틴과 함께입니다.

REVEAL – Natalie, who **references** her BOARD.

나탈리가 그녀의 보드를 보며 이야기하고 있는 모습.

NATALIE CERTAIN   I've never seen the numbers line up for Storm like they do today, Bob. Storm should be 96.8 percent **unstoppable**.

나탈리 서틴 저는 지금껏 오늘처럼 수치들이 모두 스톰을 향하여 서 있는 경우를 본 적이 없네요, 밥. 스톰의 우승 확률은 96.8 퍼센트로 그를 막을 자가 없을 것 같군요.

DARRELL CARTRIP   Well, don't **overlook** Lightning McQueen?

데릴 칼트립 아, 라이트닝 맥퀸을 간과하시면 안되죠?

CUT TO:

장면 전환

INT. THUNDER HOLLOW - BAR – SAME
It's the **quintessential** bar shot from every **sports flicks** A TV **mounted up high**, the **patrons** looking up at it. FRITTER'S joined by her CRAZY EIGHT MATES.

내부. 썬더 할로우 – 술집 – 동일
벽면 높은 곳에 TV가 올려져 있고 손님들은 그 TV를 보고 있는 스포츠 방송할 때의 아주 전형적인 술집 모습 장면. 프리터가 그녀의 크레이지 8 동료들과 함께 있다.

MISS FRITTER   WHIPPLEFILTER! WOOHOO!!

미스 프리터 위플필터! 우후!!

---

a quarter million 25만

intense 극심한, 치열한, 강렬한

strategy 전략

stat sensation 통계분석계의 센세이션

reference 참고하다, 참조

unstoppable 막을 수가 없는, 경쟁자가 없는

overlook 간과하다, 가볍게 여기다

quintessential 본질적인, 정수의, 전형의

sports flicks 스포츠 방송

mounted up high 높이 올려져 있는

patron (가게의) 손님

THE GARAGE AREA
We travel through the Garage area watching the **hustle and bustle** of all of the Racers and their teams getting ready for the race until we find McQueen's trailer. The area around McQueen's trailer is **pin-drop quiet**.

<u>BOB CUTLASS (O.S.)</u>   We've heard stories of the unusual way McQueen trained to get here. Now the question is – did it work?

CUT TO:

INT. MCQUEEN'S TRAILER – CONTINUOUS
McQueen sits it quiet nervousness. **Deep down** he fears he's **screwed**, but he tries hard to re-set himself.

<u>MCQUEEN</u>   Speed. I. Am. Speed? (SIGHS)

KNOCK, KNOCK, KNOCK **breaks the silence**.

<u>MACK</u>   Hey Boss, they're uh calling racers to the track!

EXT. MCQUEEN'S PIT – FLORIDA INT'L SPEEDWAY – DAY
McQueen passes his pit on the way to the **grid**.

바로 이장면!*

He passes Jeff Gorvette.

<u>REPORTER</u>   Jeff Gorvette, how does today's talent **stack up**?

<u>JEFF GORVETTE</u> Oh I think **we're in for a great treat Today**,❶ These racers are – oh hey McQueen!

<u>JEFF GORVETTE</u> Win one for us old guys!

차고
모든 레이서들과 그들의 팀들이 경주를 준비하는 정신 없이 분주한 모습이 보이고 맥퀸의 트레일러가 보인다. 맥퀸의 트레일러 주변은 아주 어색할 정도의 침묵이 감돈다.

밥 커틀라스 (화면 밖에서) 맥퀸이 이 대회에 참가하기 위해 아주 특이한 훈련을 했다는 이야기가 있어요. 그런데 가장 궁금한 건 – 과연 그 훈련이 효과가 있었을까요?

장면 전환
내부. 맥퀸의 트레일러 – 계속   맥퀸이 조용한 긴장감 속에 앉아 있다. 마음속 깊은 곳에서 그는 이제 망했다고 생각하며 두려워하면서도 다시금 마음을 가다듬고 자신을 안정시키려 애쓰고 있다.

맥퀸 스피드. 나는. 이다. 스피드? (한숨 쉰다)

똑똑 노크 소리가 침묵을 깬다.

맥 보스, 레이서들 트랙으로 나오라는데요!

외부. 맥퀸의 피트 – 플로리다 경주장 – 낮
맥퀸이 출발점으로 나가면서 그의 피트를 지나간다.

그가 제프 고르베트 옆을 지난다.

기자 제프 고르베트, 오늘 레이서들은 얼마나 경쟁력이 있을까요?

제프 고르베트 오 제 생각엔 오늘 아주 흥미진진할 것 같군요. 오늘 나온 레이서들은 – 오, 이봐, 맥퀸!

제프 고르베트 우리 고참들을 위해 우승해 줘!

---

hustle and bustle 많이 분주한, 바쁘게 움직이는
pin-drop quiet 아주 어색할 정도로 조용한
deep down 마음속 깊은 곳에서
screwed 망한, 망가진, 큰 문제가 있는
break the silence 침묵을 깨다
grid (자동차 경주에서의) 출발점
stack up 쌓아 올리다, 비교하다

❶ **We're in for a great treat today.**
오늘 아주 흥미진진할 것 같군요.
In for a treat은 '아주 즐거운 경험을 하게 될 거야'라는 뜻의 숙어적 표현이에요. 예를 들어, They make the best Sushi in town. You are in for a treat! '이 집이 이 동네에서 초밥을 제일 잘해. 너 오늘 정말 잘 온 거야!' 이런 식으로 쓰인답니다.

MCQUEEN (tries to cover) **Will do,**[①] Jeff.

Everybody's there, **decked out** in their 95 **garb**, especially Mater, who's wearing a giant Piston Cup hat with "95" written on it.

MATER Hey there, Buddy!

MCQUEEN Hey Guys...

McQueen sees Sally and smiles, seems **relieved** to see her. They greet each other "like a couple."

SALLY Stickers!

MCQUEEN Hey Sal.

SALLY You ok?

MCQUEEN Yeah, yeah, absolutely.

Sally sees he's **down** and tries to cheer him.

SALLY Listen, you're gonna do great today. And **no matter what happens,**[②] I'm gonna move onto the next rookie and forget I ever knew you.

This cheers McQueen who **lets out** a small CHUCKLE.

MCQUEEN I'm glad you're here.

They're interrupted by LOUD LAUGHTER. It's Jackson Storm, **giving Cruz a hard time** about her Storm 2.0 tape job.

JACKSON STORM (O.S.) Ooooh, wow! Nice costume! Come here let's get a picture. It's so great to meet my #1 fan...

맥퀸 (감추려 하며) 그럴게요, 제프.

모두가 다 왔다. 95라고 쓰여있는 복장으로 모두 차려입고, 특히 메이터는 95라고 쓰여 있는 거대한 피스톤 컵 모자를 쓰고 있다.

메이터 이봐, 친구!

맥퀸 얘들아…

맥퀸이 샐리를 보고 미소 짓는다. 그녀가 온 걸 보니 마음이 놓인 듯한 표정. 서로에게 인사한다 "커플처럼".

샐리 스티커들!

맥퀸 샐리.

샐리 괜찮아?

맥퀸 응, 응, 물론이지.

샐리가 그가 풀이 죽어있는 것을 알고 기운 내라고 응원해 준다.

샐리 넌 오늘 정말 잘할 거니까 걱정 마. 그리고 결과가 어떻게 되든 상관없이, 난 새로운 루키랑 사귈 거고 너랑 알고 지냈던 사실은 까맣게 잊어 버릴 거야.

이 말로 맥퀸이 피식 웃으며 기분이 나아진다.

맥퀸 네가 와줘서 기뻐.

큰 웃음 소리로 인해 그들의 대화가 끊긴다. 잭슨 스톰이 왔다. 스톰 2.0 테이프를 붙인 크루즈를 괴롭히고 있다.

잭슨 스톰 (화면 밖에서) 우우, 와! 왜 의상 죽이네! 이리 와서 사진 같이 찍을까. 나의 가장 열성적인 팬을 만나니 기분이 끝내주는군.

---

deck out 복장을 차려입다, 치장하다
garb 복장
relieved 안도한
down 풀이 죽은, 기운이 없는
let out 내뿜다, 방출하다
give someone a hard time 힘들게 하다, 괴롭히다

❶ **Will do!** 그렇게 할게요!
이 표현은 구어체에서 I will do it!과 같은 의미로 앞뒤의 단어를 생략하고 짧게 표현한 것이에요.

❷ **No matter what happens...**
무슨 일이 있어도…
'어떤 상황이든 기필코 ~하겠다'라는 강한 약속과 의지를 담은 표현입니다. 비슷한 표현으로 Whatever happens~도 활용할 수 있습니다.

McQueen pulls up.

SALLY   Ugh. **What a jerk.**[1]

MCQUEEN   (**protective**) She's not a fan, Storm.

Storm turns to McQueen–

JACKSON STORM   Oh! Hey there champ! I heard you're Sellin' mudflaps after today. Is that true?

Storm **heads off**.

JACKSON STORM   Hey, you **put me down** for the first case, ok?

맥퀸이 다가선다.

샐리   에이. 정말 진상이야.

맥퀸   (보호하는 태도로) 그녀는 네 팬이 아니야, 스톰.

스톰이 맥퀸에게로 돌아선다 –

잭슨 스톰   오! 챔피언 양반! 너 오늘 이후로 흙받이를 팔 거라는 얘기는 들었어.

스톰이 막아서며.

잭슨 스톰   이봐. 네가 날 첫 번째 사례로 남들 앞에서 바보로 만든 건가, 그래?

---

protective 보호하려고 하는, 방어적인
head off ~을 막다
put someone down ~를 바보로 만들다

---

❶ What a jerk!
뭐 저런 인간이 다 있어!
jerk는 비격식으로 '나쁜 놈 얼간이, 머저리' 등의 뜻으로 이 표현은 상황에 따라 다소 강한 욕이 될 수 있으니 잦은 사용은 피하는 게 좋습니다. What a ~!은 자주 사용하는 감탄문으로 '정말 ~하다'라는 의미입니다. What a joke! '정말 재미있네' What a surprise! '놀라라!' 등으로 활용할 수 있어요.

Lightening McQueen vs. Jackson Storm

라이트닝 맥퀸 대 잭슨 스톰

🎧 27.mp3

TIME CUT TO:	배경 전환

EXT. TRACK - FLORIDA INT'L SPEEDWAY – MOMENTS LATER
As McQueen lines up in last position, and begins nervously scrubbing his tires, he's spotted by the kid fan.

외부. 트랙 - 플로리다 국제 경주장 - 잠시 후
맥퀸이 맨 뒤쪽으로 줄을 선다. 그리고는 초조한 듯 타이어를 긁어대는데 아이 팬 하나가 그를 알아본다.

MADDY LIIIIIGHTNIIIING! LIIIIIGHTNING MCQUEEEEEN!!

매디 라이이이트니이잉! 라이이이트니이잉 맥쿠 이이이인!!!

He smiles unconvincingly as he **scans along** the crowd. **What if he lets them down?**❶ He takes a deep breath. He re-sets, tries to focus. Then–

그가 확신이 없는 표정으로 관중을 쭉 둘러본다. 이들을 실망시키면 어쩌지? 그가 심호흡한다. 그가 다시 마음을 가다듬고 집중하려고 노력한다. 그리고는–

STERLING (**over headset**) Hey, Lightning!

스털링 (헤드셋을 이용해) 이봐, 라이트닝!

McQueen looks over to see – surprise – Sterling's in his pit, and he's got his own headset. They **lock eyes**.

맥퀸이 놀라서 그의 피트에 있는 스털링을 보려고 하고 헤드셋을 끼고 있다. 그들이 서로에게 눈을 맞춘다.

MCQUEEN Hey, Mr. Sterling.

맥퀸 스털링 씨

STERLING (O.S.) (**over headset**) To the future, eh champ?

스털링 (화면 밖에서) (헤드셋으로) 미래를 위해, 알았지 챔피언?

MCQUEEN (nervous) Yeah... to the future.

맥퀸 (긴장한 채) 네… 미래를 위해.

Over the headset comes Smokey's voice–

헤드셋 안에서 스모키의 목소리가 들린다.

SMOKEY (O.S.) (**over headset**) Hey, just focus on what you're here to do, Kid.

스모키 (화면 밖에서) (헤드셋으로) 이봐. 그냥 네가 여기에 온 목적에만 집중해라, 얘야.

McQueen looks over, sees Smokey on the crew chief stand. It's a **comforting sight**.

맥퀸이 크루 팀장 자리에 있는 스모키를 본다. 마음이 편안해진다.

MCQUEEN Thanks, Smokey.

맥퀸 고마워요, 스모키.

---

scan along (대충) 쭉 둘러보다
over headset 헤드셋을 이용해, 헤드셋 너머로
lock eyes 눈을 맞추다, 서로에게 시선을 고정하다
comforting sight 마음이 편안해지는 장면/모습

❶ **What if he lets them down?**
그들을 실망시키면 어쩌지?
Let someone down은 '~을 실망시키다'라는 의미로 누군가를 주저앉게 할 정도로 실망시키는 상황을 나타냅니다. 예를 들면 Don't let me down. '나를 실망시키지 마.' 라는 표현이 많이 쓰이죠. 중간에 사람 대신 물건(something)이 들어가면 '~을 아래로 내리다'라는 뜻이 됩니다.

SMOKEY   Now, go **make** Hud **proud**!

스모키 자, 가서 허드가 널 자랑스러워하게 해야지!

MCQUEEN   You got it.

맥퀸 네 당연히 그래야죠.

THE GREEN FLAG DROPS! And the race begins!

초록색 깃발이 떨어진다! 레이스가 시작된다!

DARRELL CARTRIP   Boogity, boogity, boogity, let's go racin'!

데릴 칼트립 부기티, 부기티, 부기티, 레이싱 시작!

McQueen takes off! It's not a bad start, considering.

맥퀸이 출발한다! 생각보다 시작이 나쁘진 않다.

SMOKEY (V.O.)   There ya go, kid.

스모키 (목소리만) 바로 그거야, 얘야.

This puts a **smile on McQueen's face**.
BEGIN MONTAGE... McQueen races hard, and it **pays off**. **One by one** he passes cars, moving up.

맥퀸의 얼굴에 화색이 돈다. 몽타주 시작… 맥퀸이 열심히 달리고 그에 대한 결과가 따른다. 차들을 하나하나씩 추월하면서 앞으로 나아간다.

ON MCQUEEN'S PIT. Sally and Mater exchange happy looks, surprised he's doing so well.
BACK ON MCQUEEN. Still racing hard. Still moving up.

맥퀸의 피트 모습. 샐리와 메이터가 잘하고 있는 맥퀸의 모습을 보고 놀라며 기쁘게 서로 본다. 다시 맥퀸 장면. 여전히 열심히 달리고, 여전히 다른 차들을 추월해 앞으로 나아가고 있다.

바로 이장면!

BOB CUTLASS (V.O.)   Lightning McQueen is **making steady progress** in the early parts of this race.

밥 커틀러스 (목소리만) 레이스의 초반부에 라이트닝 맥퀸이 안정적으로 계속 치고 나가고 있습니다.

NATALIE CERTAIN (O.S.)   Well, it won't be enough to catch Storm.

나탈리 서틴 (화면 밖에서) 그래도 스톰을 잡기엔 충분치는 않을 거예요.

DARRELL CARTRIP (O.S.)   Considering he started dead last, I **don't** think he's **doing half-bad** out there!

데릴 칼트립 (화면 밖에서) 완전히 마지막 줄에서 출발한 걸 감안하면 맥퀸이 꽤 잘 달리고 있는 것 같군요.

INSERT SHOTS OF THE **LEADER BOARD** WHERE NEEDED. McQueen goes from last place to the mid-twenties.

중간중간에 리더보드 장면이 들어간다. 맥퀸이 꼴등으로 시작해서 20위권 중반까지 치고 올라간다.

SMOKEY (O.S.)   **Not too shabby!**[1] You keep this up, you'll finish in the top ten!

스모키 (화면 밖에서) 전혀 나쁘지 않아! 계속 이렇게만 유지하면 10등 안에 들 거야!

---

make someone proud ~가 자랑스러워하게 만들다
put a smile on one's face 미소를 띠다
pay off ~에 대한 결과가 따르다, 보상을 받다
one by one 하나하나씩
make steady progress 꾸준하게 안정적으로 발전하다
not doing half-bad 꽤 잘하고 있는
leaderboard 선두권을 보여 주는 전광판, 리더보드

❶ **Not too shabby!**
근사한데!
Shabby는 '다 낡은, 허름한, 추레한, 초라한'이라는 뜻의 형용사예요. 그런데 이 단어 앞에 Not too를 넣어서 Not too shabby!라고 하면 그냥 단순히 허름하거나 초라하지 않다는 의미가 아니라 정말 멋지고 근사하고 좋다는 뜻으로 쓰인답니다.

MCQUEEN **Top ten's not gonna cut it,**[1] Smokey. I gotta go **all the way**!	맥퀸 10등 안에 드는 것으로는 만족 못 해요, 스모키. 맨 위까지 가야 한다고요!
SMOKEY (O.S.) So **dig in**! Remember your training! Find Storm and **chase** him **down**!	스모키 (화면 밖에서) 그러면 더 힘을 내! 훈련을 기억해! 스톰을 찾아서 뒤쫓아 잡으라고!
McQueen **bears down**, like he's gonna win or **die trying**.	맥퀸이 전력을 다한다. 애쓰다가 죽는 한이 있더라도 우승을 꼭 하겠다는 일념으로.
IN THE PIT. Smokey continues to coach. Cruz is there next to him. Cruz **yells up** to Smokey –	피트에서. 스모키가 계속해서 코치를 해준다. 크루즈가 그의 옆에 있다. 크루즈가 스모키에게 큰 소리로 말한다.
CRUZ Oh! Tell him he has three laps to catch me!	크루즈 오! 그에게 날 잡으려면 세 바퀴 남았다고 전해주세요!
SMOKEY (into headset) Cruz says you've got three laps to catch her.	스모키 (헤드셋에 대고) 크루즈가 그러는데 그녀를 잡으려면 세 바퀴 남았다네.
McQueen smiles.	맥퀸이 웃는다.
MCQUEEN (V.O.) (into headset) Yeah, ok. Tell her thanks.	맥퀸 (목소리만) (헤드셋에 대고) 네, 좋아요. 고맙다고 전해주세요.

The word from Cruz **fires** McQueen **up** even more, he takes off!

크루즈의 말로 맥퀸은 더 힘이 나서 더 빨리 달려 나간다!

IN THE PIT. Cruz CHEERS, seeing McQueen move up. Just then, Sterling rolls up next to her.

피트에서. 맥퀸이 앞으로 나아가는 모습을 보고 크루즈가 환호한다. 바로 그때, 스털링이 그녀 옆으로 다가선다.

STERLING	Cruz. What are you doing here?	스털링 크루즈, 자넨 여기서 뭘 하는 건가?
CRUZ	Oh, Mr Sterling, I was just...	크루즈 오, 스털링 씨, 전 단지…
STERLING	I'd like you to head back to the training center right away.	스털링 지금 당장 훈련소로 돌아가게.
CRUZ	Oh. But, why?	크루즈 오. 하지만, 왜요?
STERLING	Because I need you to get Kurt up to speed for the race next weekend –	스털링 왜냐하면 다음 주에 있을 대회에 맞춰 커트가 준비될 수 있게 자네가 도와줘야 하니까 –

---

all the way 끝까지, 내내, 시종
dig in 힘을 내다, 열심히 하다
chase down 따라잡다
bear down 전력을 다하다
die trying ~를 달성하려고 애쓰다가 죽다
yell up to ~에게 소리치다
fire up 기운을 북돋아 주다, 흥분시키다

❶ Top ten's not gonna cut it.
10등 안에 드는 것으로는 만족 못 해요.
Cut it은 구어체에서 '예상한 정도의/필요한 만큼의 능력을 발휘하다'라는 뜻인데, 부정어 not과 같이 쓰면 '예상만큼 좋지 못한, 발휘하지 못하는'이라는 뜻이에요. 예를 들어, He won't cut it as a professional baseball player. '그는 프로야구선수가 되기엔 부족해.' 이렇게 쓸 수 있어요.

Um, wait, not Kurt. He's the bug guy right? The other one - Ronald. Yes!

아, 잠깐, 커트가 아니네. 걔가 덩치 큰 애지? 난 다른 애 얘기였어 - 로널드, 그래!

CRUZ I want to stay and watch–

크루즈 전 여기에 남아서 보고 싶어요–

STRRLTNG (laughs) – That's not gonna happen, Cruz. Now go...

스털링 (웃는다) – 그렇게는 안 되지, 크루즈. 어서 가…

CRUZ But Mr. McQueen still **has a chance**–

크루즈 하지만 맥퀸 씨가 우승할 가능성이 있는데–

STERLING (explodes) – JUST GO **DO YOUR JOB!**❶

스털링 (폭발한다) – 그냥 가서 자네 일이나 하라고!

Cruz **recoils**, startled.

크루즈가 놀라서 움찔한다.

STERLING And take off that spoiler and those racing tires. You look **ridiculous**! YOU ARE A TRAINER, REMEMBER? NOT A RACER!

스털링 그 스포일러하고 경주용 타이어들 좀 벗게. 아주 우스꽝스러워 보인다고! 자넨 트레이너야. 안 그래? 레이서가 아니라고!

As she sadly turns to go–
ON THE TRACK. As he hears Sterling's **cruel** words, McQueen flashes back to a few of his own. First in the trailer–

그녀가 슬픈 표정으로 가려고 돌아서는데–
트랙 모습. 맥퀸이 스털링의 가혹한 말들을 들으면서 그 자신의 경험들을 떠올린다. 첫 장면은 트레일러에서–

MCQUEEN If you were a racer, you'd know what I'm talking about! But you're not! So you don't!

맥퀸 네가 레이서라면 내 말이 무슨 말인지 알았을 거야! 하지만 넌 아니라고! 그러니까 넌 레이스를 안 하는 거야!

This launches McQueen into a series of FLASHBACKS OF CRUZ AS BADASS RACER... – Cruz on the simulator racing fast. McQueen's **impressed**, but Sterling says–

거칠고 공격적인 레이서로서의 크루즈의 모습에 대한 회상이 이 이후로 여러 개가 떠오른다. 크루즈가 시뮬레이터에서 빠르게 달리는 모습. 맥퀸은 감동했지만 스털링은 말하기를–

STERLING Oh no, she's not a racer, she's a trainer.

스털링 오 아냐. 그녀는 레이서가 아니라고, 그녀는 트레이너야.

–Racing down the beach...
–Nailing the left to go right turn around Thomasville track.
–Through the woods in Thomasville.

–해변을 따라 달리는 장면…
–토마스빌 트랙에서 우회전하기 위한 좌회전을 성공하는 장면.
–토마스빌의 숲을 달리는 장면.

CRUZ Woohoohoohoo!

크루즈 우후후후!

MCQUEEN Alright!

맥퀸 좋아어!

---

have a chance ~할 기회/가능성이 있다
explode (감정을) 터뜨리다
recoil 움찔하다, 흠칫 놀라다
ridiculous 우스꽝스러운, 웃기는, 말도 안 되는
cruel 가혹한, 잔인한
impressed 깊은 인상을 받다

❶ **Do your job!**
네 일이나 해!
'다른 것 신경 쓰지 말고, 당신 일이나 하세요'라는 뜻의 강한 뉘앙스가 담긴 명령문입니다. Do your~ 다음에 다른 단어를 넣어서 활용해 볼까요? Do your homework. '숙제해라.' Do your best. '최선을 다하세요.' 등이 있습니다.

–**Navigating** through the tractors.

CRUZ   I've wanted to become a racer forever. Because of you!

–LAST ONE... is the moment in Cruz's dream...

CRUZ   **It was my one shot**[1] and I didn't take it.

EXT. TRACK – FLORIDA INT'L SPEEDWAY – NIGHT
McQueen **comes back to reality** with a **realization**! He looks for Cruz, spots her leaving the stadium. Just as she **disappears from view**... There's a crash on the track!
[three or four cars only – not a **harrowing** crash]

SMOKEY   Wreck in two! Wreck in turn two. **Go low** go low!

McQueen navigates around the wreck by going low along the track. ON MCQUEEN'S PIT. Sally, Mater, Smokey **and co.** all **SIGH in relief**! ON THE TRACK. But McQueen is only thinking about one thing– Cruz.

SMOKEY (V.O.)   Kid, you okay?

MCQUEEN   Smokey, I need Cruz!

SMOKEY   Never mind that now–

MCQUEEN   No! I need her back here. Now! Get her back!

EXT. PARKING LOT – OUTSIDE FLORIDA INT'L SPEEDWAY – DAY
Cruz is slowly making her way out of the parking lot. She's listening to the race on the radio and is super worried.

MIKE JOYRIDE (V.O.)   The yellow flag is still out folks. Wrecked cars everywhere. We're trying to figure out which racers are able to continue.

---

navigate 항해하다, (지도 등을 보며) 길을 찾다

come back to reality 현실로 돌아오다, 몽상에서 깨어나다

realization 깨달음, 자각

disappear from view 시야에서 사라지다

harrowing 참혹한, 끔찍한

go low 저속기어로 주행하다

and co. 그 밖의 다른 사람들

sigh in relief 안도의 한숨을 쉬다

– 트랙터들 사이를 항해하는 장면.

크루즈   난 어릴 적부터 늘 레이서가 되고 싶었어요, 당신 때문에요!

– 마지막 장면은… 크루즈의 꿈속의 한 장면…

크루즈   제 마지막 기회였는데, 전 그 기회를 잡지 않았어요.

외부. 트랙 – 플로리다 국제 경주장 – 밤
맥퀸이 깨달음과 함께 현실로 돌아온다! 그가 크루즈를 찾는데 그녀가 경기장을 떠나는 것을 발견한다. 그녀가 시야에서 사라진 바로 그 순간 트랙에서 '꽝' 하고 충돌사고가 난다.
[3, 4대 정도의 차들이 충돌했다 – 참혹할 정도의 사고는 아님]

스모키   2번 레인 사고 차량! 2번 레인 도는 곳 사고 차량. 저속 기어로, 저속 기어로 가!

맥퀸이 저속으로 트랙을 돌며 파손된 차 주변을 돌아서 달린다.
맥퀸의 피트. 샐리, 메이터, 스모키와 그 밖의 사람들 모두 안도의 한숨을 쉰다!
트랙 모습. 하지만 맥퀸은 오로지 한 가지에 대한 생각뿐이다— 크루즈에 대한 생각.

스모키 (목소리만)   얘야, 괜찮니?

맥퀸   스모키 아저씨, 크루즈가 필요해요!

스모키   지금 그건 신경 쓰지 말고–

맥퀸   아니에요! 그녀가 다시 여기로 돌아와 줘야 해요. 지금 당장! 그녀를 다시 오게 하세요!

외부. 주차장 – 플로리다 국제 경주장 외부 – 낮
크루즈가 천천히 주차장에서 벗어나고 있다. 그녀가 라디오로 경주 내용을 들으며 엄청나게 걱정하고 있다.

마이크 조이라이드 (목소리만)   노란색 깃발이 아직도 나와 있습니다, 여러분. 파손된 차량들이온 사방에 흩어져 있어요. 어떤 레이서들이 계속 경주가 가능한지 알아보는 중이에요.

---

❶ It was my one shot.
그것은 내 마지막 기회였어요.
One shot은 '총 한 발, (영화에서) 원 쇼트'라는 의미가 있지만, 이 장면에서는 '기회'라는 의미로 쓰였습니다. One shot! '그냥 해 봐(시도해 봐)' You have one shot. '기회가 한 번 남았어요'라고 쓸 수 있습니다.

HAMILTON	Hamilton here. Call from Chester Whipplefilter.

해밀턴 해밀턴입니다. 체스터 위플필터에게 전화가 왔네요.

CRUZ	Chester Whi— (realizes) Mr. McQueen?!

크루즈 체스터 위— (눈치챈다) 맥퀸?!

EXT. TRACK – CONTINUOUS
McQueen heads toward the pits with all of the other racers.

외부. 트랙 – 계속
맥퀸이 다른 모든 레이서와 함께 피트로 향한다.

DARRELL CARTRIP (O.S.)	Well, the green light's on, pit road is open. And everybody's comin' in.

데릴 칼트립 (화면 밖에서) 초록색 불이 켜졌군요. 피트로 향하는 길이 열렸어요. 모두 들어오고 있습니다.

As McQueen turns onto pit road, he is already **barking orders** into his radio–

맥퀸이 피트로 가는 길로 올라서는데 이미 그는 라디오에 대고 명령을 내리고 있다.

MCQUEEN	Get ready, guys. Luigi! Guido – Tires! Fillmore – **fuel**!

맥퀸 준비해, 얘들아. 루이지! 귀도 – 타이어! 필모어 – 연료!

INT. THE PITS – CONTINUOUS
Pit row becomes **a flurry of action** as every team works on their racer.

내부. 피트 – 계속
모든 피트 팀들이 레이서들을 정비하느라 피트 줄이 아주 분주하게 움직이고 있다.

REVEAL CRUZ. Who has just arrived on the other side of the wall from McQueen's pit, looking very **bewildered**.

크루즈가 보임. 그녀는 혼란스러운 표정으로 맥퀸의 피트 반대편에 있는 벽에 방금 도착했다.

CRUZ	Ok, I'm here. What's going on?

크루즈 자, 제가 왔어요. 대체 무슨 일이죠?

---

bark (개, 여우 등이) 짖다, (사람) 큰 소리
order 명령
fuel 연료
a flurry of action 분주한 움직임
bewildered 혼란스러운

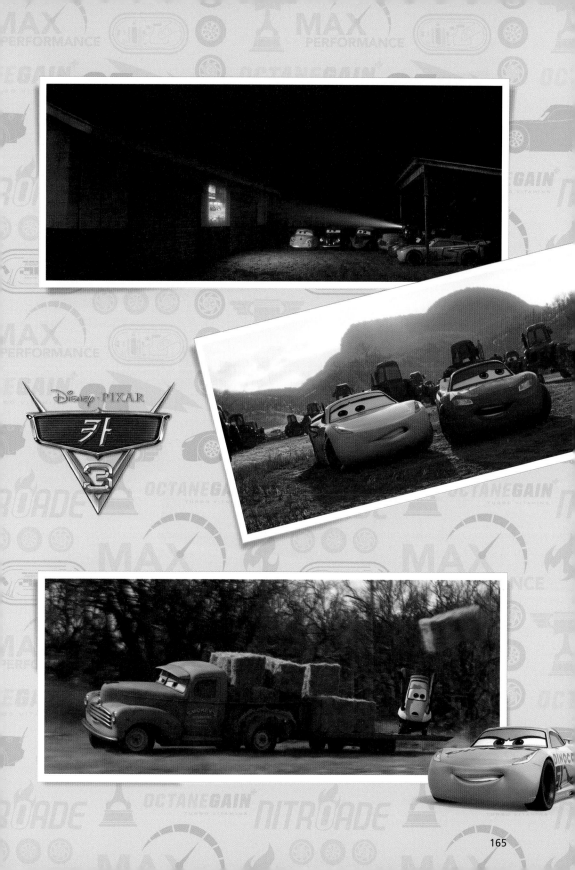

Day 28
The New Racer, Cruz
신예 레이서, 크루즈

🎧 28.mp3

INT. MCQUEEN'S PIT – CONTINUOUS
McQueen pulls into his pit, and Luigi, Guido and Fillmore try to **get to work**, but **McQueen calls them off**—❶

MCQUEEN   No. Not me, HER.

GUIDO   Oh.

CRUZ   What?

Everybody's confused. Cruz? What's McQueen talking about?

STERLING   What is she doing back here?!

MCQUEEN   Come on, guys! Get her **set up**. Quickly!

LUIGI   Ok! ...Tires!

Guido, Luigi and Fillmore rush to Cruz and start working on her. She's 100% confused.

CRUZ   Wait, what's happening?

McQueen looks over to where Ramone is **seated with** Flo—

MCQUEEN   Hey Ramone! You got your paints?

ON RAMONE

RAMONE   You know I do.

Just then, all the other racers finish their pit stops and pull back onto the track. The boys are working fast on Cruz.

내부. 맥퀸의 피트 – 계속
맥퀸이 그의 피트로 들어오고, 루이지, 귀도와 필모어가 작업에 들어가려고 하자 맥퀸이 그들을 중지시킨다–

맥퀸   아니. 나 말고, 그녀야.

귀도   오.

크루즈   뭐라고요?

모두들 혼란스러워한다. 크루즈? 맥퀸이 대체 무슨 소리를 하는 거지?

스털링   이 여자가 여기에 왜 와 있는 거야?!

맥퀸   자 어서, 얘들아! 그녀를 준비시켜, 빨리!

루이지   알았어! ...타이어!

귀도, 루이지와 필모어가 급하게 크루즈에게로 가서 그녀를 준비시킨다. 그녀는 완전히 혼란스럽다.

크루즈   잠깐, 이게 무슨 일이죠?

맥퀸이 라몬이 플로와 함께 앉아있는 곳을 쳐다본다.

맥퀸   라몬! 페인트 가져 왔지?

라몬 모습

라몬   당연하지.

바로 그때, 다른 모든 레이서들이 피트에서의 정비를 모두 마치고 트랙으로 오르기 시작한다. 맥퀸의 동료들이 빠르게 크루즈를 준비시키고 있다.

---

get to work 작업에 들어가다, 일을 시작하다
set up 준비하다, 시작하다, 세우다
seated with ~와 함께 앉아있는, 자리를 같이한
just then 바로 그때

❶ **McQueen calls them off.**
맥퀸이 그들을 멈추게 한다.
call somebody/something off는 '(공격, 작업 등을) 철수시키다, 취소하다'라는 뜻으로 이 또한 일상생활에서 자주 쓰는 표현입니다. 예를 들어 I'm calling it off.는 '나 이 일 관둘래.' I want to call it off. '취소하고 싶어요.' 이렇게 활용할 수 있습니다.

167

CRUZ	Guys! What are you doing?	크루즈	당신들! 뭐 하는 거예요?

OVERHEAD POV FROM THE ANNOUNCER BOOTH

아나운서 부스로부터 머리 위쪽 시점

DARRELL CARTRIP (O.S.) Man, I don't understand it! McQueen's just sittin' there. **Something's gotta be wrong.**❶

데릴 칼트립 (화면 밖에서) 정말 이해하기 어려운 상황이에요! 맥퀸이 그냥 저기 앉아있는데요. 분명 뭔가가 잘못되었어요.

CRUZ   Mr. McQueen?

크루즈 맥퀸?

*바로 이장면!**

MCQUEEN Today's the day, Cruz. You're getting your shot.

맥퀸 오늘이 바로 그날이에요. 크루즈. 당신의 기회를 얻은 거예요.

CRUZ   What?!

크루즈 뭐라고요?!

MCQUEEN I started this race, and you're gonna finish it.

맥퀸 난 이 경주를 시작했고, 당신은 끝낼 거예요.

ON SMOKEY. A smile **overtakes** his face. Even he didn't **see this comin'**.

스모키의 모습. 그가 웃고 있다. 그조차도 이런 상황이 올 줄 몰랐다.

STERLING What?!? She'll damage the brand! She's just a trainer!

스털링 뭐라고?!? 그녀는 우리 회사 이미지를 망칠 거야! 그녀는 그저 트레이너일 뿐이라고!

McQueen is talking to Sterling, but **looking straight at Cruz.**

맥퀸은 스털링과 말하고 있지만, 크루즈를 똑바로 바라보고 있다.

MCQUEEN No, she's a racer. Just took me a while to see it.

맥퀸 아뇨, 그녀는 레이서예요. 그걸 알아보는 데까지 조금 시간이 걸리긴 했지만 말이에요.

Cruz takes this in as the guys keep working on her.

정비공들이 그녀를 준비시키는 동안 크루즈는 이 상황을 받아들이고 있다.

STERLING That can't be **legal**!

스털링 이렇게 하는 건 규칙에 어긋나는 거야!

SMOKEY (chuckles) The rules only say the number has to be out there. Doesn't say who has to wear it.

스모키 (싱긋 웃는다) 규칙에는 한 숫자가 참가해야 한다고 나와 있지요. 누가 그 숫자를 붙여야만 하는지는 안 나와 있어요.

---

overtake 불시에 닥치다, 엄습하다, 앞지르다
see something coming 어떤 상황이 올 것을 예측하다
look straight at someone ~를 똑바로 바라보다
legal 법적으로 문제가 없는, 합법적인

❶ **Something's gotta be wrong.**
분명 뭔가가 잘못되었어요.
예상치 못했던 심히 곤란하고 난처한 상황이 벌어졌을 때 '이건 뭔가 잘못됐어' '절대 이럴 리가 없는데'라는 표현을 쓰죠? 그럴 때 하는 말이 바로 위의 문장이에요. 같은 상황에서 There must be something wrong! 이라고 말할 수도 있어요.

STERLING NO! You can't do that–	스털링 안돼! 이럴 수는 없어–
Sterling starts toward Cruz, but Mater **gets in his way**.	스털링이 크루즈 쪽으로 다가가는데 메이터가 가로막아 선다.
MATER Did I ever tell you how much I love your mudflaps?	메이터 제가 당신네 회사 흙받이를 얼마나 좋아하는지 말씀 드린 적 있나요?
STERLING **Outta my way,**[1] Bumpkin!	스털링 저리 비켜, 이 촌놈아!
But Mater moves back and forth, continues to **box** Sterling **out**–	하지만 메이터가 앞뒤로 왔다 갔다 하면서 계속 스털링을 몸으로 밀쳐낸다.
MATER Got my fishin' flaps, got my church flaps, my going out and eating flaps...	메이터 낚시용 흙받이, 교회용 흙받이, 외출용, 식사용 흙받이가 다 가지고 있어요…

ON THE TRACK. The racers are **half-way** around the track. Time's **running out**. IN THE PIT	트랙 모습. 레이서들이 트랙을 반 바퀴 정도 돌았다. 더 이상 시간을 지체할 수 없다. 피트에서
MCQUEEN Come on, guys! We gotta get her out there! Let's go!	맥퀸 어서, 애들아! 그녀를 어서 내보내야만 해! 서둘러!
LUIGI Tires check!	루이지 타이어 확인!
FILLMORE Fuel check!	필모어 연료 확인!
Ramone is still hard at work.	라몬은 아직 열심히 작업 중이다.
MCQUEEN Ramone?!	맥퀸 라몬?!
Ramone drops the paint can like a mic drop and backs away...	라몬이 마이크를 던지듯이 페인트통을 바닥으로 던지고 뒤로 물러선다…
RAMONE Eh – Best I could do in the **time frame**, boss.	라몬 에 – 주어진 시간 안에 할 수 있는 만큼은 최선을 다했어, 보스.
REVEAL ON CRUZ'S SIDE – a BAD ASS 95.	크루즈의 옆 모습이 보이며 – 거친 녀석 95.
MCQUEEN (amazed) Yeah. That'll work.	맥퀸 (놀라며) 좋았어. 이거면 됐어.

get in one's way 가로막아서다

bumpkin 촌뜨기

box out (농구에서 상대 팀 선수들이 리바운드하기 어렵게 미리 유리한 포지션을 잡는 행동) 밀쳐내다

half-way 중도에, 절반

run out 다되다

time frame 주어진 시간, (어떤 일에 쓰이는) 시간/기간

❶ Outta my way!
저리 비켜!
누군가 자신의 앞을 가로막고 서 있거나 방해하는 사람이 있을 때 '저리 비켜'라고 외치는 표현 중 가장 많이 쓰이는 표현은 Get out of my way! 입니다. 그런데 구어체에서는 짧게 말하려고 Get을 생략하고 out of는 붙여서 Outta my way! 라고 말하기도 한답니다.

Cruz takes in the 95 on her side, is **moved**. (Start with this one)

크루즈가 그녀의 몸에 쓰여 있는 95를 보며 감동을 받는다. (이것으로 시작한다)

CRUZ   Why are you doing this? You said it yourself – this might be your last chance.

크루즈   근데 왜 이러시는 거예요? 당신이 그러셨 잖아요 – 이번이 당신의 마지막 기회일지도 모른 다고.

MCQUEEN   Which makes it my last chance to give you your first chance, Cruz. And this time, I want you to take it.

맥퀸   그래서 이번이 당신에게 첫 기회를 줄 수 있 는 나의 마지막 기회이기도 하잖아요. 크루즈. 그 리고 이번에는 당신이 기회를 받아들이면 좋겠어 요.

She smiles.
ON THE TRACK. The pack is following the pace car around...

그녀가 미소 짓는다.
트랙 모습. 무리가 페이스를 유지해 주는 선도차를 따르고 있다…

SMOKEY   She's gotta beat that pace car out!

스모키   그녀가 저 선도차를 먼저 앞질러야 해!

STERLING   NO! No! NO! You can't do that...

스털링   아냐! 아냐! 안돼! 그렇게 하면 안 돼 –

Sterling makes a move to stop her, but Mater's right there–

스털링이 그녀를 멈추러 가려고 하지만 메이터가 그의 바로 앞을 지키고 있다––

SMOKEY   **Now or never!**❶

스모키   지금 아니면 절대 못 해!

McQueen is looking right at Cruz.

맥퀸이 크루즈를 뚫어지게 보고 있다.

MCQUEEN   What do you say?

맥퀸   어떻게 하시겠어요?

As an answer, she takes off! Doing a nervous **burn-out on her way out**.

대답으로 그녀가 출발한다! 긴장으로 연료 태우기를 한 번 하면서 나간다.

MCQUEEN   (calls after) Whoa. Hey! 35 miles per hour pit speed!

맥퀸   (나간 그녀를 향해 외친다) 워. 이봐요! 피트 속도 시속 35마일이에요!

CRUZ   I knew that!

크루즈   나도 알았다고요!

EXT. FLORIDA INTERNATIONAL SUPER SPEEDWAY – TRACK – DAY
Cruz joins the back of the pack which is still under yellow flag. The other cars are scrubbing their tires.

외부. 플로리다 국제 슈퍼 경주장 – 트랙 – 낮
크루즈가 아직 노란색 깃발 상태에 있는 무리의 뒤쪽 자리에 합류한다. 다른 차들은 타이어를 긁어대고 있다.

BOB CUTLASS (VO)   Lightning McQueen's team has entered a different car sporting the 95!

밥 커틀라스 (목소리만)   라이트닝 맥퀸의 팀이 95번을 단 다른 차를 들여 보냈습니다!

---

moved 감동을 받은, 마음이 움직인
burn-out 연료 태우기
on one's way out 나가는 길에, 나가면서

❶ **Now or never!**
지금 아니면 절대 못 해!
이 표현을 문장으로 쓰면 It's now or never!랍니다.
예전 초절정 인기 팝가수 Elvis Presley (엘비스
프레슬리)가 부른 노래 제목이기도 하죠. 지금
주어진 기회를 놓치면 다시는 또 기회가 오지 않을
거라는 뜻이에요.

DARRELL CARTRIP I don't believe what I'm seeing!

In the pits.

RAY REVERHAM   You're watching this, right?

STORM   (to crew chief) What, the girl in the COSTUME?! You're kidding me! He put her in the race?!

BOB CUTLASS (VO) The green flag is out and we're back to racing.

The green flag goes out and the racers rev their engines LOUDLY – to Cruz it is **deafening** and **intimidating**.

CRUZ   (reacts to engines)

The cars make a big noise and this **spooks** Cruz. She slows, freezes.

SMOKEY   Cruz, whatta ya doing? Come on, pick it up! You gotta go faster!

MCQUEEN Ok, call her Frances Beltline and tell her **the school bus of death is after her!**[1]

SMOKEY What? No!

MCQUEEN Trust me.

SMOKEY (to Cruz) Uh, Francis Beltline, the school bus of death is after ya!

Beat. Cruz drinks this in and slowly smiles with **recognition**.

CRUZ What? Oh, Uh huh. Right.

데릴 칼트립 세상에 이런 일이 있을 수가 있는 건가요!

피트에서.

레이 레버햄 너도 보고 있지, 응?

스톰 (크루 팀장에게) 뭐야. 요란한 의상을 입고 있던 그 여자야?! 장난하나! 저 여자를 레이스에 참가시켰단 말이야?!

밥 커틀라스 (목소리만) 초록색 깃발이 나왔어요. 이제 레이싱이 다시 시작됩니다.

초록색 깃발이 나오고 레이서들이 부르릉 거리며 엔진 소리를 크게 낸다. 크루즈에게는 이 소리가 그녀를 귀먹게 하고 주눅 들게 하는 소리다.

크루즈 (엔진에 반응한다)

차들이 큰 소음을 내고 크루즈를 겁먹게 한다. 그녀가 느리게 달리다가 얼어붙는다.

스모키 크루즈, 뭐 하는 거야? 어서, 힘을 내! 더 빨리 달려야 한다고!

맥퀸 그녀를 프랜시스 벨트라인이라고 부르고 죽음의 스쿨버스가 그녀를 쫓고 있다고 말해 주세요!

스모키 뭐라고? 안돼!

맥퀸 절 믿으세요.

스모키 (크루즈에게) 어, 프랜시스 벨트라인, 죽음의 스쿨버스가 네 뒤를 쫓고 있어!

잠시 정적. 크루즈가 이 말을 받아들이고 인식한 후 서서히 미소 짓기 시작한다.

크루즈 뭐라고요? 오, 아하. 그렇군요.

---

deafen 귀를 먹먹하게 하다, 귀먹게 하다
intimidate 주눅 들게 하다
spook 겁먹게 하다
recognition 인식, 인정

> ❶ **The school bus of death is after her!**
> 죽음의 스쿨버스가 그녀를 쫓고 있어요!
> After의 대표 뜻은 '~후에, 나중에' 등이 있습니다. 이 장면에서는 '~을 쫓는(찾는)'이라는 의미로 쓰였습니다. The police are after him. '경찰이 그를 쫓고 있다.' 이렇게 쓸 수 있어요.

SMOKEY	Ok, that was different.	스모키	거 참. 이런 건 또 처음 해 보는군.

Cruz is driving uptight and not scrubbing her tires.

크루즈가 경직된 자세로 운전하며 타이어를 긁지 않는다.

SMOKEY	Cruz, you're lookin' too tight now. Come on. Loosen up!	스모키	크루즈, 너무 경직되어 있어. 힘을 좀 빼!

McQueen calls up to Smokey on the Crew Chief stand.

맥퀸이 크루 팀장 자리에 있는 스모키를 부른다.

MCQUEEN	Tell her she's a fluffy cloud.	맥퀸	그녀에게 그녀는 솜털구름이라고 말해 주세요.
SMOKEY	What? No.	스모키	뭐라고? 싫어.
MCQUEEN	Smokey, tell her.	맥퀸	스모키, 그녀에게 말해 주세요.
SMOKEY	Uh, Cruz, you are a fluffy cloud.	스모키	어, 크루즈, 넌 솜털구름이야.

Cruz gets what he's saying and says it to herself.

그가 무슨 말을 하는지 이해하고 그녀는 스스로 말한다.

CRUZ	(steels herself) Oh...right, too tight. I'm a **fluffy** cloud. I'm a fluffy cloud.	크루즈	(마음을 단단히 먹으며) 오… 맞아. 너무 경직됐어. 난 솜털구름이다. 난 솜털구름이다.

Cruz speeds up and is finally racing. She encounters the back of the pack and the thunder and **grit** of real racing for the first time. In her first turn at this great speed Cruz spins out a little, carreening.

크루즈가 속력을 내고 이제 드디어 레이싱을 시작한다. 그녀가 무리의 뒤쪽에 있는 차들과 만나면서 그녀의 인생에 있어 처음으로 진짜 레이싱의 질주와 투지를 만난다. 엄청난 속력으로 달리다 보니 첫 번째 도는 지점에서 크루즈가 약간 미끄러지면서 위태롭게 달린다.

CRUZ	(spins out)	크루즈	(미끄러져 나간다)
SMOKEY	Anticipate your turns. Cruz, **get your head in the race.**[1]	스모키	도는 지점을 예측해야 해. 크루즈, 레이스에 집중해.

McQueen's gotta **act fast**.

맥퀸이 빨리 뭔가를 해야만 한다.

MCQUEEN	No, no, Wait wait wait. Tell her she's on a beach and all the little crabbies have gone nite nite.	맥퀸	안돼, 안돼, 잠깐 잠깐 잠깐. 그녀에게 그녀는 지금 해변에 있고 모든 꼬마 게들은 잠자러 갔다고 말해 주세요.

Beat. Smokey thinks about attempting it...

잠시 정적. 스모키가 그 말을 할까 말까 망설이고 있다…

---

steel oneself 맘을 굳게 먹다
fluffy 솜털
grit 투지, 기개
spin out (차가 미끄러운 데서) 휙 돌면서 길을 벗어나다
anticipate 예측하다
act fast 빠르게 행동/반응하다

> ❶ **Get your head in the race!**
> 레이스에 집중해!
> 이 표현은 주로 Get your head in the game! '경기에 집중해!'로 쓰이는데 여기에서는 문맥상 game 대신 race로 쓰였습니다. 머릿속 생각을 다른 곳에 쏟지 말고 경기에만 쏟으라는 얘기지요.

SMOKEY No! I ain't saying that! You tell her!	스모키 안돼! 그 말은 못 하겠어! 네가 직접 말해!

McQueen rushes up onto the crew chief **podium** now wearing the headphones. Mater bumps Sally and **directs her attention to** McQueen as he takes the crew chief stand.

맥퀸이 크루 팀장 연단으로 서둘러 올라가서 헤드폰을 귀에 장착한다. 메이터가 샐리를 툭 쳐서 그녀가 크루 팀장 자리에 있는 맥퀸을 보게 한다.

MCQUEEN Alright Cruz... the beach. I need you to think of the beach!	맥퀸 좋았어요. 크루즈… 해변. 해변을 생각해요!
CRUZ Mr. McQueen!	크루즈 맥퀸!
MCQUEEN Yeah! Yeah! Remember the beach!	맥퀸 그래! 그래! 해변을 기억하라고요!
CRUZ Oh uh huh. Pick a line. **Stick to it.**❶ Got it!	크루즈 오, 아하. 선을 하나 골라라. 그걸 고수해라. 알았어요!

Cruz takes the next corner more confidence.

크루즈가 조금 더 자신감을 가지고 다음 코너를 돈다.

MCQUEEN Alright, not too bad...	맥퀸 좋았어요, 나쁘지 않아요…

Unfortunately this puts her in the middle of a pack of cars.

안타깝게도 이제 그녀가 차 무리 한가운데에 끼게 되었다.

Cruz is **getting bumped around** in a box of racers at a **hellacious** speed.

크루즈가 엄청난 속도로 달리고 있는 레이서들에게 박스 안에 갇혀 계속 이리 치이고 저리 치이고 하고 있다.

CRUZ This is **NOTHING like** the simulator!	크루즈 이건 시뮬레이터하고 완전 다르잖아!
MCQUEEN You got every tool you need. Now remember Thomasville.	맥퀸 당신에겐 필요한 모든 도구가 다 있어요. 자, 이제 토마스빌을 기억해요.
CRUZ Thomasville?	크루즈 토마스빌?
MCQUEEN Yeah, sneak through the window.	맥퀸 네, 창문 사이로 몰래 빠져나가요.
SMOKEY Now THAT I understand!	스모키 아하 그 말은 아주 잘 이해되는군!
CRUZ (beat) Sneak through the window.	크루즈 (잠시 정적) 창문 사이로 몰래 빠져나가라.

---

podium 연단

direct one's attention to ~으로 주의/관심을 돌리게 하다

get bumped around 이리저리 치이다

hellacious 엄청난

nothing like ~와는 전혀 다른

❶ **Stick to it.**
그걸 고수해라.
어떤 신념이나 믿음 또는 규칙과 같은 것에 대해서 마음 흔들림 없이 계속 그것을 고수하라고 할 때 쓰는 표현이에요. 문맥에 따라서는 '힘내!' '포기하지 마!'라는 의미로 해석할 수도 있답니다.

Cruz visualizes the cars as tractors for a moment. From her POV she looks over and sees a tractor beside her going 200 mph like a race car but slowly chewing its cud. It looks over and Moos.
This relaxes Cruz even more.
She carefully finds an opening in the **jockeying** tractors – It's hard but she **makes it through**. Cruz then moves through several more tractors.

MCQUEEN There we go!

BOB CUTLASS (VO) We're just learning that the racer **replacing** McQueen is Cruz Ramirez.

Camera on Cruz jockeying through more tractors – now next gens.

DARRELL CARTRIP (O.S.) This is her **very first** race!

NATALIE CERTAIN (O.S.) Actually, Darrell, it says here **she does have one win under her belt.** ❶ At a place called... Thunder Hollow?

크루즈가 순간적으로 차들을 트랙터들이라고 상상한다. 그녀의 시점에서 바라보며 그녀 옆에 있는 트랙터가 마치 경주차처럼 시속 200마일로 가면서 느리게 되새김질을 하는 모습을 본다. 그 차가 이쪽을 보며 음매~ 한다.
이로 인해 크루즈는 더 많이 긴장이 풀린다.
그녀가 앞서기 위해 다투는 트랙터 사이에서 조심스럽게 열린 공간을 찾고 – 쉽진 않지만, 그녀가 마침내 빠져나온다. 크루즈는 그리고 나서 몇 대의 트랙터 사이를 더 빠져나온다.

맥퀸 아주 잘했어요!

밥 커틀라스 (목소리만) 이제 알게 되었는데 저 맥퀸을 대신해서 나온 레이서가 크루즈 라미레즈 라고 하는군요.

카메라가 더 많은 트랙터 사이를 뚫고 앞으로 나오는 크루즈를 비추고 이제 차세대 주자들을 제치기 시작한다.

데릴 칼트립 (화면 밖에서) 오늘 경주가 그녀의 평생 첫 레이스라고 합니다!

나탈리 서틴 (화면 밖에서) 실제로는, 데릴. 여기에 나온 것에 의하면 그녀가 한 번 우승 경험이 있다고 합니다. 어디에서 우승했느냐 하면… 썬더 할로우?

---

jockey 다투다
make it through 빠져/뚫고 나오다, 견디어 이겨내다
replace 대신하다
very first 맨 처음

❶ **She does have one win under her belt.**
그녀는 우승 경험이 한 번 있네요.
have ~ under one's belt는 '이미 ~을 달성(차지)하다'라는 뜻이 있습니다. under one's belt는 바지 벨트 아래, '뱃속에 넣고, 먹어서' 흡수하고, 결국 잘 배우고 겪었다(experienced)는 의미로 해석할 수 있습니다.

Jackson Storm vs. Cruz Ramirez

잭슨 스톰 대 크루즈 라미레즈

🎧 29.mp3

CUT TO: | 장면 전환

EXT. THUNDER HOLLOW SPEEDWAY – DAY
The Crazy 8 racers are watching the race on TV. At the mention of Thunder Hollow, they **go berserk**—

외부. 썬더 할로우 경주장 – 낮
크레이지 8 레이서들이 TV로 경주를 지켜보고 있다. 썬더 할로우에 대한 이야기가 나오자 다들 미친 듯이 날뛴다 –

MISS FRITTER, CRAZY 8 RACERS Woohoo! Thunder Hollow! She said Thunder Hollow!

미스 프리터, **크레이지 8 레이서들** 우후! 썬더 할로우! 그녀가 썬더 할로우 라고 했어요!

Back with Cruz in the middle of the pack.

다시 무리 속에 섞여 있는 크루즈 모습.

MCQUEEN Try movin' half a lane. Half a lane.

맥퀸 차선을 반씩만 옮기려고 해봐요. 반씩만.

CRUZ Got it!

크루즈 알았어요!

MCQUEEN All right. Watch that **lap car** – He's gonna **go high**.
Go low! Go low!
Nice job!

맥퀸 좋았어요. 저기 밀고 들어오는 차 조심해요 – 그가 고속 기어로 갈 거예요.
저속 기어로 주행해요! 저속 기어!
잘했어요!

MONTAGE. Cruz works her way up the pack in a montage. She uses increasingly **daring** passing of the cars. She's gaining confidence!

몽타주. 크루즈가 몽타주 속에서 무리 앞으로 치고 나가려고 한다. 그녀가 점점 더 과감하게 차들을 추월하려고 한다. 그녀가 자신감을 찾고 있다!

New shot.

새로운 장면.

MCQUEEN **You are smoking these guys!**❶

맥퀸 당신이 이 녀석들을 혼쭐내고 있군요!

New shot.

새로운 장면.

MCQUEEN Now watch the **tire marbles** along turn three. Keep your tires clean.

맥퀸 세 번째 도는 지점에서 타이어에 마블 생기지 않게 조심해요. 타이어에 불순물이 없어야 해요.

CRUZ Ok.

크루즈 네.

---

go berserk 미친 듯이 날뛴다

lap (or lapped) car 1등으로 달리고 있는 차보다 한 바퀴 이상 뒤처진 차

go high 고속 기어로 가다

daring 과감한, 대담한

tire marbles 자동차 경주에서 차량 바퀴에서 떨어져 나온 작은 고무 파편들이 트랙에 쌓인 것

❶ **You are smoking these guys!**
당신이 이 녀석들을 혼쭐내고 있군요!
smoke하면 일반적으로 '연기, 담배 피우다'라는 뜻으로 알고 계실 텐데요, 여기서는 '상대방을 혼쭐내다, 이기다'라는 뜻으로 쓰였습니다. 동물을 잡기 위해 동굴 앞에 불을 피우고 그 연기 때문에 동물(범인, 상대방)이 혼쭐나서 도망 나오는 상황을 연상하면 쉽게 이해하겠죠?

New shot.

새로운 장면

MCQUEEN Bump comin' up on the inside – careful you don't **go airborne**.

맥퀸 안쪽으로 턱이 나올 거예요 – 하늘로 솟구쳐 오르지 않도록 조심해요.

CRUZ Now?

크루즈 지금이요?

MCQUEEN Yes, now!

맥퀸 네, 지금!

The Next Gen behind her doesn't **fare** so **well**.

그녀의 뒤에 오던 차세대 주자는 제대로 넘어가지 못한다.

MCQUEEN Watch out by the wall, it's a little **slick** there. Watch it, watch it, watch it!

맥퀸 벽 옆쪽으로 갈 때 조심해요. 그쪽이 조금 미끄러워요. 조심, 조심, 조심해요!

Cruz **deftly** passes someone then **grazes** a wall.

크루즈 능란하게 다른 차를 추월하고 벽을 가볍게 스치며 지나간다.

MCQUEEN (like **sim** voice) You have hit a wall. You have hit a wall.

맥퀸 (시뮬레이터에서 나오는 목소리처럼) 벽에 충돌했습니다. 벽에 충돌했습니다.

CRUZ HA ha! Just being **aggressive**!

크루즈 하 해! 좀 더 공격적으로 한 것뿐인걸요!

MCQUEEN Nice line.

맥퀸 임기응변 멋져요.

Cruz moves up on the leader board.

리더보드에서 크루즈의 순위가 올라간다.

MCQUEEN Ok, I want you to pit. Watch your RPMs.

맥퀸 자, 피트로 가야 해요. 분당 회전수 조심해요.

CRUZ Ok!

크루즈 네!

MCQUEEN Get out of the gas! On the brake! On the Brake! (she **overshoots**) Uh, we're back here.

맥퀸 가스 페달 밟지 말아요! 브레이크 페달! 브레이크 밟아요! (그녀가 목표지점보다 조금 더 간다) 어, 다시 돌아왔네요.

In the pits Guido changes her tires while MCQUEEN talks Cruz. She's more confident in the pits.

피트에서 맥퀸이 크루즈에게 말하는 동안 귀도가 그녀의 타이어를 교체한다. 그녀가 더 자신감에 넘친다.

CRUZ Sorry!

크루즈 미안해요!

MCQUEEN Alright, **pick 'em off one at a time**.

맥퀸 자, 한 번에 한 명씩 제쳐야 해요.

---

go airborne 하늘로 솟구쳐 오르다
fare well (특정 상황에서) 잘하다
slick 매끄러운, 번드르르한
deftly 능란하게, 솜씨 좋게, 교묘히
graze 가볍게 스치며/닿으며 지나가다
sim 시뮬레이터의 줄인 말
aggressive 공격적인, 저돌적인
Nice line! 임기응변 멋지다, 멋진 말이야

overshoot 목표지점보다 더 나아가다/넘어서다
pick someone off ~를 골라/겨냥하여 총을 쏘다, 제치다
one at a time 한 번에 한 개/명씩

Cruz is done and zips outta there fast!

MCQUEEN Go! Go! Go!

New shot.

MCQUEEN That's it. Nice and straight.

New shot. Cruz sees a window.

MCQUEEN Woohoo! Go! Go! Go! Go!

New shot.

Cruz uses her **judgement** and it **pays off**.

MCQUEEN Smokey, you watching?

New shot.

Cruz moves up more spaces on the leader board. The Crowd CHEERS HER ON and announcers start supporting her.

Check in with Storm.

RAY REVERHAM Hey! Just want to let you know, Ramirez is moving up toward you.

STORM Why should I care?❶

RAY REVERHAM Because now she's in the top ten!

MCQUEEN Ok, now you're **coming up** on the leaders.

Cruz drafts through the next two and does a creative move around the third place car to put her behind Storm (who's pretty far ahead of her).

크루즈는 준비가 끝나고 다시 빠른 속도로 출발한다!

맥퀸 어서! 어서! 더 빨리!

새로운 장면.

맥퀸 바로 그거야. 똑바로 쭉 가라고.

새로운 장면. 크루즈가 빈틈을 본다.

맥퀸 우후! 가자! 가자고! 어서! 빨리요!

새로운 장면.

크루즈가 자신의 판단력을 사용하고 원하는 결과를 얻는다.

맥퀸 스모키, 보고 있나요?

새로운 장면.

리더보드에 있는 크루즈의 이름이 몇 칸 더 올라간다. 관중이 그녀의 이름을 외치며 응원하고 아나운서들도 그녀를 지지하기 시작한다.

스톰의 정황.

레이 레버햄 이봐! 혹시 모를까 봐 그러는데, 라미레즈가 점점 네 뒤로 다가오고 있어.

스톰 그런 걸 내가 왜 신경 써야 하나?

레이 레버햄 왜냐하면 그녀가 이제 10위 안으로 들어왔거든!

맥퀸 자, 이제 리더들 쪽으로 다가갑니다.

크루즈가 드리프트 기술로 다음 두 대를 추월하고 창의적인 기술로 3위로 달리고 있던 차 옆으로 서며 스톰 뒤를 쫓게 된다. (그가 아직은 훨씬 많이 앞서가고 있다)

---

judgement 판단력
pay off 성공하다, 성과를 올리다
check in with someone/something ~의 상황/정황을 살피다
come up 나오다, 되어 가다

❶ **Why should I care?**
그런 걸 내가 왜 신경 써야 하나?
상대방의 말에 대해서 왜 내가 그런 걸 신경 써야 하느냐고 빈정거리는 말투로 반응할 때 쓰는 표현이에요. 하나의 표현으로 따로 쓸 수도 있고 뒤에 다른 내용을 연결해서 쓸 수도 있습니다.

바로 이장면!

RAY REVERHAM	Ramirez's up to fourth.	레이 레버햄 라미레즈가 4위까지 올라갔어.
STORM	Fourth? Huh.	스톰 4위라고? 응.

Everyone in the pits celebrates – they can't believe how good she's doing!!

피트에 있던 모두가 환호한다 – 모두들 그녀의 성적에 깜짝 놀랐다.

MATER　Get er done!!!❶

메이터 끝장내 버려라!!!

The jumbotron screens go to Cruz and the crowd starts **chanting** for her.

점보트론 스크린이 크루즈를 비추고 관중이 그녀의 이름을 연호하기 시작한다.

RAY REVERHAM　Ramirez is in third.

레이 레버햄 라미레즈가 3위로 치고 올라갔어.

Storm **drops back** beside Cruz!

스톰이 뒤로 처지며 크루즈 옆으로 다가온다!

ON MCQUEEN

맥퀸 모습

MCQUEEN	(watches with **trepidation**) What are you doing, Storm?	맥퀸 (두려운 표정으로 보며) 뭐 하는 거야, 스톰?
STORM	Hey! Costume Girl. You know, at first I thought you were out here 'cause your **GPS** was broken.	스톰 이봐! 코스튬 걸. 난 처음에 네가 네비가 고장 나서 여기에 온 줄 알았거든.

ON MCQUEEN

맥퀸 모습

MCQUEEN　Don't listen to him, Cruz!

맥퀸 그 자식 말 듣지 마요, 크루즈!

ON STORM & CRUZ

스톰과 크루즈 모습

STORM	You look good! It's important to **look the part**. You can't have everyone thinking that you don't deserve to be here.	스톰 멋져 보이네! 자신에게 어울리는 옷을 입는 건 중요하지. 네가 여기에 있을 만한 존재가 아니라고 모두 다 생각하게 할 순 없지.

ON MCQUEEN LISTENING TO THIS

이 말을 듣고 있는 맥퀸 모습

---

chant 연호하다, 구호를 외치다
drop back 후퇴하다, 뒤로 처지다
trepidation 공포심
GPS 네비게이션, 위성항법장치 (= global positioning system)
look the part (특정한 일, 직책, 역할에) 알맞아 보이다, 적격이다

❶ **Get er done!** 끝장내 버려!
미국 남부 시골의 교육 수준이 낮고 교양 없는 백인 노동자들, 특히 정치적으로 아주 보수적인 사람들을 모욕적으로 지칭할 때 redneck이라고 하는데, 이 표현은 그 redneck들이 쓰는 표현 중에 하나로 '끝내 버려라.'라는 뜻이에요. 맥주 마실 때 '끝까지 원샷!'하는 의미로도 쓰이고요. 극 중 메이터가 redneck처럼 묘사가 되기 때문에 이런 대사가 나온 거랍니다.

BACK ON STORM AND CRUZ

MCQUEEN (O.S.) **He's trying to get in your head!**❶

STORM   They don't need to know what you and I already do...
...That you can **play dress up all you want**...
(beat) But you'll never be one of us.

다시 스톰과 크루즈 모습

맥퀸 (화면 밖에서) 당신 생각을 어지럽히려고 수작 부리는 거예요!

스톰 그들이 알 필요는 없어, 너나 내가 이미 하고...
...얼마든지 네가 원하는 대로 장난으로 남의 옷을 입어볼 수는 있지... (잠시 정적) 하지만 네가 우리 중의 하나가 되는 일은 없을 거야.

Storm pulls forward. Cruz freezes, starts to slow. Storm **regains** the lead past the **2nd place** guy.

스톰이 다시 앞으로 나아간다. 크루즈가 얼어붙고 느리게 가기 시작한다. 스톰이 2위를 하던 차를 다시 제치고 선두로 나선다.

MCQUEEN   Cruz, did you see what happened there?

맥퀸 크루즈, 지금 어떻게 된 건지 아시겠어요?

Beat.

잠시 정적

CRUZ   Yeah. He's in... he's in my head...

크루즈 네. 그가 안에... 내 머리 안에 들어왔어요...

MCQUEEN   No. No! Listen to me – You got into HIS head! Don't you understand? He would never have done that if you didn't scare him.

맥퀸 아니, 아니에요! 내 말을 들어봐요 – 당신이 그의 머릿속으로 들어간 거예요! 무슨 말인지 모르겠어요?

CRUZ   What?

크루즈 뭐라고요?

MCQUEEN   He sees something in you that you don't even see in yourself... You made me believe it, now you gotta believe it too. You are a racer.

맥퀸 당신이 스스로 보고 있지 못하는 당신을 그는 보는 거예요... 당신이 날 설득했고요. 이젠 자신을 설득할 때에요. 당신은 레이서예요.

Cruz ponders.

크루즈가 곰곰이 생각한다.

MCQUEEN   Use that.

맥퀸 그걸 이용해요.

She slowly smiles. She pulls forward.
[cut ahead up with Storm]

그녀가 서서히 미소를 짓는다. 그녀가 앞으로 나간다.
[스톰이 앞서 있는 장면으로 전환]

STORM   (smug) And how far back is she now?

스톰 (우쭐해 하며) 이제 그녀가 얼마나 뒤처진 거지?

---

play dress up 분장 놀이를 하다
all you want 네가 원하는 만큼 얼마든지
regain 다시 얻다/획득하다
2nd place 2등
smug 우쭐하는, 의기양양한

❶ **He's trying to get in your head!**
당신 생각을 어지럽히려고 수작 부리는 거예요!
get in(to) one's head는 다른 사람의 머릿속에 들어가 그의 생각을 어지럽게 하고 자신의 이익을 위해 조작하려고 할 때 쓰는 표현이에요. 때때로 get inside one's head 라고 표현하기도 합니다.

179

		레이 레버햄 네 뒤를 봐!
RAY REVERHAM	Look behind you!	
STORM	What?!	스톰 뭐라고?!

Cruz is right on his **butt**. Just the two of them.

크루즈가 그의 바로 뒤로 붙었다. 이제 그들 둘만 있다.

CRUZ	Good Evenin' Storm!	크루즈 기분 좋은 저녁이네, 스톰!
STORM	How did you –	스톰 어떻게 네가 –
CRUZ	– Just back here drafting on your butt. **Nothing to be concerned about.**❶	크루즈 – 그냥 드래프팅해서 네 엉덩이 뒤로 왔어. 별로 신경 쓸 필요는 없어.

On Cruz still. We hear MCQUEEN comment.

여전히 크루즈 모습. 맥퀸이 하는 말이 들린다.

MCQUEEN	Just like two June Bugs on a summer night!	맥퀸 마치 한여름 밤의 두 마리 풍뎅이 같군!
SMOKEY	Hahahah!	스모키 하하하!

Storm tries to throw Cruz off by **careening** around.

스톰이 옆으로 기울 듯 달려오며 크루즈를 트랙에서 벗어나게 하려고 한다.

CRUZ	Hey Hamilton...	크루즈 해밀턴…
HAMILTON	Hamilton here.	해밀턴 해밀턴 나왔어요
CRUZ	Call out our speed.	크루즈 우리 속도를 불러줘 봐.
HAMILTON	two hundred and eight miles per hour, two hundred and seven miles per hour – two hundred and five miles per hour...	해밀턴 시속 208마일, 시속 207마일 – 시속 205 마일…
STORM	– would you stop that! You're taking me off my line!	스톰 – 그거 그만 좀 할래! 너 때문에 내 라인에서 벗어나고 있잖아!

EXT. FLORIDA INTERNATIONAL SUPER SPEEDWAY – PIT – DAY
The white flag drops for the last lap, she is **sticking** right **with** him.

외부, 플로리다 국제 슈퍼 경주장 – 피트 – 낮
마지막 바퀴를 알리는 하얀 깃발이 떨어지는데 그녀가 그의 바로 옆에 붙어있다.

MCQUEEN	Last lap!	맥퀸 마지막 바퀴!

---

butt 엉덩이, (차의) 뒷부분

careen (차가) 위태롭게 달리다

stick with someone/something ~옆에 붙어 있다

> ❶ **Nothing to be concerned about.**
> 별로 신경 쓸 필요는 없어.
> 완전한 문장으로 쓰면 There's (문맥에 따라서 It's도 가능) nothing to be concerned about. 이에요, 신경을 쓰거나 걱정할 필요가 전혀 없다는 뜻이죠. Nothing to be로 시작하는 패턴을 활용해 보세요. 예를 들어, Nothing to be afraid of. '두려워할 필요 없어.' 이런 식으로 말이죠.

SMOKEY	Come on, Cruz!	스모키	힘내, 크루즈!

EXT. FLORIDA INTERNATIONAL SUPER SPEEDWAY – TRACK – DAY

외부. 플로리다 국제 슈퍼 경주장 – 트랙 – 낮

CRUZ Uh oh. My GPS is saying I have **slow traffic** in my way.

크루즈 어 오. 내 네비가 내 앞에 천천히 달리는 차가 있다고 알려주네.

STORM You are not winning this!

스톰 넌 우승 못 해!

CRUZ Ah, you're angry.

크루즈 아, 너 화났구나.

STORM (controlling anger) I am not angry.

스톰 (분노를 조절하며) 나 화 안 났어.

CRUZ (**positive**) You know, you can use that anger to **push through**...

크루즈 (확신하며) 있지, 네가 그 분노를 이용해서 앞서 나갈 수 있을 텐데…

STORM I SAID I AM NOT ANGRY!!

스톰 화 안 났다고 했잖아!!

Storm **wavers**. They're approaching the finish line!

스톰이 흔들린다. 그들이 결승선을 향해 달려가고 있다!

Cruz drops back and over toward infield – Storm **counters**, getting in front of her – Cruz then uses this opportunity to catapult to the gap along the wall – she pulls forward...

크루즈가 뒤로 처지면서 내야 쪽으로 향한다 – 스톰이 반격하며 그녀의 앞을 가로막는다 – 크루즈가 이 기회를 이용해 벽 쪽으로 생긴 틈으로 몸을 내던지듯 들어간다 – 그녀가 앞쪽으로 나오는데…

STORM Oh I don't think so!

스톰 오 그렇게는 안 될걸!

Storm starts smashing her into the wall. Crazy sparks, paint **scraping**... Cruz is **in pain**!

스톰이 그녀를 벽에 부딪히게 밀어붙이기 시작한다. 격렬하게 불꽃이 튀면서 페인트가 벗겨져 나가고… 크루즈가 고통스러워한다!

CRUZ (painful wall crush)

크루즈 (고통스럽게 벽에 충돌한다)

Cruz is doggedly determined to **endure** this, but just for a moment we see her face slightly change toward **anxiety**. Is she gonna give up?

크루즈가 피하면서 고통을 참겠노라고 마음을 먹지만 순간적으로 그녀의 얼굴에 근심이 어리는 것이 보인다. 그녀는 포기할 것인가?

MCQUEEN Cruz! Get out of there!

맥퀸 크루즈! 그곳에서 벗어나요!

---

slow traffic 느리게 달리는 차들, 차량소통이 느린 상황

positive 확신하는

push through 끝까지 해내다

waver 약해지다, (불안정하게) 흔들리다

counter (악영향에) 대응하다, 반박/반격하다

scrape (떼어내기 위해) 긁다, 긁어내다

in pain 고통스러운, 아픈

endure 참다, 견디다

anxiety 근심, 불안, 염려

MCQUEEN can barely watch. Storm increases his **death grip** on Cruz.

STORM   You DON'T belong on this track!!

Long beat.

CRUZ   (grimacing) YES...I... DO!!

Cruz's face turns to **determination**. She puts her wheels up on the wall and flips over Storm like Doc had done in the flashback. In slow motion we see her joy as she flips - MCQUEEN lights up to see his **protégé** flying. Then...
BAM! Back to real time, Cruz **touches down**, just in time to cross the finish line. She's the winner!

BOB CUTLASS (VO)   I don't believe it! It's Cruz Ramirez for the win!!

DARRELL CARTRIP   I am speechless!

MCQUEEN   Oooohoooohoo!

CELEBRATIONS EVERYWHERE –
The same KID CAR who revved her engine a year earlier...

MADDY   CRUZ RAMIREZ!!!!

The Radiator Springs Gang cheers from the sidelines.

RADIATOR SPRINGS GANG   (CHEER)

The Legends in the stands **go nuts**.

LEGENDS   (CHEER)

LOUISE NASH   **Way to go,**[❶] Cruz!!

---

death grip 죽음의 압박
grimace 찡그리다, 표정이 일그러지다
determination 투지, 결단, 결정
protégé 제자
touch down 결승선에 도달하다, 착륙하다
go nuts 열광하다

❶ **Way to go!**
잘 했어!
비격식체로 '잘했어, 멋진데'라고 칭찬, 격려하는 표현입니다. 비슷한 표현으로 Good job! Good work! Congratulations! 등이 있습니다. 다른 사람을 칭찬할 때 외쳐 주세요.

맥퀸은 그녀의 모습이 너무 안쓰러워 그것을 볼 수조차 없을 지경이다. 스톰이 크루즈에게 그의 죽음의 압박을 증가시킨다.

스톰 여기 트랙은 너 따위가 올 곳이 아니라고!!

긴 정적.

크루즈 (얼굴이 일그러지며) 그래…난… 여긴 있어야 해!!

크루즈의 얼굴이 투지로 가득 찬다. 그녀가 자신의 바퀴들을 벽에 붙이고 회상 장면에서 닥이 했던 것처럼 곡예를 하듯이 몸을 뒤집어 스톰을 뛰어넘는다. 슬로우 모션으로 그녀가 몸을 뒤집으면서 기뻐하는 표정이 보인다 – 맥퀸은 그의 제자가 날아가는 모습을 보면 표정이 밝아진다. 그리고…
쿵! 다시 실황으로 돌아와서, 크루즈가 바닥으로 내려오고 딱 시간에 맞춰 결승선을 통과한다. 그녀가 이겼다!

밥 커틀라스 (목소리만) 말도 안 돼요! 크루즈 라미레즈가 이겼어요!!

데릴 칼트립 말이 안 나오네요!

맥퀸 우우후우후!

여기저기서 울리는 축하 환호성 –
바로 1년 전에 엔진의 회전속도를 높이던 바로 그 꼬마 차가…

매디 크루즈 라미레즈!!!!

레디에이터 스프링스의 차들이 경주장 바로 옆 라인에서 환호한다.

레디에이터 스프링스 친구들 (환호한다)

관중석에 있던 전설들이 광란에 빠진다.

전설들 (환호한다)

루이스 내쉬 정말 잘했어, 크루즈!!

IN THE THUNDER HOLLOW BAR:

MISS FRITTER   Ohhhh Yeeess!

IN RADIATOR SPRINGS – Red and Sheriff are still watching the race. Red is crying.

RED   (crying)

Lizzie joins them.

LIZZIE   Woohoo!

썬더 할로우 술집에서:

미스 프리터   오오호 이얏호!!!

레디에이터 스프링스에서 – 레드와 셰리프가 아직도 경주를 지켜보고 있다. 레드는 울고 있다.

레드 (울고 있다)

리지가 그들과 함께 있다.

리지 우후!

The Two Winners
두 명의 우승자들

🎧 30.mp3

INT. FLORIDA SPEEDWAY – BROADCAST BOOTH – SAME

DARRELL CARTRIP (to Natalie) Man! Heckuva win!

Darrell looks out at the track below, Natalie looks at the big board with an **expression of wonder**/ then she smiles, looking out at the track.

NATALIE CERTAIN Ya. Heckuva win.

McQueen, tries to **hold back the emotion** as he watches her take a victory lap, but can't do it **entirely**.

EXT. TRACK – AFTER MCQUEEN AND CRUZ CROSSED THE FINISH LINE
Cruz takes in the ROAR of the crowd – equal parts **thrilled** and stunned that she just won. The place is still going nuts, chanting for her. The other racers drive by and bump Cruz **in low-key respect** for winning.

DANIEL SWERVEZ Hey, Cruz! You were flying!

CRUZ Thanks!

CHASE RACELOT You really had it rolling today.❶

BUBBA WHEELHOUSE That was cool.

CRUZ Thank you!

RYAN INSIDE LANEY Hey Cruz, your blinker's on.

내부. 플로리다 경주장 – 방송 부스 – 동일

데릴 칼트립 (나탈리에게) 맙소사! 정말 엄청난 우승이군요!

데릴이 아래쪽 트랙을 내려다보고 있고, 나탈리가 놀라워하며 보드를 보다가 미소를 지으며 트랙을 내다본다.

나탈리 서틴 네. 정말 굉장한 우승이네요.

맥퀸은 그녀가 마지막 바퀴에서 승리한 것을 보며 복받치는 감정을 억지로 감춰 보려 하지만 완전히 감춰지지는 않는다.

외부. 트랙 – 맥퀸과 크루즈가 결승선을 통과한 후
크루즈가 관중의 함성을 느낀다 – 그들은 스릴감에 흥분한 것만큼이나 그녀가 우승했다는 사실에 충격을 받았다. 모두가 그녀의 이름을 연호하면서 계속해서 흥분의 도가니 상태다. 다른 레이서들이 옆으로 지나가면서 크루즈를 툭 치며 절제된 행동으로 존경심을 표현한다.

다니엘 스월브즈 이봐 크루즈! 완전 날아다니더군!

크루즈 고마워!

체이스 레이슬롯 자네 오늘 정말 근사했어.

부바 휠하우스 멋지더군.

크루즈 고마워!

라이언 인사이드 레이니 이봐 크루즈, 네 깜빡이가 켜져 있어.

Heckuva win! 정말 엄청난 승리야! (heck of a; 대단한)
expression of wonder 놀라워하는 표정
hold back the emotion 솟아오르는 감정을 억누르다
entirely 완전히, 전적으로
thrilled 스릴감을 느끼는
in low-key respect 절제된 행동으로 존경심을 표하는

❶ **You really had it rolling today.**
자네 오늘 정말 근사했어.
이 표현은 일상적으로 쓰이는 관용표현은 아니지만 직역하면 '오늘 정말 제대로 바퀴를 굴렸다'는 문맥에 맞는 의미로 의역하면 '너 오늘 제대로 멋지게 달렸다'는 뜻이 되겠습니다.

| CRUZ | It is? **Oh, you got me!**[1] Very funny! | 크루즈 | 그래? 아, 속았잖아! 정말 웃기다! |

The place is still going nuts, chanting for her.

여전히 모두가 흥분해 있고 그녀의 이름을 외치고 있다.

| CROWD | RA-MIR-EZ! Cruz- Cruz- Cruz! | 관중 | 라-미르-에즈! 크루즈- 크루즈- 크루즈! |

| MCQUEEN | Go ahead. Give 'em some smoke. | 맥퀸 | 어서 해. 연기를 좀 뿜어줘. |

Cruz does **celebratory** donuts in the infield.

크루즈가 내야에서 축하하는 도넛 모양의 연기를 만든다.

| CRUZ | (loving it) HA! | 크루즈 | (대만족하며) 하! |

Cruz **kicks up** a lot of smoke. She coughs and comes back to McQueen.

크루즈가 연기를 마구 내뿜는다. 그녀가 기침을 하다가 맥퀸에게 돌아온다.

| MCQUEEN | You'll **get used to** that. | 맥퀸 | 이제 이런 것에 익숙해질 거야. |

CUT. Cruz pulls up to the gang (RS AND LEGENDS) who chatter with congratulations.
On Sterling, **noting** the positive crowd reaction, changes **demeanor** ["**I could make a buck off of this!**[2]"]. He pushes through the RS and Legend gang toward Cruz.

장면 전환. 크루즈가 축하하며 이야기를 나누고 있는 동료들에게 다가온다. (레디에이터 스프링즈 사람들과 전설들)
카메라가 스털링을 비추는데, 그가 긍정적인 관중들의 반응을 보며 그의 태도를 바꾼다. ("이걸로 돈 좀 벌 수 있겠는걸"). 그가 레디에이터 스프링스의 친구들과 전설들 무리를 뚫고 크루즈에게로 온다.

| STERLING | Out of my way! C'mon, move it! Move! | 스털링 | 저리 비켜! 아 거참, 저리 비키라고! 비켜! |

바로 이장면!*

| STERLING | Cruuuuz, I KNEW you had something – and now look at you – a winner. (beat) I could use you as a racer on our team. We could make... | 스털링 | 크루~~즈, 내 자네가 특별한 줄은 벌써 알고 있었다네 – 자네 모습을 좀 보게 – 챔피언. (잠시 정적) 자네를 우리 팀의 레이서로 쓸 수 있겠어. 우리가 같이… |

| CRUZ | Sorry, Mr. Sterling. I would never race for you. I quit. | 크루즈 | 죄송해요, 스털링 씨. 전 절대 당신을 위해 레이싱을 하지는 않을 거예요. 그만두겠어요. |

Beat.

잠시 정적.

| TEX (O.S.) | Well, then race for me! | 텍스 (화면 밖에서) | 오, 그렇다면 나를 위해 레이싱을 해주게! |

---

celebratory 기념(축하)하는
kick up 내뿜다, 분출하다
get used to ~에 익숙해지다
note 주목/주의하다
demeanor 처신, 품행, 태도

❶ Oh, you got me! 아, 속았잖아!
상대방의 속임수에 넘어갔을 때 '아 당했다' '넘어갔다'라는 의미로 쓰는 표현이에요.

❷ I could make a buck off of this!
이걸로 돈 좀 벌 수 있겠는걸!
A buck은 구어체에서 1달러를 뜻하고, make a buck off of something은 '~으로 달러를 벌다' 즉 '~으로 돈을 벌다'라는 뜻이지요.

Tex HONKS as he approaches.

MCQUEEN Tex!

TEX Miss Cru-z, I would be **tickled pink** to have ya race for team Dinoco. As you know we **have a long history of** great racers...'cept for Cal.

CAL WEATHERS Ah, guys, I'm still right here.

MCQUEEN Team Dinoco, Cruz!

STERLING Hire her, I don't care. Lightning, now that you're retired, I need you first Thing Monday morning for a **photoshoot**.

MCQUEEN Ya. Alright, Mr. Sterling.

SMOKEY Whoa, hang on now.

They all look to the Jumbotron for a beat. "McQueen/Cruz" are written in as **co-winners**.

MCQUEEN What? Why is my name up there?

SMOKEY You started the race, **that's how it works.**❶

STERLING Wait, wait, now wait a minute, no–

SALLY Uh, Lightning wins, he decides when he's done racing, that was the deal. (introduces self) Hi. I'm his lawyer.

텍스가 다가오며 경적을 울린다.

맥퀸 텍스!

텍스 미스 크루-즈, 자네가 우리 다이노코 팀을 위해 뛰어준다면 매우 기쁘겠네. 자네도 알다시피 우리 팀은 위대한 레이서들의 유구한 역사를 가지고 있잖나… 캘만 제외하고 말이지.

캘 웨더스 아, 여보세요. 나 아직 바로 여기 있어요.

맥퀸 팀 다이노코, 크루즈!

스털링 그녀를 고용하게. 난 상관없으니. 라이트닝, 이제 자네는 은퇴했으니, 월요일 아침에 일어나자마자 당장 달려와서 우리와 같이 화보를 찍어야지.

맥퀸 그래요. 그러죠, 스털링 씨.

스모키 워, 잠깐 있어 봐.

그들 모두 잠시 점보트론 쪽을 바라본다. "맥퀸/크루즈"가 공동 우승자라고 쓰여 있다.

맥퀸 뭐지? 왜 내 이름이 저 위에 있는 거야?

스모키 네가 레이스를 시작했잖아. 원래 이렇게 되는 게 맞는 거야.

스털링 잠깐. 잠깐. 잠깐 있어 봐. 안돼–

샐리 어, 라이트닝이 우승했으니 언제 레이싱계를 떠날지는 그가 결정하는 거예요. 그렇게 약속했잖아요. (자신을 소개한다) 안녕하세요. 저는 그의 변호사예요.

---

tickle pink ~을 매우 기쁘게 하다

have a long history of something ~에 관한 유구한 역사를 가지고 있다

photoshoot 촬영

co-winners 공동우승자들

❶ **That's how it works.**
그렇게 해서 이렇게 됐어요.
How do you~? How is~? 혹은 위 장면처럼 Why is~?라고 질문했을 때 다음 패턴으로 답할 수 있습니다. That's how~로 시작하는 문장을 볼까요? That's how I met him. '그렇게 해서 내가 그럴 만난 거야.' That's how I started my study. '그렇게 해서 내 공부를 시작하게 된 거야.'

MATER	(*taunting* Sterling) That was the deeeal. You are not a nice guy! – (aside) although seriously, I gotta say, you do make a quality mud flap at an **affordable** price.	메이터 (스털링을 놀린다) 그렇게 야~악속 한 거예요. 당신은 좋은 사람이 아니에요! – (한쪽으로 비키며) 솔직히 말해서, 당신네 회사 흙받이가 값싸고 질도 좋긴 하지만 말이에요.

As Sterling drives away, Tex **sidles** up beside him.

스털링이 자리를 뜨려고 하는데 텍스가 옆걸음질 치며 그의 옆으로 다가선다.

TEX	Ahem. Hey Sterling! Why don't you and I take a drive and talk? **Billionaire** to billionaire.	텍스 에헴. 이봐 스털링! 자네 나하고 잠시 드라이브하면서 얘기 좀 나눌까? 억만장자 대 억만장자로서 말이야.

The press **descends** on Cruz all talking at once and POPPING flash pictures.

기자들이 모두 한꺼번에 카메라 플래시를 터트리며 말을 하면서 크루즈에게 내려온다.

REPORTERS	(WALLA) Cruz! Over here! How does it feel to beat Jackson Storm? **Take us through it,**[1] **lap by lap.**	기자들 (웅성웅성) 크루즈! 여기요! 잭슨 스톰을 이긴 기분이 어떤가요? 모두 얘기해 주세요, 한 바퀴 한 바퀴씩.
CRUZ	(WALLA) It was great! Didn't expect this! Thank you.	크루즈 (웅성웅성) 정말 좋았어요! 우승은 전혀 기대하지 못했거든요! 감사합니다.

McQueen **off to the side** of the press din, watches, proud.

맥퀸이 기자들의 소란에서 벗어나 옆에 서서 자랑스럽게 보고 있다.

MCQUEEN	(to himself) Kid's got a lot of stuff, eh Doc?	맥퀸 (스스로) 애가 꽤 재능이 있죠. 네, 닥 아저씨?

Sally arrives, having **overheard**.

샐리가 도착하며 그가 하는 말을 들었다.

SALLY	Well, she had a great teacher. And, now you get to decide when you're done racing. So what's it gonna be, Stinky – uh Stickers?	샐리 흠. 그녀의 선생님이 대단한 거지. 자 이제 넌 언제 레이싱을 그만둘지 결정할 수 있게 됐네. 그래 어떻게 할 거야. 이 냄새 나는 스티커 딱지 양반?

McQueen smiles.

맥퀸이 웃는다.

MCQUEEN	(beat) Oh, I'm gonna keep racing. (still looking at Cruz) But before that, I got somethin' I wanna do.	맥퀸 (잠시 정적) 아. 계속 레이싱할 거야. (여전히 크루즈를 보면서) 하지만 그 전에 하고 싶은 일이 하나 있어.

---

taunt 놀리다, 조롱하다
affordable 값이 합리적인, 살만한 가격에
sidle 옆걸음으로 오다, 게걸음 치다
billionaire 억만장자
descend 내려오다
lap by lap 한 바퀴 한 바퀴씩
off to the side 옆으로 벗어나서
overhear 우연히 듣다

❶ **Take us through it.**
모두 얘기해 주세요.
Take someone through something은 '~을 ~에게 설명하다'라는 뜻으로 쓰이는 숙어예요. 예를 들어, I'll take you through it one more time. '내가 한 번 더 설명해 줄게' 이렇게 쓰이죠.

187

Open on Willy's Butte. Start on Luigi – welcoming the audience to Willy's Butte in this great **exhibition** of speed before next week's race!

LUIGI   Welcome all, to historic Willy's Butte for today's great exhibition of speed!

Everyone who's **attending** is CHEERING – RS gang, Tex, Smokey, Old School Gang, The Next Gens.
Cruz rolls up looking great – she's painted up for Dinoco now sporting the 51.

LEGENDS AND RS GANG   (WALLA) Wooohoo! Cruz! Good job!

CRUZ   Thanks, Guys!

LOUISE NASH   Nice paint **kiddo**!

Mater is wearing a DINOCO hat with a giant Dinosaur on it.

MATER   Woohoo! Pardon me... Big hat, **coming through**... Get 'em done, 51!

SMOKEY   Great number. Was McQueen's idea. He felt Hud woulda wanted ya to have it.

CRUZ   I love it.

SALLY   Oh, it's perfect. **It's VERY old school.**❶

MCQUEEN (O.S.)   Did someone just say "OLD SCHOOL?!"

McQueen approaches and we **dramatically** reveal Lightning McQueen's new paint job. Rusteeze is his sponsor still – "The Fabulous Lightning McQueen" on his side. He also sports the 95 and "Crew Chief."

윌리의 언덕 장면. 화면에 루이지가 먼저 등장한다 – 다음 주에 있을 대회를 앞두고 위대한 스피드 전시회를 보기 위해 윌리의 언덕에 온 관객들을 환영하고 있다.

루이지 오늘 있을 위대한 스피드 전시회를 보기 위해 역사 속에 깊이 남을 윌리의 언덕에 오신 여러분 모두들 환영합니다!

참석한 모든 이들이 환호한다 – 레디에이터 스프링스 친구들, 텍스, 스모키, 옛날 선수들, 차세대 선수들.
크루즈가 멋진 모습으로 나온다 – 다이노코의 로고를 칠한 모습으로 넘버 51을 자랑스럽게 보인다.

전설들과 레디에이터 스프링스 친구들 (웅성웅성) 우후! 크루즈! 잘했어!

크루즈 고마워요, 모두들!

루이스 내쉬 야, 페인트칠 아주 멋있게 잘됐구나!

메이터가 거대한 공룡이 달린 다이노코 모자를 쓰고 있다.

메이터 우후! 실례합니다... 큰 모자가 지나갑니다... 본때를 보여 주라고, 5!!

스모키 멋진 번호군. 맥퀸 아이디어였네. 맥퀸 생각에 허드가 살아있다면 이 번호를 자네에게 주고 싶어 했을 거라고 하더군.

크루즈 너무 좋아요.

샐리 완벽해요. 아주 구식이라서 좋아요.

맥퀸 (화면 밖에서) 누가 지금 '구식'이라고 말했지?!

맥퀸이 다가오고 맥퀸의 새로 칠한 페인트가 아주 드라마틱하게 보인다. 러스티즈가 여전히 그의 스폰서이다 – 몸 옆으로 '기막히게 멋진 라이트닝 맥퀸'이라고 쓰여 있다. 그 역시 넘버 95를 자랑스럽게 드러내는데 그 옆에 "크루 팀장"이란 글씨가 보인다.

---

exhibition 전시회, 전람회
attend 참석하다
kiddo 꼬마, 아이; kid의 구어적 표현
come through 지나가다
dramatically 드라마틱하게, 극적으로

❶ **It's very old school.**
아주 구식이라 좋아요.
old school, 그대로 풀어서 '오래된 학교' 즉 '구식의, 전통적인'이라는 뜻입니다. 구식이 모두 나쁜 것은 아니지만, 다소 고루하고 현대와 잘 맞지 않는다는 부정적인 뉘앙스가 담겼죠. A man of the old school은 '구식인 사람', ideas of the old school '구식의 사고' 등의 표현이 있습니다.

On Sally who gasps with emotion, **exchanges** smiles with Mater.

감성적으로 되어 울컥하는 샐리의 모습. 메이터와 서로의 얼굴을 보며 웃는다.

LEGENDS AND RS GANG (WALLA) (cheering walla)

전설들과 레디에이터 스프링스 친구들 (웅성웅성) (환호하는 배경음)

SALLY Tryin' somethin' new. I like it!

샐리 새로운 걸 시도하는 것 참 좋아요!

LIZZIE Doc's back from college!

리지 닥이 대학에서 돌아왔네!

McQueen joins Cruz on the butte starting Line.

맥퀸이 언덕의 출발선에 크루즈와 함께 섰다.

CRUZ Wow. **Subtle.**

크루즈 와. 정말 은밀하신데요.

MCQUEEN (too cool) Figured if I'm gonna be your crew chief, I better **do it in style.**

맥퀸 (너무 쿨하게) 당신의 크루 팀장이 되려면, 좀 스타일 있게 행동해야 할 것 같아서 말이지.

CRUZ What's Mr. Sterling going to say?

크루즈 스털링 씨는 뭐라고 할까요?

MCQUEEN I'm actually more worried about what Tex is gonna say, considering he uhh...bought Rusteeze. (calls out) Thanks Tex!

맥퀸 난 텍스가 무슨 말을 할지 더 걱정되는데, 왜냐하면 그가 어… 러스티즈를 샀거든. (밖으로 외친다) 고마워요, 텍스!

Tex is revealed to be on the butte as well.

텍스 역시 언덕에 나와 있는 것이 보인다.

TEX I **made** that Sterling fella a **Texas** sized **offer!**

텍스 내가 그 스털링이라는 친구한테 텍사스만큼 큰 제안을 했다네.

Beat.

잠시 정적.

MCQUEEN So you ready to start training?

맥퀸 자 그럼 훈련할 준비는 되었나요?

CRUZ I don't know. You ready to lose again?

크루즈 글쎄요. 또 저한테 질 준비는 되셨고요?

MCQUEEN Oh-ho-ho... hope you've got your fluffy cloud.

맥퀸 오-호-호… 솜털구름이나 잘 챙겨 왔기를 바라요.

CRUZ Hope you got your drip pan.

크루즈 그러시는 당신은 기름받이나 잘 챙겨오셨기를 바라요.

MCQUEEN Got my drip pan and I've taken my nap.

맥퀸 기름받이도 가져왔고 낮잠도 자고 왔소이다.

CRUZ **Bring it on,**❶ old man.

크루즈 자 그럼 가볼까요, 영감님.

---

exchange 교환하다
subtle 오묘한, 교묘한, 은밀한
do something in style ~을 스타일 있게/멋지게 하다
make an offer 제안/제의하다
Texas 텍사스 주 (면적이 미국에서 두 번째로 큰 주로 아주 큰 땅의 대명사처럼 쓰임)

❶ **Bring it on!**
그럼 한번 붙어볼까!
싸울 때나 시합을 할 때 상대방에게 난 준비가 되었으니 어서 경합을 시작해 보자고 하며 외치는 표현이에요. 꼭 상대방이 아니더라도 다른 이들의 경쟁을 보면서 쓸 수도 있답니다. 예를 들어, Germany vs. Brazil. Bring it on! '독일 대 브라질. 그래 어디 한번 붙어보자고!' 이런 식으로 말이죠.

MCQUEEN   Luigi?

LUIGI   GO!!

MCQUEEN   Woohoo!

McQueen and Cruz take off racing around the Butte. The crowd CHEERS THEM ON. The two speed by us camera and a picture is taken. On a wall we see the picture of proud smiling McQueen and Cruz, and then **widen** to see next to it a picture of proud Doc with McQueen.

EXT. RADIATOR SPRINGS, MATER'S JUNKYARD
Mater is making another sculpture in his **junkyard**.

MATER   My cup holder's happy, my tank is full.
               My engine's running like a **Brahman Bull**.
               My bumper's **polished** and talk about luck,
               I just got a date with an ice cream truck!

The phone rings.

MATER   Huh! Hey!

The sculpture **topples**.

MATER   Shoot! Hey, McQueen. You still there? (beat)
               McQueen? (beat) Ugh, technology.

맥퀸 루이지?

루이지 출발!!

맥퀸 우후!

맥퀸과 크루즈가 언덕을 돌며 경주를 시작한다. 모여있는 사람들이 그들을 응원한다. 그 둘이 빠른 속도로 카메라 옆을 지나가고 사진 한 컷이 찍힌다. 벽에 자랑스럽게 미소 짓고 있는 맥퀸과 크루즈의 사진이 보이고, 카메라 앵글이 넓어지면서 그 옆에 자랑스러운 표정의 닥과 맥퀸의 사진이 보인다.

외부. 레디에이터 스프링스, 메이터의 폐차장
메이터가 그의 폐차장에서 새로운 조각상을 만들고 있다.

메이터 나의 컵홀더는 행복하고, 나의 연료통은 가득 찼네.
나의 엔진은 브라만의 황소처럼 뛰고 있다네.
나의 범퍼는 광택이 번지르르, 그리고 얼마나 운이 좋은지.
난 아이스크림 트럭과 데이트를 하게 되었다네!

전화벨이 울린다.

메이터 헉! 아이고 이게 누구야!

조각상이 넘어진다.

메이터 오 이런! 이봐. 맥퀸, 아직 있나? (잠시 정적) 맥퀸? (잠시 정적) 어휴, 난 과학기술이 싫어.

---

widen 넓어지다, 넓히다
junkyard 폐차장
Brahman bull 브라만 황소
polished 광택/윤이 나게 닦은
topple 넘어지다, 넘어뜨리다